ISIS
और
इसलाम में
सिविल वार

सतीश पेडणेकर

प्रकाशक

प्रभात प्रकाशन प्रा. लि.

4/19 आसफ अली रोड, नई दिल्ली–110002

फोन : 011–23289777 • हेल्पलाइन नं. : 7827007777

इ–मेल : prabhatbooks@gmail.com ❖ वेब ठिकाना : www.prabhatbooks.com

संस्करण

2025

पेपरबैक मूल्य

तीन सौ पचास रुपए

मुद्रक

सीता फाईन आर्ट, प्रा॰ लि॰, दिल्ली

———————— ★ ————————

ISIS AUR ISLAM MEIN CIVIL WAR

by Shri Satish Pednekar

Published by **PRABHAT PRAKASHAN PVT. LTD.**

4/19 Asaf Ali Road, New Delhi-110002

ISBN 978-93-5266-325-5

₹ 350.00 (PB)

लेखकीय

हत्या, बलात्कार, नरसंहार, सिर कलम करना, लोगों को जिंदा जलाना, जिंदा गाड़ना, लोगों को पिंजरे में बंद करना, गुलाम बनाना, उनकी बोली लगवाना, सेक्स स्लैव, बिना किसी मुकदमे के क्रूर सजाएँ, गैर-सुन्नियों पर तरह-तरह के जुल्म आदि मनुष्यों को यातनाएँ देने के जितने भी तरीके हैं, उनका मिला-जुला नाम है—आई.एस.आई.एस. और इसलाम। इराक और सीरिया, दोनों देशों के भू-भाग पर कब्जा करके बने इस दो साल पुराने देश का यही नाम है। इन दो सालों में उसने सारी दुनिया की रात की नींद और दिन का चैन हराम किया हुआ है। हर नया दिन आई.एस. की यातनाओं की कोई नई कहानी लेकर आता है और लोगों में नर्क की यातनाओं की जो पौराणिक कल्पना है, उसकी याद ताजा कर देता है। इसलिए लोग इसे हैवानियत का पर्याय, बर्बरता का सर्वनाम मानने लगे हैं।

मगर उसकी हिंसक कारगुजारियाँ केवल अपने नियंत्रण वाले इलाके तक ही सीमित नहीं हैं, वरन् दुनिया के कई देशों, अमेरिका से लेकर इंडोनेशिया तक वह अपने आतंक का परचम फहरा चुका है। दुनिया उससे इस कदर तंग आ चुकी है कि लगभग अस्सी देश, जिनमें रूस और अमेरिका जैसी महाशक्तियाँ शामिल हैं, उसके खिलाफ जंग छेड़े हुए हैं। आसमान से लगातार उस पर मिसाइलें और बम बरसाए जा रहे हैं, लेकिन अभी भी ये देश उसे घुटने टेकने पर मजबूर नहीं कर पाए हैं। यह संगठन आज भी ब्रिटेन जितने भू-भाग पर कब्जा किए हुए है।

कई मामलों में तो आई.एस.आई.एस. दुनिया के लोगों की नजर में अजूबा है। जब आई.एस.आई.एस. ने इसलामिक राज्य बनाया था, तब लोग जानते भी नहीं थे कि आई.एस.आई.एस. क्या बला है। वह अचानक कहाँ से प्रगट हो गया? पिछले दस-पंद्रह सालों में लगातार नाम बदलनेवाले आई.एस.आई.एस. संगठन को इराक के बाहर कोई जानता भी नहीं था, मगर इराक और सीरिया के हालातों का फायदा उठाकर वह अलग देश के तौर पर उभरा और उसने दुनिया भर के मुसलमानों को

अचरज का धक्का देते हुए खिलाफत बना डाली। खिलाफत, यानी वह शासक, जो मोहम्मद पैगंबर का उत्तराधिकारी होने के कारण सुन्नी मुसलमानों का सबसे बड़ा धार्मिक और राजनीतिक नेता होता है। 90 साल पहले अंग्रेजों ने खिलाफत को खत्म कर दिया था, जिससे दुनिया भर के मुसलमानों को भारी सदमा लगा था। तबसे वे खिलाफत की पुनर्स्थापना का सपना संजोए हुए थे, मगर कोई हिम्मत नहीं जुटा पाया, मगर आई.एस.आई.एस. ने यह दुस्साहस कर दिखाया। जो काम सऊदी अरब और तुर्की जैसे दिग्गज देश नहीं कर पाए, वह इस छोटे से संगठन ने कर दिया। बाद में उसकी अपील पर हिजरत करके हजारों लड़ाके वहाँ पहुँचे। एक अनुमान है कि बगदादी की सेना में लगभग 40000 लोग हैं, इनमें से 16 हजार विदेशी हैं। दूसरी तरफ यह आतंकी संगठन कई देशों में आतंकी हमले करके सारी दुनिया को दहला चुका है। उसकी सैनिक रणनीति की विविधता पर तो उसका लोहा मानना ही पड़ता है। अब तक वह पच्चीस देशों पर आतंकी हमले कर चुका है, जिसमें 2000 से ज्यादा लोग मारे गए। इन सारे देशों में आतंकवाद को उसने प्रायोजित नहीं किया था, वरन् कई देशों में उसने लोन वोल्फ को सोशल मीडिया के जरिए रेडिकलाइज किया था और इन लोन वोल्फ ने आतंकी कारनामे कर दिखाए। इस तरह आई.एस.आई.एस. अब एक क्षेत्रीय आतंकी समुदाय से क्रूर अंतरराष्ट्रीय आतंकवादी मशीन बन चुका है। इसके साथ उसका आकार और मकसद भी बदले हैं। अब उसने एक राज्य का निर्माण किया है और उसकी रक्षा भी कर रहा है। अल कायदा जैसे आतंकी संगठनों से तो वह कितना ही आगे निकल चुका है। आज के मुसलिम युवा मानते हैं कि वर्ल्ड ट्रेड सेंटर पर हमले के बाद अल कायदा कोई आतंकी पराक्रम नहीं दिखा पाया और वह घटना तो अब इतिहास की बात हो गई है। जवाहिरी के नेतृत्व में अल कायदा ठंडा पड़ गया। उसके बाद तो केवल आई.एस.आई.एस. ही जिहाद कर रहा है। कुल मिलाकर आतंक के बाजार में आई.एस.आई.एस. बाकी आतंकी ब्रांडों को पीछे छोड़कर सबसे बड़ा ब्रांड बन चुका है।

लेकिन दुनिया भर के मुसलिम देश, मुसलिम संगठन और मुसलिम विद्वान् आई.एस.आई.एस. की तारीफ करने के बजाय उसकी आलोचना कर रहे हैं। ज्यादातर मुसलिम देश उसके खिलाफ जंग में शामिल हैं। 122 मुसलिम विद्वानों ने बगदादी को चिट्ठी लिखकर कहा था कि वे इसलाम को नहीं समझते और इसलाम को विकृत कर रहे हैं। "आपने इसलाम को कठोरता, जंगलीपन, यातनाएँ और मृत्यु का धर्म बताकर उसकी गलत व्याख्या की है। यह आपका इसलाम, मुसलिम और सारे विश्व के प्रति आपका बहुत बड़ा अपराध है।" अमेरिका के राष्ट्रपति ओबामा ने तो कहा था कि आई.एस. एक गैर-इसलामिक संगठन है। हालाँकि बहुत से राजनीतिक

विश्लेषक मानते हैं कि ओबामा की बातों को महत्त्व नहीं दिया जाना चाहिए, क्योंकि वे अकादमिक व्यक्ति तो हैं नहीं। वे राजनेता हैं और राजनीतिक सुविधा के मुताबिक अपनी बात कहते हैं, लेकिन आप यदि आई.एस.आई.एस. द्वारा परोसी जानेवाली सामग्री को देखें तो आपको यह समझते देर नहीं लगेगी कि वह अपने आप को जिहादी सलफी कहते हैं, जो अपने आप को सुधारवादी मानते हैं, जिनका मानना है कि गुजरते वक्त के साथ इसलाम में कई विकृतियाँ आ गई हैं, वे उन्हें हटाकर इसलाम को उसके शुद्ध रूप में स्थापित करना चाहते हैं। इसके लिए पहले उनका तर्क था कि शिया और सुन्नियों के सूफियों से मुक्ति पानी होगी। शियाओं से मुक्ति पाने के लिए सलफी जिहादी दुनिया भर में न केवल शियाओं के खिलाफ युद्ध छेड़े ही हुए हैं, वरन् उनका सफाया भी करना चाहते हैं। आई.एस.आई.एस. इस बात को मुखर रूप से कहता है। उसके लिए यह सिद्धांत भी है और रणनीति भी। जैसे तालिबान ने अफगानिस्तान में हाजरा और अन्य शिया कबीलों का नरसंहार किया, मगर उसने कभी इसे अपने सिद्धांत के तौर पर पेश नहीं किया। अल कायदा भी सलफी जिहादी संगठन था। वह भी मानता था कि शिया धर्मद्रोही है, लेकिन वह यह भी मानता था कि शियाओं की धर्मशास्त्रीय गलतियों के लिए आम शियाओं को दोषी नहीं ठहराया जा सकता। अल कायदा ने जरकावी के इराक के अल कायदा का नेता बनने से पहले शियाओं के खिलाफ कभी कुछ नहीं कहा। दूसरी तरफ जरकावी को शियाओं का कत्लेआम करने की छूट भी दी, लेकिन अल कायदा कभी आई.एस.आई.एस. की तरह शिया विरोधी नहीं रहा, मगर आई.एस.आई.एस. ईरान की शिया क्रांति के बाद अरब देशों में बढ़ते शिया वर्चस्व और सुन्नियों के घटते प्रभाव से बहुत आतंकित हैं। उसने कट्टर शिया विरोध को अपना ब्रांड बना लिया है, जबकि आबादी के लिहाज से शियाओं का सुन्नियों से कोई मुकाबला नहीं है। सुन्नी मुसलिम जगत् में 85 प्रतिशत हैं तो शिया 15 प्रतिशत।

आई.एस.आई.एस. के संस्थापक जरकावी ने अल कायदा के नेताओं को लिखे पत्रों में साफ कहा है कि वह इसलिए शियाओं का सफाया करना चाहता है, क्योंकि तभी सुन्नी जागेंगे और इसलामिक स्टेट के इर्द-गिर्द एकजुट होंगे। बगदादी ने उसके सपने को पूरा कर दिखाया। उसने इराक की शिया सरकार द्वारा सुन्नियों के साथ भेदभाव का पूरा-पूरा लाभ उठाया और सुन्नियों की मदद से इसलामिक स्टेट बनाया, जिसमें शियाओं के लिए कोई जगह नहीं है और इसलामिक स्टेट ने न केवल इराक के शिया बहुल राज्य को विभाजित कर कमजोर किया, वरन् इसलामिक स्टेट में सबसे ज्यादा हत्याएँ शियाओं की ही हुई हैं। उसने किसी शिया को किसी कीमत पर इसलामिक स्टेट में नहीं बख्शा। यह कहना अतिशयोक्ति नहीं होगा कि आई.एस.आई.एस. इराक

की शिया सांप्रदायिक सरकार के खिलाफ सुन्नी सांप्रदायिक क्रांति थी। दरअसल पिछले कई दशकों से मुसलिम देशों में शिया और सुन्नियों के बीच सिविल वार चल रहा था, मगर आई.एस.आई.एस. ने मुखर शिया विरोध के जरिए उसे बहुत तेज कर दिया, लेकिन आई.एस.आई.एस. केवल शियाओं और सुन्नियों के भी खिलाफ है। वह केवल शियाओं और सूफियों के खिलाफ सिविल वार तेज करके संतुष्ट नहीं है। वह सुन्नी मुसलिम समाज में इसलामी बनाम गैर-इसलामी का संघर्ष भी तेज कर रहा है। उसका मानना है कि शरिया एकमात्र इसलामी या ईश्वरीय व्यवस्था है, बाकी सारी व्यवस्थाएँ, चाहे लोकतंत्र हों या अधिनायकवाद या राजतंत्र, समाजवाद हो या साम्यवाद या राष्ट्रवाद, ये सभी व्यवस्थाएँ मानव निर्मित हैं। इसलिए उसने सऊदी अरब के खिलाफ भी संघर्ष करने की घोषणा की है और तुर्की के खिलाफ भी। इनमें से तुर्की तो पहले भी खिलाफत रही है। उसके मुताबिक सऊदी अरब में राजतंत्र है, जो उसके हिसाब से इसलामी व्यवस्था नहीं है, वह जाहिलिया या मानव निर्मित व्यवस्था है, इसलिए उसे समाप्त कर इसलामी व्यवस्था स्थापित की जानी चाहिए।

दूसरी तरफ वह तुर्की के लोकतंत्र को भी इसलामी व्यवस्था नहीं मानता। इस तरह आई.एस.आई.एस. इसलाम में शुद्ध इसलाम की स्थापना के लिए कई तरह के आंतरिक संघर्षों को तेज कर रहा है। दूसरी तरफ मुसलिम समाज को विभाजित भी कर रहा है—एक शिया बनाम सुन्नी, दूसरा वहाबी बनाम सूफी, तीसरा इसलामी बनाम गैर-इसलामी या मानव निर्मित व्यस्थाएँ। तीसरे के तहत तो सारे इसलामी देशों के शासक आ जाते हैं, क्योंकि उनमें लोकतंत्र है या राजतंत्र या अधिनायकवाद या समाजवाद, आई.एस.आई.एस. किसी को इसलामी नहीं मानता, केवल खलीफा और शरिया की व्यवस्था ही इसलामी है। इसलिए वह दुनिया के सारे मुसलिम देशों के शासकों के खिलाफ है। इस तरह वह इसलाम को एकजुट करने के बजाय उसमें कई दरारें डाल रहा है, लेकिन आई.एस.आई.एस. का तर्क अलग है कि वह तो इसलाम को शुद्ध रूप में स्थापित करना चाहता है। केवल विकृतियों को खत्म करना चाहता है। दूसरी तरफ आई.एस.आई.एस. के विरोधी मानते हैं कि इससे मुसलिमों को तो नुकसान ही पहुँचेगा। बात कुछ हद तक सही भी है, अल कायदा और आई.एस.आई.एस. में एक बहुत बड़ा फर्क रणनीति को लेकर भी है। अल कायदा पहले दूर के अमेरिका जैसे दुश्मनों को खत्म करना चाहता है, ताकि पास के अमेरिका-संचालित देश अपने आप ही उसका वर्चस्व स्वीकार कर लें, लेकिन आई.एस.आई.एस. की रणनीति उलटी है, पहले पास के दुश्मन से लड़ना चाहता है और अपने लिए एक भू-भाग चाहता है। कुछ आतंकवादी अमेरिका और पश्चिमी देशों के खिलाफ आतंकवादी गतिविधियाँ कर रहे होंगे, मगर आई.एस.आई.एस. का अमेरिका और पश्चिम के खिलाफ लड़ने का

कोई इरादा नहीं है। उसे दूर के दुमश्न के बजाय पास के दुश्मन, शिया और सूफियों से लड़ना महत्त्वपूर्ण लगता है। इसलिए वह अमेरिका और पश्चिमी देशों के वजूद के लिए कोई खतरा नहीं है, उससे खतरा तो इसलाम या मुसलिम समाज को है।

इसलामी आतंकवादियों का अध्ययन करने पर एक बात उभरकर आती है कि आतंकवादियों की हर नई पीढ़ी पिछली पीढी से ज्यादा उग्र, ज्यादा क्रूर और ज्यादा पुरातनपंथी होती है। तालिबान और अल कायदा रूढ़ीवादी थे, मगर उनके बाद की आतंकवादी पीढ़ी आई.एस.आई.एस. तो 1400 साल पुराने शुद्ध इसलाम, यानी इसलाम की पहली पीढ़ी के जमाने की गुलामी और सेक्स स्लैव की बात कर रही है। उनका कहना है कि मोहम्मद पैगंबर और उनके साथियों का शुद्ध इसलाम था, उसमें बाहरी चीजों की मिलावट नहीं थी। वह उसी इसलाम को लाना चाहता है। हालाँकि उसका दावा सही नहीं है। वह शुद्ध इसलाम की बात को अपनी सुविधा के अनुसार बदलता रहता है। इसलाम में जीवित प्राणियों के चित्र बनाने की मनाई है, मगर अपने सोशल मीडिया में वह ऐसे चित्र ही तो परोस रहा है। वह महिलाओं को उपदेश देता है कि बगैर अभिभावकों को साथ लिये बाहर न निकलें, लेकिन जिहादी बनने के लिए लड़कियाँ अकेली ही आती हैं, यानी कि वह शुद्ध इसलाम की कितनी ही बातें क्यों न करे, इसलाम तो उसका भी शुद्ध नहीं है। वह मूल्य और रीति-रिवाज तो प्राचीन इसलाम के अपनाता है, मगर टेक्नोलॉजी और हथियार नए जमाने के। वह आधुनिक हथियारों और टेक्नोलॉजी से प्राचीन कबीलाई व्यवस्था का निर्माण करना चाहता है। किसी जमाने में मुसलिम ब्रदरहुड ने नारा दिया था—इसलाम इज सोल्यूशन, मगर आज की दुनिया में जिहादी आतंकवाद जिस तरह सारी दुनिया को परेशान कर रहा है, उसे देखते हुए तो दुनिया को यही लग रहा है, कि इसलाम इज प्रॉब्लम। अब आई.एस.आई.एस. हमें बता रहा है प्योर इसलाम सोल्यूशन था, मगर शुद्ध इसलाम की बात करनेवाला आई.एस.आई.एस. खुद सारी दुनिया के लिए सबसे बड़ी समस्या है, लेकिन इसके बावजूद आई.एस.आई.एस. के शुद्ध इसलाम की बात दुनिया भर के हजारों लोगों को लुभा रही है, हम भले ही कहें, खुद मिया फजीहत औरों को दें नसीहत, मगर जिस तरह यह जानने के बावजूद कि आई.एस.आई.एस. की उलटी गिनती शुरू हो चुकी है, फिर भी हजारों लोग सीरिया के युद्ध में शामिल होने जा रहे हैं।

अब भी केरल के 21 लोग और मुंबई के पाँच लोग आई.एस.आई.एस. में शामिल होने के लिए गायब हुए हैं। उससे यही लगता है कि आई.एस. का शुद्ध इसलाम अब भी कुछ लोगों को लुभा रहा है। उनको लग रहा है कि उनकी आज की जटिल समस्याओं का समाधान 1400 साल पुरानी व्यवस्था के पास है, लेकिन हकीकत यह है कि आई.एस.आई.एस. की इस नाम पर यह राजनीतिक-सांप्रदायिक एजेंडा चलाने

की कोशिश है। शियाओं का सफाया कर सुन्नियों का वर्चस्व फिर से कायम करने की कोशिश है। यह सुन्नी सांप्रदायिकता का राजनीतिक इस्तेमाल है। शुद्ध इसलाम की बात तो मुखौटा है, मगर अब बहुत कुछ किया नहीं जा सकता, क्योंकि जिन्न बोतल के बाहर निकल चुका है। उसे निकालनेवाले तो पैदा हुए हैं, वापस बोतल के अंदर डालनेवाला पैदा नहीं हुआ। आई.एस.आई.एस. की उलटी गिनती शुरू हो गई है, देश के तौर पर वह खत्म हो जाएगा, मगर सोच तो फिर भी जिंदा रहेगी।

अनुक्रम

इसलामी आतंकवाद : मर्ज बढ़ता गया ज्यों-ज्यों दवा की

अरब की भूमि इसलाम की जन्मभूमि है और इसलामी आतंकवाद की भी। दूसरे विश्वयुद्ध के बाद इसलामी अरब देशों के बीच सदियों से निर्वासित यहूदियों का अलग इजराइल राष्ट्र बन जाने से सारे अरब-जगत् में खलबली मच गई। इजराइल के खिलाफ लड़ने के लिए छठे दशक में फिलिस्तीनी सेकुलर आंदोलन जैसे अल फतह और पापुलर फ्रंट फॉर लिबरेशन ऑफ फिलिस्तीन जनमे। 1967 में इजराइल द्वारा अरब देशों को हराए जाने के बाद फिलिस्तीनियों ने महसूस किया कि अरब देश सैनिक युद्ध में इजराइल को नहीं हरा सकते। इससे सबक लेकर फिलिस्तीनी आंदोलन क्लासिक गुरिल्ला युद्ध से दूर हटकर शहरोन्मुख युद्ध प्रणाली की तरफ बढ़ने लगा। रेडिकल फिलिस्तीनी अपने संघर्ष का अंतरराष्ट्रीयकरण करने के लिए आधुनिक संचार और परिवहन व्यवस्था का फायदा उठाने लगे। उन्होंने कई अपहरण, बमकांड और गोलीबारी की घटनाएँ करना शुरू किया, जिसकी परिणति 1972 के म्यूनिख ओलंपिक में इजराइल खिलाड़ियों की अपहरण के बाद मौत में हुई। सातवें दशक के दौरान आतंकवाद के परिदृश्य पर सेकुलर फिलिस्तीनी समूह ही छाए हुए थे, लेकिन धार्मिक आंदोलन भी बढ़ रहे थे। मध्य-पूर्व में सेकुलर राष्ट्रवाद के साथ इसलामिक आंदोलन विपक्ष के तौर पर उभरा। इसका सबसे बड़ा उदाहरण था मुसलिम ब्रदरहुड। उसके कारण इसलाम एक राजनीतिक विचारधारा या वाद के रूप में उभरने लगा। इसकी कई शाखाएँ थीं। इसमें एक शाखा राजनीतिक थी तो एक आतंकवादी। इसलाम में जिहाद की संकल्पना तो हमेशा से थी। पहले बादशाहों और सुल्तानों की अगुवाई में आक्रमणों के जरिए जिहाद होता था। इस जिहाद का बहुत महिमामंडित रूप इकबाल की कविता शिकवा में देखने को मिलता है, लेकिन बीसवीं सदी में नई आधुनिक हथियार व शस्त्र प्रणालियाँ आईं, संचार और परिवहन के नए-नए साधन आए। इसके साथ जिहाद अपने बीसवीं सदी के नए रूप 'इसलामी आतंकवाद' के रूप में उभरकर

आया। यह नई आधुनिक तकनीक से मध्ययुगीन इसलामी मूल्यों और व्यवस्था की स्थापना की कोशिश थी। अब से तकरीबन सौ साल पहले यह सोचना भी कल्पना से परे था कि कुछ मुसलमान नौजवान किसी कैफे या बस या ट्रेन में घुस जाएँ और आत्मघाती दस्तों के रूप में काम करते हुए दर्जनों लोगों की जान ले लें। यह भी नहीं सोचा जा सकता था कि पेरिस की किसी पत्रिका के दफ्तर में जाकर सारे कर्मचारियों का सफाया कर दें, लेकिन हथियारों की तकनीक, संचार प्रणाली के कारण कुछ ऐसा परिवर्तन आया है कि कुछ लोगों का समूह भी इस तरह की वारदातों को अंजाम दे सकता है। इसका लाभ उठाकर आतंकवाद को दुनिया भर में फैलने में मदद मिली। अफगानिस्तान इसलामी आतंकवाद की यात्रा में सबसे महत्त्वपूर्ण पड़ाव था। इसमें सबसे महत्त्वपूर्ण भूमिका थी पाकिस्तान की। वह खासतौर पर 1989 में सोवियत संघ की सेनाओं की वापसी के बाद आतंकवादी प्रशिक्षण का मैदान बन गया।

जब रूसी सेनाओं के विरुद्ध अफगानिस्तान में जिहाद की शुरुआत हुई, तब पाकिस्तान ने अपने दूतावास को आदेश दिया कि जो जिहाद के लिए लड़ना चाहते हैं, उन्हें बिना किसी सवाल के वीजा दिया जाए। 1992 से 1995 के बीच मध्य-पर्व-उत्तर और पूर्वी अफ्रीका, मध्य एशिया और सुदूर पूर्व 35 हजार प्रशिक्षित कट्रपंथी मुसलमानों ने रूसी सेनाओं के खिलाफ लड़ाई लड़ी। इसमें से बहुत से कट्टरपंथियों ने अफगान सीमा सहित पाकिस्तान के कराची में, आई.एस.आई. द्वारा स्थापित सैकड़ों मदरसों में प्रशिक्षण प्राप्त किया। इन मदरसों के कैंप भावी इसलामिक कट्टरपंथियों के लिए प्रशिक्षण स्थल बन गए। ये कट्टरपंथी पहली बार मदरसों में मिले और साथ पढ़े, साथ प्रशिक्षित हुए और साथ लड़े। विश्व के कोने-कोने से कट्टरपंथियों को साथ लाने के परिणामों पर किसी भी खुफिया विभाग ने ध्यान नहीं दिया।

वर्ष 1994 में अपने उदय के बाद अफगानिस्तान में पाकिस्तान समर्थित तालिबान मिलिशिया राज्य संचालित आतंकवाद बन गया है, जिसे आने-जाने की सारी सुविधाएँ और प्रशिक्षण की सुविधा प्राप्त हैं। हालाँकि इजिप्शियन इसलामिक जिहाद, ओसामा बिन लादेन का अल कायदा और कश्मीरी आतंकवादी तालिबान के पहले से पाकिस्तान में हैं, मगर तालिबान के प्रभुत्व के प्रसार ने अफगानिस्तान के आतंकवाद को सुगठित किया है। नौवें दशक के मध्य से पाकिस्तान समर्थित कश्मीरी आतंकवादी गुट तालिबान के नियंत्रणवाले इलाके का प्रशिक्षण शिविर के तौर पर उपयोग कर रहे हैं। एशिया में इसलामी आतंकवाद के उभार का दूसरा पड़ाव इराक पर अमेरिकी हमला था, जिसने शिया-सुन्नी दुश्मनी और आतंकवाद को चरम पर पहुँचा दिया और बाद में शिया विरोधी आई.एस. के उदय के लिए कारणीभूत बना।

दुनिया के तीन सबसे खूँखार आतंकी संगठन एशिया के हैं। ये हैं तालिबान,

आई.एस.आई.एस. और अल कायदा।

आतंकी संगठन तालिबान पिछले 25 वर्षों से सक्रिय है और पिछले एक दशक में 25000 लोगों की हत्या कर चुका है। तालिबान एक सुन्नी इसलामिक कट्टरतावादी आंदोलन है, जो अफगानिस्तान को पाषाणयुग में पहुँचाने के लिए जिम्मेदार माना जाता है। इन दिनों इसे पिछड़ेपन और क्रूरता का पर्याय माना जाता है। लोग भले ही उसकी आलोचना करें, लेकिन उसके नेताओं का कहना है कि वे इसलाम को उसके मूल रूप में या पहली पीढ़ी के इसलाम को स्थापित करना चाहते हैं।

इसके बाद बिन लादेन के अल कायदा का नंबर आता है, जो कभी सबसे चर्चित और वैश्विक आतंकवादी संगठन था। विश्व के कई इसलामी संगठन उसके साथ जुड़े हुए हैं। 11 सितंबर को हुए न्यूयॉर्क हमले और कई अन्य देशों में हुए हमलों को इसी संगठन ने अंजाम दिया था। उल्लेखनीय है कि आई.एस. के उदय के बाद अल कायदा की गतिविधियाँ ठंडी पड़ गई हैं। वर्ष 2014 के सबसे बड़े पाँच आतंकवादी संगठनों में ओसामा बिन लादेन के संगठन अल कायदा का नाम गायब है, जो इस बात का प्रतीक है कि लादेन के बाद नेता बने अल जवाहिरी अल कायदा में जान फूँकने में नाकाम रहे हैं। इसलिए अल कायदा के कई आतंकी या तो आई.एस. के साथ चले गए या फिलहाल निष्क्रिय हैं। अल कायदा की स्थापना वर्तमान समय के सबसे कुख्यात आतंकवादी ओसामा बिन लादेन ने की। वह सऊदी अरब की एक निजी बिल्डर कंपनी के मालिक का बेटा था, जिसके कारण उसने बेहिसाब दौलत का इस्तेमाल किया। अमरीकी राष्ट्रपति बराक ओबामा के अनुसार इसके संस्थापक ओसामा बिन लादेन को 2 मई, 2011 को अमरीकी सेना ने पाकिस्तान में मार डाला। इसके बाद से इस संगठन के नेतृत्वकर्ता के तौर पर डॉक्टर अयमन अल जवाहिरी का नाम सामने आया। अल कायदा ने सबसे पहले आठवें दशक में अपनी स्थापना के बाद चेचेन्या में रूस के खिलाफ लड़ाई लड़ी और उसके बाद दुनिया के अलग-अलग हिस्सों में अल कायदा ने ऐसी लड़ाइयों में भाग लेना शुरू किया, जिसके बारे में उसने आरोप लगाया कि वहाँ मुसलमानों पर अत्याचार हुए हैं। बाद में अलकायदा ने 9-11 के हमले किए और अमरीका को उसने नंबर वन का दुश्मन घोषित कर दिया। पाकिस्तानी पत्रकार हामिद मीर से बातचीत में इसके संस्थापक ओसामा बिन लादेन ने एकाधिक बार माना कि अमरीका पूरी दुनिया में अपने साम्राज्य के विस्तार के लिए हमले कर रहा है और अल कायदा इसके खिलाफ अपनी लड़ाई जारी रखेगा।

ये तीनों वहाबी सुन्नी संगठन हैं, लेकिन एशिया की धरती आतंकवादी संगठनों के मामले में काफी उपजाऊ है। बँगलादेश से लेकर सऊदी अरब तक हर देश में आतंकी संगठन कुकुरमुत्तों की तरह उग आए हैं। इनमें सुन्नी संगठन हैं तो लेबनान

के 'हिजबोल्लाह', यमन के 'हौथी', इराक के 'एसाहिब अल हक' जैसे शिया संगठन भी हैं, तो सीरिया में लड़ रहा 'नख्सबंदी आर्मी' जैसा सूफी नामवाला संगठन भी है। गैर-सरकारी आतंकी संगठन भी हैं और सरकार द्वारा प्रायोजित संगठन भी हैं। सऊदी अरब जैसा देश है, जिस पर आरोप लगते रहे हैं कि वह कई देशों में वहाबी सुन्नी आतंकवाद का निर्यात करता है। दूसरी तरफ ईरान है, जिस पर शिया आतंकवाद निर्यात करने और शिया आतंकवाद को बढ़वा देने के आरोप लगते रहे हैं। यहाँ इराक जैसा देश है, जहाँ शिया और सुन्नी आतंकवाद है, इसलाम के इन दोनों संप्रदायों के मिलिशियाओं के प्रतियोगी आतंकवाद में लाखों लोग मारे जा चुके हैं। मुसलमान ही मुसलमान के खून का प्यासा हो गया है। सुन्नी आई.एस. के आतंकी मंसूबों का सबसे बड़ा निशाना शिया ही बनते हैं। सुन्नी सऊदी अरब में कुछ शिया आतंकी संगठन सक्रिय हैं तो शिया ईरान में कई सुन्नी आतंकी संगठन, जो कभी-कभी आतंकी वारदातों को अंजाम देते हैं।

आतंक की फैक्टरी कहे जानेवाले पाकिस्तान में हर तरह का आतंकवाद है। शिया आतंकी संगठन हैं और सुन्नी आतंकी संगठन भी, लेकिन ज्यादातर सुन्नी आतंकी संगठनों के हाथों शिया ही मारे जाते हैं। अब तक लगभग दस हजार शिया मारे जा चुके हैं। इसी तरह कई बड़ी सूफी दरगाहों पर वहाबी आतंकी संगठनों ने हमले किए हैं। वहाँ पाकिस्तानी तालिबान जैसे सरकार विरोधी संगठन भी हैं, जो देश में शरिया लागू करने के लिए लड़ रहे हैं। दूसरी तरफ लश्कर ए तैयबा जैसे आतंकी संगठन हैं, जिन्हें राज्य द्वारा प्रायोजित आतंकवाद का प्यादा कहा जा सकता है। हाल ही में आई.एस. ने भी लश्कर-ए-तैयबा से अपने किसी भी तरह के रिश्ते से इनकार करते हुए कहा कि वह धर्मद्रोही पाकिस्तानी सेना की कठपुतली है, जो उसके इशारे पर युद्ध शुरू करती है और रोक देती है।

लश्कर-ए-तैयबा पाकिस्तान के सबसे बड़े इसलामी आतंकवादी संगठनों में से एक है। हाफिज सईद ने इसकी स्थापना की थी। वर्तमान में यह पाकिस्तान के लाहौर से अपनी गतिविधियाँ चलाता है एवं पाक अधिकृत कश्मीर में इसके अनेक आतंकवादी प्रशिक्षण शिविर चलाते हैं। इस संगठन ने भारत के विरुद्ध कई बड़े हमले किए हैं। अपने आरंभिक दिनों में इसका उद्देश्य अफगानिस्तान से सोवियत शासन हटाना था। अब इसका प्रधान ध्येय कश्मीर से भारत का शासन हटाना है। इसकी स्थापना में अमेरिकी खुफिया एजेंसी सी.आई.ए. का योगदान रहा। इसकी शुरुआत लाहौर विश्वविद्यालय में इंजीनियरिंग के प्रोफेसर हफीज मोहम्मद सईद ने 1980 के दशक के अंत में की थी। इसका उद्देश्य अफगानिस्तान से रूसी सेनाओं को हटाना था। संगठन ने अपने को वहाबी इसलाम के आदर्श पर स्थापित किया। सोवियतों के

हटने के बाद इसका उद्देश्य भारतीय कश्मीर पर अपना शासन स्थापित करना या उसे भारतीय शासन से मुक्त कराना हो गया। आरंभिक दिनों में पाकिस्तान के कई शहरों में इस संगठन की दान-पेटियाँ देखी जाती थीं, जहाँ इस आंदोलन के लिए लोगों से दान के रूप में आर्थिक मदद मिलती थी। अन्य कश्मीरी संगठनों की तरह इसमें कश्मीर के बाहर के लोग बहुत अधिक थे।

इसका नाम वर्ष 2000-01 के आसपास उस समय प्रकाश में आया, जब इसने भारत के कई क्षेत्रों पर हमले किए। सितंबर, 2001 में अमेरिका पर हुए हमले के बाद तत्कालीन शासक परवेज मुशर्रफ ने इस पर प्रतिबंध लगा दिया था। इसके नेताओं की गतिविधियाँ सीमित कर दी गई थीं। 2002 की शुरुआत से इसकी गतिविधियाँ कम हो गई थीं। इसके भाग्य में सुनहरा दिन तब आया, जब 2005 में कश्मीर में भूकंप के बाद इसे दान एकत्र करने की इजाजत फिर से मिल गई। मुंबई पर आतंकी हमले के लिए भी यही संगठन जिम्मेदार था।

दूसरा महत्त्वपूर्ण संगठन है जैश-ए-मोहम्मद, जिसका मकसद कश्मीर को भारत से अलग करना है। इसकी स्थापना मसूद अजहर नामक पाकिस्तानी नेता ने मार्च, 2000 में की थी। इसे भारत में हुए कई आतंकवादी हमलों के लिए जिम्मेदार ठहराया गया है और जनवरी, 2002 में इसे पाकिस्तान की सरकार ने भी प्रतिबंधित कर दिया। इसके बाद जैश-ए-मुहम्मद ने अपना नाम बदलकर 'खुद्दाम उल-इसलाम' कर दिया। सुरक्षा विषयों के समीक्षक बी. रामन ने इसे एक 'मुख्य आतंकवादी संगठन' बताया है और यह कई देशों की आतंकवादी संगठनों की सूची में शामिल है। दिसंबर, 1999 में अपहरित भारतीय विमान आई.सी. 814 के यात्रियों को बचाने के लिए मसूद अजहर को कंधार ले जाकर छोड़ दिया गया।

- मार्च, 2000 में मसूद अजहर ने हरकत-उल-मुजाहिदीन का बँटवारा कर जैश-ए-मुहम्मद की स्थापना की। हरकत-उल-मुजाहिदीन के अधिकतर सदस्य जैश में शामिल हो गए।
- दिसंबर, 2001 में जैश ने लश्कर-ए-तैयबा के साथ मिलकर भारतीय संसद् पर आत्मघाती हमला किया।
- फरवरी, 2002 में जैश ने अमेरिकी पत्रकार डैनियल पर्ल को गरदन काटकर मार दिया।
- दिल्ली से लगभग आठ सौ किलोमीटर दूर स्थित है खूबसूरत पहाड़ियों से घिरा ऐतिहासिक शहर पेशावर। वह नॉर्थ-वेस्ट फ्रंटियर प्रोविंस की राजधानी भी है, लेकिन अब पेशावर के इतिहास में एक काला अध्याय भी जुड़ चुका है। आतंकवादियों ने पेशावर के आर्मी स्कूल पर हमला बोला

और अंधाधुंध गोलियाँ बरसाते चले गए। इस हमले में करीब 140 लोगों की मौत हो गई, जिनमें 132 स्कूल के बच्चे शामिल हैं। पाकिस्तान के इतिहास में तहरीक-ए-तालिबान के आतंकवादियों का यह सबसे घिनौना और दिल दहला देने वाला हमला था। इसीलिए पाकिस्तान के लिए सबसे बड़ा खतरा बन चुका है तालिबान। इन दिनों पाकिस्तान का सबसे चर्चित आतंकी संगठन है—तहरीके तालिबान पाकिस्तान।

तहरीके तालिबान कई आतंकवादी संगठनों से मिलकर बना एक गठबंधन है, जिसका गठन साल 2007 में हुआ था। इसका पहला मुखिया बैतुल्लाह मेहसूद को बनाया था। उसका रिश्ता पाकिस्तान के कबाइली इलाके के मेहसूद कबीले से था। तहरीके तालिबान ने गठन के बाद से दक्षिणी वजीरिस्तान और नॉर्थ-वेस्ट फ्रंटियर प्रोविंस में पाकिस्तान के खिलाफ युद्ध की घोषणा कर दी थी।

तहरीके तालिबान की इस चुनौती को पाकिस्तान की सरकार शुरू में नजरअंदाज करती रही, जिसका नतीजा यह हुआ कि तहरीके तालिबान ने 'फाटा' समेत पूरी स्वात घाटी में अपने पैर मजबूती से जमा लिये। साल 2009 आते-आते तहरीके तालिबान की ताकत इतनी बढ़ गई थी कि इसलामी कानून को लेकर उसने अपने प्रभाववाले इलाके में फरमान जारी करने शुरू कर दिए थे। लड़कियों के स्कूल जाने पर रोक लगा दी गई और स्कूलों पर हमले शुरू कर दिए। तालिबान 2009 से अब तक स्कूलों पर हजार से ज्यादा हमले कर चुका है, जिनमें ज्यादातर उत्तर-पश्चिमी 'पख्तूनख्वा' प्रांत में हुए हैं। इन वर्षों में जेहादियों के निशाने पर कई शहरों में आई.एस.आई. के दफ्तर, कराची और कामरा में नौसेना एवं वायु सेना के अड्डे, कराची अंतरराष्ट्रीय हवाई अड्डा, यहाँ तक कि सेना का मुख्यालय भी रहे हैं।

भारत में इन दिनों इसलामी आतंकी घटनाएँ भले ही कम हुई हों, लेकिन अकसर आतंकी वारदातें होती रहती थीं। देश के कई शहरों में बम विस्फोट करके आतंक का पर्याय बन चुका आतंकवादी संगठन इंडियन मुजाहिदीन रहस्य में लिपटी पहेली से कम नहीं है। हरेक की उसके बारे में अपनी अटकलें हैं। कोई कहता है, वह प्रतिबंधित इसलामी उग्रवादी संगठन सिमी का नया अवतार है। कुछ लोग मानते हैं कि वह पाकिस्तान स्थित अतंकवादी संगठन लश्कर-ए-तैयबा का मुखौटा भर है। एक राय यह भी है कि पाकिस्तानी खुफिया एजेंसी आई.एस.आई. ने पाकिस्तान के आतंकी संगठनों को आरोपों से बचाने के लिए छद्म नाम से एक संगठन खड़ा कर दिया है। वैसे ऐसे भी लोग हैं, जिनका कहना है कि यह एक स्वतंत्र संगठन है, जो बाकी इसलामी आतंकी संगठनों से तालमेल करके चलता है। दूसरी तरफ कई उर्दू अखबारों और मुस्लिम नेताओं का कहना है कि बजरंग दल इस नाम की आड़ में

अपनी आतंकी गतिविधियों को अंजाम दे रहा है और उसकी सारी जिम्मेदारी इस संगठन पर डाल रहा है। पिछले पाँच-छह वर्षों में देश में हुई आतंक की कई बड़ी वारदातों को इस आतंकी संगठन ने अंजाम दिया है। इनमें 2007 में उत्तर प्रदेश में सीरियल बम धमाके, 2008 में जयपुर, बेंगलुरु, अहमदाबाद और दिल्ली में हुए बम विस्फोट, 2010 में पुणे में हुआ धमाका, जामा मसजिद पर हुआ हमला, वाराणसी में बम विस्फोट, 2011 में मुंबई में हुए बम धमाके और दिल्ली हाईकोर्ट में हुए बम विस्फोट जैसी बड़ी वारदातों में इंडियन मुजाहिदीन का हाथ माना जाता है। इनमें से कई वारदातों की जिम्मेदारी इ-मेल के जरिए उसने खुद कबूली है। विडंबना यह है कि इसके बावजूद इस संगठन के बारे में बहुत कम जानकारी उपलब्ध है।

दरअसल एशिया के प्रमुख आतंकी संगठनों में आपसी प्रतिस्पर्धा चलती रहती है। आई.एस. और अल कायदा में तो शुरू से ही दुश्मनी रही है। सोशल मीडिया पर तो दोनों के समर्थकों में अकसर तीखी नोक-झोंक चलती रहती है। आई.एस. और तालिबान के बीच में तो अफगानिस्तान में युद्ध शुरू हो गया है। अफगानिस्तान का तालिबान शासित एक प्रांत तो आई.एस. के कब्जे में आ चुका है। हाल ही में अफगानिस्तान के एक मंत्री ने कहा कि आई.एस. तालिबान का सफाया कर खुद आफगानिस्तान पर कब्जा करने की कोशिश कर सकता है। यह आपसी प्रतिस्पर्धा भी इन आतंकी समूहों को एक से बढ़कर एक आतंकी वारदातें करने को प्रेरित करती है। इस कारण फिलहाल तो एशिया को आतंकवाद से मुक्ति मिलने के आसार नजर नहीं आते। इसलाम अपने को शांति का धर्म कहता है, मगर वही एशिया में अशांति का सबसे बड़ा कारण बना हुआ है।

अफ्रीका—एक तो गरीबी, ऊपर से आतंक की मार

सारी दुनिया भले ही आई.एस. से खौफ खा रही हो, लेकिन विश्व के प्रतिष्ठित थिंक टैंक और आतंकवाद सूचकांक बनानेवाली संस्था इंस्टीट्यूट फॉर इकोनॉमिक्स ऐंड पीस द्वारा कुछ समय पहले जारी रिपोर्ट के मुताबिक बोको हराम ने वर्ष 2014 में आतंकवाद से हुई मौतों के मामले में आई.एस. को पीछे छोड़ दिया था। ये आँकड़े इस तथ्य की तरफ संकेत करते हैं कि अफ्रीका के नाइजीरिया देश में सक्रिय बोको हराम ज्यादा चर्चित न होने पर भी दुनिया भर में खौफ पैदा करनेवाले आई.एस. से हत्याओं के मामले में आगे था। इस तरह वह दुनिया का सबसे खूँखार आतंकी संगठन बन चुका है। इनके बाद नाम आता है क्रमशः तालिबान, 'फुलानी' उग्रवादी और सोमालिया के 'अलशबाब' का। दरअसल पहले पाँच आतंकवादी संगठनों में से तीन संगठन अफ्रीका के हैं। फुलानी उग्रवादी उत्तरी और मध्य नाइजीरिया में सक्रिय

हैं और अकसर ईसाई किसानों पर हमले करते हैं। पिछले वर्ष उन्होंने 1229 हत्याएँ कीं। सोमालिया, केन्या और अन्य पड़ोसी देशों में सक्रिय अलशबाब ने पिछले वर्ष 1012 हत्याओं को अंजाम दिया। इसे दरअसल अलकायदा का सोमालियाई संगठन भी कहा जाता है। उसके बारे में कहा जाता है कि उसके पास कुख्यात आतंकी समूह अल कायदा का शरीर और तालिबान की आत्मा है।

पहले पाँच आतंकी संगठनों में तीन अफ्रीकी आतंकी संगठनों का होना इस बात का प्रतीक है कि अफ्रीका में आतंकवाद तेजी से फैलता जा रहा है। यह कंगाली में आटा गीला वाली कहावत को सच साबित कर रहा है। एक तो अफ्रीका की चरम गरीबी, ऊपर से आतंकवाद की मार, उससे होता बड़े पैमाने पर विस्थापन। अफ्रीकी देशों में आतंकी संगठन कुकुरमुत्तों की तरह जगह-जगह उग आए हैं। पेरिस पर हुए हमले के एक हफ्ते बाद अफ्रीकी देश 'माली' की राजधानी 'बोमाको' के रेडिसन ब्ल्यू होटल पर जिहादी आतंकियों ने हमला कर 27 लोगों को मौत के घाट उतार दिया। उन्होंने सभी को कुरान की आयतें सुनाने को कहा। जिन्होंने सुना दीं, उन्हें छोड़ दिया और जो नहीं सुना पाए, उन्हें गोली मार दी। अफ्रीका में जगह-जगह इस तरह के हमले हो रहे हैं। सोमालिया, नाइजीरिया, माली, ट्यूनीशिया, मिस्र, 'चाड', 'कैमरून'···सूची बहुत लंबी है। कई जिहादी संगठन सक्रिय हो गए हैं, जैसे 'मुजाओ', 'अंसार अल शरिया', 'साइंड इन ब्लड बटालियन' आदि। कहीं फुटबाल खेलते किशोरों को गोली से भून दिया जाता है तो कहीं सैकड़ों छात्राओं को अगवा कर उनकी आतंकवादियों के साथ शादी कर दी जाती है। काफिरों के सिर कलम किए जाते हैं। समलैंगिकों को फाँसी दी जाती है। जजिया वसूला जाता है। इस वहशीपन का दायरा बढ़ता ही जा रहा है।

सबसे खतरनाक आतंकी संगठन है—बोको हराम, जो नाइजीरिया में सक्रिय है। बोको हराम ने कुछ अरसे पहले खिलाफत कहलानेवाले आई.एस.आई.एस. का साथ निभाने की शपथ ली है। आई.एस. इस समय दुनिया का सबसे खतरनाक आतंकी संगठन है। आई.एस.आई.एस. के नेता अबू-बकर अल-बगदादी ने खुद को खलीफा घोषित कर रखा है। फिलहाल बोको हराम को नाइजीरिया व उसके पड़ोसी देशों की मल्टीनेशनल फोर्स ने कमजोर कर दिया है। शायद इसलिए यह आई.एस. से हाथ मिलाकर खुद को मजबूत करना चाहता है। इससे पहले तो बोको हराम ने खुद को खलीफा घोषित किया हुआ था, लेकिन उसे बहुत सफलता नहीं मिली। इसलिए अब आई.एस. के शरण में आ गया है। दोनों संगठनों में सबसे बड़ी समानता यह है कि दोनों ही अपनी चरम हिंसा और हैवानियत के लिए दुनिया में बदनाम हैं।

कुछ अरसे पहले नाइजीरिया स्थित जाबा गाँव में बोको हराम के कुछ सदस्यों

ने 68 लोगों की हत्या कर दी। भारी हथियारों से लैस आतंकी बोर्नो प्रांत के गाँव में सभी दिशाओं से घुस आए। यहाँ पर स्थानीय लोगों पर गोलियाँ बरसानी शुरू कर दीं, भागते हुए लोगों के ऊपर भी गोलियाँ बरसाईं। इन मारे जानेवाले लोगों में किशोर और बुजुर्ग भी शामिल थे। इसके दो दिन बाद ही शहर मेदुईगुरी में हुए पाँच आत्मघाती हमलों में 54 लोग मारे गए और 143 घायल हुए।

अफ्रीकी देश नाइजीरिया में इस तरह के नरसंहार अब आम बात हो चुके हैं। रोजाना बोको हराम की हैवानियत की कोई न कोई खबर अखबारों की सुर्खियों में होती है। नाइजीरिया के कई राज्यों में मजबूत पकड़ रखनेवाले बोको हराम ने महिलाओं और बच्चों सहित 500 से अधिक लोगों का अपहरण किया। बोको हराम ने 2011 में पुलिस के खिलाफ आत्मघाती हमले किए और राजधानी अबुजा में संयुक्त राष्ट्र के कार्यालय पर हमला किया। इसने पड़ोसी देशों में भी हिंसा का तांडव मचाना शुरू कर दिया, जिसे देखते हुए कैमरून, चाड और नाइजर जैसे देशों ने मिलकर इससे निपटने का फैसला किया और संयुक्त रूप से लगभग 7500 सैनिकों को बोको हराम के खिलाफ उतारा।

नाइजीरिया में अभी चुनाव हुए, लेकिन बोको हराम लोकतंत्र और चुनाव का घोर विरोधी है, इसलिए उसे रोकने के लिए बड़े पैमाने पर हिंसा का तांडव किया। बोको हराम देश से मौजूदा सरकार का तख्तापलट कर उसे पूरी तरह इसलामिक देश में तब्दील करना चाहता है। कहा जाता है कि बोको हराम के समर्थक वहाबियों की तरह मानते हैं, ''जो भी अल्लाह की कही गई बातों पर अमल नहीं करता है, वह पापी है।'' बोको हराम इसलाम के उस संस्करण को प्रचलित करता है, जिसमें मुसलमानों को पश्चिमी समाज से संबंध रखनेवाली किसी भी राजनीतिक या सामाजिक गतिविधि में भाग लेने से वर्जित किया जाता है। इसमें चुनाव के दौरान मतदान में शामिल होना, टी शर्ट-पैंट पहनना और धर्मनिरपेक्ष शिक्षा लेना शामिल है। बोको हराम के नेता अबू बकर शेकू ने एक वीडियो में ऐलान किया था, ''मैं अल्लाह की कसम खाकर कहता हूँ कि नाइजीरिया में लोकतंत्र को जीवित नहीं रहने दूँगा। हम इसके खिलाफ जंग छेड़ रहे हैं और इसे मिटाकर छोड़ेंगे। लोगों की सरकार, लोगों द्वारा सरकार और लोगों के लिए सरकार जैसी अवधारणा जल्द खत्म हो जाएगी और अल्लाह की सरकार और अल्लाह के लिए सरकार कायम होगी।'' हमलों की ताजा लहर से जाहिर होता है कि इस माह शुरू किए गए संयुक्त अभियान की सफलता के दावों के बावजूद नाइजीरिया और उसके पड़ोसी देशों कैमरून, चाड और नाइजर के सामने चुनौती कम नहीं हुई है। बीते छह साल में विद्रोहियों की हिंसा की वजह से 20,000 से अधिक लोगों की जान जा चुकी है। दस अफ्रीकी देशों

के समूह मध्य अफ्रीकी राज्यों की आर्थिक समुदाय 'सी.ई.ई.ए.सी.' ने इसलामिक आतंकवादी गुट बोको हराम से लड़ने के लिए 87 मिलियन डॉलर का आपातकालीन कोष बनाने का निर्णय लिया है। पिछले पाँच सालों में आतंकवादियों ने उत्तरी नाइजीरिया में हजारों लोगों का कत्ल करने के अलावा सैकड़ों लोगों का अपहरण भी किया है।

बोको हराम नाइजीरिया के होसा भाषा के दो शब्द से बना है, जिसका कुल अर्थ पश्चिमी शिक्षा लेना वर्जित है। बोको का मतलब है—नकली और हराम का मतलब वर्जित। अरबी में इस संगठन का आधिकारिक नाम 'जमात-ए-एहली सुन्ना लिदावित वल जिहाद' है, यानी जो लोग जिहाद फैलाने के लिए प्रतिबद्ध हों। मुसलिम धर्मगुरु मोहम्मद यूसुफ ने वर्ष 2002 में बोको हराम की स्थापना की।

फिर अबू बकर शेकाऊ नेता बना। यह समूह 1990 के आखिर से कई प्रकार से मौजूद रहा है। इस बोको हराम, अल कायदा अल शबाब के बीच बातचीत होने, प्रशिक्षण और हथियारों का संबंध पाए जाने की रिपोर्ट आई है, जिससे पता चलता है कि बोको हराम ने आतंकवादी हमले करने की क्षमता को बढ़ा दिया है। शेकाऊ पहले समूह का उप-कमांडर था। जुलाई, 2010 में शेकाऊ ने बोको हराम के नेतृत्व का सार्वजनिक रूप से दावा किया है और उसने नाइजीरिया में पश्चिमी हितों पर हमला करने की धमकी दी। उस महीने के अंत में शेकाऊ ने अल कायदा के साथ अपनी एकजुटता व्यक्त करते हुए एक दूसरा बयान जारी किया और अमेरिका को धमकी दी। शेकाऊ के नेतृत्व में बोको हराम एक बार फिर ताकतवर हो गया।

शेकाऊ के नेतृत्व में बोको हराम ने लगातार छोटे बच्चों को अपना निशाना बनाया है। अप्रैल, 2014 को बोको हराम ने उत्तरी नाइजीरिया से लगभग 300 लड़कियों का उनके स्कूल से अपहरण कर लिया। एक वीडियो संदेश में शेकाऊ ने इस अपहरण की जिम्मेदारी लेने का दावा किया, लड़कियों को गुलाम बनाया और उन्हें बाजार में बेचने की धमकी भी दी। हाल ही में इन लड़कियों के अपहरण को एक साल पूरा हुआ। इसके अलावा वह छोटे लड़कों और लड़कियों का प्रयोग आत्मघाती दस्तों के रूप में करता है।

रहम शब्द तो शायद इस संगठन की डिक्शनरी में ही नहीं है। कुछ समय पहले बोको हराम के आतंकवादियों ने नाइजीरिया के उत्तर-पूर्व के शहर बागा पर बड़ा हमला कर सैन्य अड्डे को लूट लिया। पूरे शहर में आग लगा दी। सड़कों और गलियों को लाशों से पाट दिया। शहर के एक अधिकारी मूसा अलहाजी बकर ने बताया कि बोको हराम के नए हमले में करीब 2,000 से अधिक लोग मारे गए हैं। हमले के बाद भागते हुए लोगों ने बताया कि शहर की 10 हजार की आबादी तबाह हो गई। इससे पहले भी बोको हराम के लड़ाकों ने इस शहर पर बड़ा हमला किया था। भुखमरी

के लिए दुनिया भर में चर्चित सोमालिया में सक्रिय है खूँखार आतंकी संगठन अल शबाब। कुछ अरसे पहले पाकिस्तान के पेशावर में छात्रों पर हुए नृशंस आतंकी हमले की घटना इस बार कीनिया में दोहराई गई। सोमालिया के खूँखार आतंकवादी संगठन अल शबाब के आतंकियों ने ग्रेनेड और स्वचालित हथियारों से गैरीसा यूनिवर्सिटी के हॉस्टल में सो रहे छात्रों पर हमला बोल दिया। हमलावरों की अंधाधुंध गोलीबारी में 147 छात्र मारे गए और 79 से ज्यादा घायल हुए हैं। चश्मदीदों का कहना है कि चरमपंथियों ने ईसाई छात्रों को अलग खड़ा कर गोलियों का निशाना बनाया। केन्या में 1998 में अमेरिकी दूतावास पर हमले के बाद यह सबसे बड़ा हमला था। इससे दो दिन पहले अल शबाब के आतंकवादियों ने सोमालिया के मका अल-मुकर्रम होटल को 12 घंटे से अधिक समय तक कब्जे में रखा था। सुरक्षा बलों की काररवाई में छह हमलावरों समेत कम से कम 24 लोगों की मौत हो गई।

अल शबाब के लिए ऐसी नृशंस हिंसा करना कोई नई बात नहीं है। कई बार तो लगता है कि बोको हराम और अल शबाब में यह साबित करने की होड़ लगी रहती है कि कौन कितना खूँखार है। इससे पहले, 2011 में अल शबाब ने नैरोबी के मशहूर मॉल वेस्टगेट में कई विदेशियों समेत 50 से ज्यादा लोगों को मौत के घाट उतारा था। अल शबाब ने हमले की जिम्मेदारी लेते हुए कहा था कि कीनियाई बलों द्वारा सोमालिया में घुसकर चलाए गए अभियान का यह जवाब है। सोमालिया के दक्षिण में करीब चार हजार कीनियाई सैनिक मौजूद हैं, जहाँ वह साल 2011 से ही चरमपंथियों के खिलाफ युद्ध छेड़े हुए हैं। अल शबाब इसका विरोध कर रहा है; उसने पहले भी हमले की कड़ी चेतावनी दी थी। अफ्रीका के खूँखार आतंकी संगठन अल शबाब का पूरा नाम हरकत-उल-शबाब अल मुजाहिदीन है, लेकिन यह अल शबाब के नाम से मशहूर है। शबाब का मतलब होता है युवा। इसे दरअसल अलकायदा का सोमालियाई संगठन भी कहा जाता है। इस चरमपंथी संगठन को साल 2012 में कई देशों ने आतंकी संगठन की श्रेणी में डाल दिया है। अल शबाब का दक्षिणी सोमालिया में खासा प्रभाव है। एक जमाने में यहाँ के कुछ इलाके पर उसका कब्जा भी था। इसका मकसद सोमालिया की फेडरल सरकार को गिराकर इसलामी सरकार स्थापित करना है। वह उस सैन्य संगठन इसलामिक कोर्ट यूनियन का एक गुट है, जिसे साल 2006 में वर्तमान फेडरल सरकार ने संयुक्त राष्ट्र और इथियोपियाई सेना की मदद से हटाया था। 2006 से पहले इस सैन्य संगठन का मध्य और दक्षिणी सोमालिया पर कब्जा था। आयरो अल शबाब का पहला मुखिया था। उसी की अगुवाई में अल शबाब ने तालिबान से संपर्क साधा और अपने लड़ाकों को अफगानिस्तान में तालिबान से ट्रेनिंग दिलाई। अल शबाब तालिबान की तर्ज पर सोमालिया में काम करने लगा।

अल शबाब के पास करीब 15 हजार प्रशिक्षित आतंकी हैं। कभी शबाब का मुखिया था गोडाने। मोगादिशू के दक्षिण में एक अमरीकी हवाई हमले में गोदाने की मौत हो गई। उसके बाद अहमद उमर को नया नेता घोषित किया गया। सोमालिया के ज्यादातर ग्रामीण इलाकों में अल शबाब का खासा प्रभाव है। अल शबाब ने सोमालिया में काम कर रहे विदेशी एन.जी.ओ. और संयुक्त राष्ट्र के संगठनों पर भी तरह-तरह के आरोप लगाकर उनके खिलाफ हमले किए। इसकी वजह से सोमालिया में राहत के काम में भी खासी अड़चन आई।

तालिबान से अपने लड़ाकों को ट्रेनिंग दिलानेवाले इस संगठन की सोच भी तालिबान जैसी ही है। वर्ष 2007 में माली के गॉउ शहर में आतंकवादी हमले के बाद अल शबाब ने संगीत और नृत्य पर प्रतिबंध लगाने की घोषणा की। उसके आतंकवादियों ने युगांडा में 11 जुलाई, 2010 को छिहत्तर लोगों की सिर्फ इसलिए हत्या कर दी कि युगांडा सरकार ने सोमालिया में आतंकवादियों से लड़ने के लिए अपने सैनिक भेजने का फैसला लिया था। अक्तूबर 2011 से लेकर मार्च 2013 तक अल-शबाब ने केन्या में इसी मुद्दे को लेकर बम विस्फोट किए और सैकड़ों जानें लीं।

फरवरी 2012 में अल शबाब के तत्कालीन नेता गोडाने ने एक वीडियो जारी करके अयमान अल जवाहिरी के नेतृत्ववाले अल कायदा में विलीन होने की घोषणा की थी, लेकिन इसे लेकर अल शबाब के नेताओं में फूट पड़ गई और यह विलय पूरी तरह से लागू नहीं हो पाया। फिर भी अल कायदा और अफ्रीका के एक प्रमुख आतंकवादी संगठन बोको हराम के साथ अल शबाब का गठबंधन चलता रहा। अल कायदा की घटती ताकत और समर्थन के चलते इसलामी कट्टरपंथियों के बीच अब अल शबाब अधिक लोकप्रिय हो रहा है। वर्षों से सरकारी सेनाओं संयुक्त राष्ट्र की सेनाओं से लड़ने के कारण अल शबाब को कठोर सैनिक प्रशिक्षण मिला है। अत्याधुनिक हथियारों से लैस अनुभवी लड़ाके इस संगठन को बेहद बेरहम और खतरनाक बनाते हैं। अल शबाब का काम करने का अपना तरीका है, जिसमें रहम और करम की कोई गुंजाइश नहीं है। इसके आतंकवादी सोमालिया में 10 वर्ष से कम उम्र के बच्चों को आतंकवादी बनाने के लिए बाकायदा स्कूल चलाते हैं और उनके दिलो-दिमाग में नफरत के बीज बोकर पश्चिमी देशों में हमलों को अंजाम देने के लिए तैयार करते हैं।

आतंकवादी स्कूलों में 10 साल से छोटे बच्चों को आत्मघाती बम हमलों के बारे में शिक्षा दी जाती है और कहा जाता है कि अगर वे इन गतिविधियों में शामिल होंगे तो उन्हें जन्नत नसीब होगी।

इस संगठन का आतंक फैलाने का अपना तरीका है। वह आमतौर पर सार्वजनिक स्थलों को चिह्नित करके अंधाधुंध हमले करता है। इसका मकसद है, ऐसी दहशत

फैलाना, जिससे अफ्रीकी देशों में ईसाई और मुसलमानों के बीच तनाव बढ़े। सोमालिया स्थित अल शबाब का इतिहास बहुत पुराना नहीं है और न ही इस संगठन में सक्रिय सदस्यों की संख्या ही बहुत बड़ी है। अल कायदा, आई.एस.आई.एस., तालिबान, बोको हराम, लश्करे तैयबा आदि कुख्यात आतंकवादी संगठनों की तरह अल शबाब भी इसलाम की वहाबी विचारधारा को मानता है। इस कारण शिया और सूफियों का विरोधी है, जो मजारों और दरगाहों को मानते हैं। बहावी विचारधारा इसके खिलाफ है। सोमालिया, जो मुख्यतः सूफी परंपरा का अनुयायी रहा है, वहाँ सऊदी हस्तक्षेप ने वहाबियत का जहर भर दिया। वहाबी आतंकवाद अब अफ्रीका के देशों में फैलता जा रहा है। नतीजतन अफ्रीकी मुसलिम देश सूफीवाद और वहाबी इसलाम के बीच संघर्ष का अखाड़ा बनते जा रहे हैं। अल शबाब सोमालिया में वहाबी आतंकी संगठन अल कायदा का सहयोगी संगठन है। वह केवल सोमालिया ही नहीं, इथियोपिया, केनिया में आतंकवादी गतिविधियों को अंजाम देता है, लेकिन सोमालिया में अब सूफी संगठन के लोगों ने अल शबाब का मुकाबला करने के लिए बंदूकें उठा ली हैं।

□

जेरे-खंजर भी ये पैगाम सुनाया हमने

सभ्यताओं के संघर्ष के खतरनाक सिद्धांत को ईजाद करने के लिए अकसर अमरीकी प्रोफेसर सैम्युअल हटिंगटन को कोसा जाता है, लेकिन उनसे कई दशक पहले सईद कुत्ब ने भविष्यवाणी की थी कि इसलामी और जाहिलिया सभ्यताओं में संघर्ष अनिवार्य है। यही संघर्ष जिहाद का हिस्सा होगा। इसलाम में जिहाद की महिमा अपरंपार है। दरअसल जिहाद की संकल्पना उतनी ही पुरानी है, जितना कि इसलाम। यह अलग बात है कि 11 सितंबर, 2001 में अमेरिका के वर्ल्ड ट्रेड सेंटर पर हुए आतंकी हमले के बाद दुनिया भर में इसकी चर्चा जोरों पर है और बासी कढ़ी में उबाल आ गया है।

हालाँकि पहले भी आतंकवाद पर कोई भी बातचीत आम लोगों के दिमाग को सीधे इसलाम की तरफ ले जाती थी, लेकिन न्यूयॉर्क के वर्ल्ड ट्रेड सेंटर पर हमले और उसके बाद आंतकवाद के खिलाफ जंग, दो सभ्यताओं के बीच टकराव के जुमलों के बाद एक मान्यता बनने लगी—सारे मुसलमान आतंकवादी होते हैं। कुछ नर्म दिल रियायत बरतते हुए इसे हर आतंकवादी मुसलमान होता है, कहने लगे। इसलामी आतंकवाद शब्द तो हरेक की जुबान पर आ गया। आखिर यह इसलामी आतंकवाद आया कहाँ से? मगर इसलाम के अध्येताओं को यह समझते देर नहीं लगी कि इसलामी आतंकवाद कुछ और नहीं—इसलाम की, जिहाद की अवधारणा का बीसवीं सदीवाला नाम है।

जिहाद इसलाम के बुनियादी सिद्धांतों में से एक है, जो मुसलमानों को काफिरों या गैर-मुसलिमों के खिलाफ निरंतर युद्ध के लिए प्रेरित करता है। कबीलाई युग से शुरू हुआ जिहाद आज ग्लोबलाइजेशन के युग तक निरंतर चला आ रहा है। यह कहना अतिशयोक्ति नहीं होगी कि ग्लोबलाइजेशन के युग में इसलाम भी ग्लोबल हुआ है और जिहाद भी ग्लोबल हो गया है। जिहाद के बिना इसलाम का कोई अस्तित्व नहीं है या यह कहना ज्यादा उचित है कि जिहाद ही इसलाम है और इसलाम ही जिहाद। न जाने कितने रूप उभर आए हैं उसके। लव जिहाद, सेक्स जिहाद, जनसंख्या जिहाद आदि। कभी जिहाद केवल काफिरों के खिलाफ होता था, अब कथित धर्मद्रोही मुसलिमों के

खिलाफ भी होता है। जब से शिया और सुन्नी एक-दूसरे को गैर-मुसलिम करार देने लगे हैं, तब से शिया जिहाद भी चल पड़ा है और सुन्नी जिहाद भी। आज हालात यहाँ तक पहुँच गए हैं कि जिहाद का निशाना गैर-मुसलिम भी बन रहे हैं तो मुसलिम भी। इसलिए जिहाद के सही स्वरूप को समझना बहुत आवश्यक है। आई.एस.आई.एस. के समर्थक तो यह कहते हैं कि पिछले कुछ समय से मुसलमान आक्रामक जिहाद की उपेक्षा कर रहे हैं, मगर वे जिहाद को उसका केंद्रीय स्थान दिलाएँगे। जिहाद के जरिए सारी दुनिया में शरिया लागू करेंगे। आई.एस.आई.एस. तो इस धारणा को ही खत्म करना चाहता है कि इसलाम शांति का धर्म है। उसका कहना है कि इसलाम कभी शांति का धर्म नहीं रहा। वह युद्ध का धर्म है। इसलाम से शांति आएगी, मगर दारुल इसलाम बनने के बाद, जब दुनिया से सारे धर्म समाप्त हो जाएँगे, तब केवल इसलाम का परचम फहराएगा। दबिक के 15वें अंक में तो आई.एस.आई.एस. ने उन लोगों का मजाक उड़ाया है, जो इसलाम को शांति का धर्म कहते हैं।

पिछले कुछ दशकों में इसलामी आतंकवादियों ने जिहाद के नाम पर इसलामी और गैर-इसलामी सभी प्रकार के देशों में दहशतगर्दी फैला रखी है। आए दिन बम विस्फोट या आत्मघाती हमले होते हैं, जिनमें हजारों मासूम लोग मारे जाते हैं। जहाँ मुसलिम आबादी बड़ी संख्या में है, वहाँ गृहयुद्ध शुरू हो जाता है। कहीं मुसलिम अलगाववाद का पर्याय बनते जा रहे हैं। कई बार तो यह लगता है कि सारी दुनिया के देशों में मुसलमान फैलने के बाद सारी दुनिया ही संघर्ष-भूमि बनती जा रही है। लोगों को तो कई बार समझ में ही नहीं आता कि यह हो क्या रहा है। जो इसलाम के सिद्धांतों के बारे में नहीं जानते, वे कई बार सवाल कर बैठते हैं कि निरपराध लोगों को मारना किस तरह का धर्म है ? दूसरी ओर मुसलमानों का कहना है कि इसलाम तो शांति का मजहब है। इसका आतंकवाद से कुछ लेना-देना नहीं है, पर साथ ही कहते हैं, अल्लाह के लिए जिहाद करना प्रत्येक मुसलमान का एक अनिवार्य धार्मिक कर्तव्य है। यह अल्लाह के बाद सबसे अधिक महत्त्वपूर्ण है।

कुछ अरसे पहले अमरीकी प्रोफेसर सैम्युअल हटिंगटन ने सभ्यताओं के संघर्ष का सिद्धांत प्रतिपादित किया था, जिसकी दुनिया भर में तीखी निंदा हुई थी, लेकिन इसमें नया क्या है ? इसलाम तो लंबे समय से ही काफिरों के खिलाफ जिहाद का आह्वान करता रहा है। इसलाम में जिहाद की अवधारणा उतनी ही पुरानी है, जितना पुराना इसलाम। जिहाद के कारण ही इसलाम दुनिया भर में फैला। एक तरफ वह सऊदी अरब से अफ्रीका तक फैला, दूसरी तरफ इंडोनेशिया तक। अगर जिहाद न होता तो शायद इसलाम अरब के रेगिस्तान के अंधड़ में कहीं खो जाता। एक हाथ में तलवार और एक हाथ में कुरान लेकर मुसलमान मुजाहिदों ने न जाने कितने देशों को पदाक्रांत किया और इसलाम का संदेश

सुनाया। अल्लामा इकबाल और हाली तो इसका वर्णन करते हुए नहीं थकते। जिहाद की हिंसा का महिमागान करते हुए इकबाल अपनी 'शिकवा' कविता में कहते हैं —

हमसे पहले था अजब तेरे जहाँ का मंजर
कहीं मौजूद थे पत्थर कहीं माबूद शजर
खूगरे पैकरे-महसूस थी इंसाँ की नजर
मानता फिर कोई अनदेखे खुदा को क्योंकर
तुझको मालूम है लेता था कोई नाम तिरा
कुव्वत-ए-बाजू-ए-मुसलिम ने किया काम तिरा
बस रहे थे यहीं सलजूक भी तूरानी भी
अहले-ची चीन में, ईरान में सासानी भी
इसी मामूरे में आबाद थे यूनानी भी
एसी दुनिया में यहूदी थे नसरानी भी
पर तिरे नाम पे तलवार उठाई किसने
बात जो बिगड़ी हुई थी वो बनाई किसने
थे हमीं एक तिरे मारिका-आराओं में
खुश्की में कभी लड़ते कभी दरियाओं में
दी अजानें कभी यूरोप के कलीसाओं में
कभी अफरीका के तपते सहराओं में
शान आँखों न जँचती थी जहाँदारों की
कलमा पढ़ते थे हम छाँव में तलवारों की
टल न सकते थे अगर जंग में ठन जाते थे

तुझसे सरकश जो हुआ कोई तो बिगड़ जाते थे
तेग क्या चीज है हम तोप से लड़ जाते थे
नक्श तौहीद का हर दिल पे बिठाया हमने
जेरे-खंजर भी ये पैगाम सुनाया हमने
तू ही कह दे कि उखाड़ा दरे खैबर किसने
शहर कैसर का जो था उसको किया सर किसने
तोड़ेमख्लूके घुदावंद के पैकर किसने
काटके रख दिए कुफ्फार के लश्कर किसने
किसने ठंडा किया आतिश-कदा-ए-ईरां को
किसने फिर जिंदा किया तज्किरा-ए-यजदां को

दरअसल जिहाद इसलाम के बुनियादी दर्शन का अपरिहार्य अंग है। ऐसा माननेवालों की भी कमी नहीं है कि जिहाद विस्तारवादी इसलाम का स्वभाव है। आज सारा विश्व इसलामी जिहाद से पीड़ित है। इस कारण यह सवाल सबके सामने है कि जिहाद किससे, क्यों, कब, कैसे, कहाँ, कब तक आदि? अत: इन प्रश्नों को इसलामी धर्म शास्त्रों के आधार पर समझना अत्यंत आवश्यक है। दरअसल जिहाद की कुरान में एक व्याख्या है, 'जिहाद अल-नफस' यानी खुद की बुराइयों के खिलाफ है।

"रूह और उसे मुकम्मल बनाने वाला (अल्लाह) बताता है कि क्या नेक है और क्या बद है। वही कामयाब है, जो इसे पाक बना सके।" (सूरह अल-शम्स, कुरान, 91 : 7-9)

तुम कत्ल मत करो, क्योंकि अल्लाह ने जिंदगी को पवित्र बनाया है। (सूरह अल-अनम, कुरान 6:151)। ऐसी अच्छी-अच्छी बातें भी कही गई हैं जिहाद के बारे में।

जब ऐसा है तो फिर अचानक वह जिहाद कहाँ से आया, जिसमें इनसानों का, यहाँ तक कि मासूम बच्चों का खून बहाना इसलाम का हिस्सा बन गया। दुनिया भर में इसलामी आतंकवाद खतरा बन के मँडराने लगा। यकीनन यह आतंकवाद पूरी दुनिया के लिए खतरा है, पर कहाँ से आया यह खतरा?

इसलाम के सभी विद्वान् मानते हैं कि इसलाम के धर्मग्रंथों, यानी कुरान और हदीसों में जिहाद का जितना विस्तृत वर्णन किया गया है, उतना अन्य किसी विषय का नहीं है। इसी प्रकार ब्रिगेडियर एस.के. मलिक ने जिहाद की दृष्टि से मदीनाई आयतों को महत्त्वपूर्ण मानते हुए, इनमें से 17 सूराओं की लगभग 250 आयतों का 'कुरानिक कंसेप्ट ऑफ वार' पुस्तक में प्रयोग किया है तथा गैर-मुसलमानों से जिहाद या युद्ध करने संबंधी अनेक नियमों, उपायों एवं तरीकों को बड़ी प्रामाणिकता के साथ बतलाया है, जो कि जिहादियों को भड़काने के लिए अकसर प्रयोग किए जाते हैं। उनका कहना है, "युद्ध (जिहाद) के संबंध में कुरान का मत बिल्कुल अलग है। कुरान के अनुसार युद्ध अल्लाह के लिए छेड़ा जाता है। इसलिए यह प्रारंभ से अंत तक 'खुदा की वाणी' के द्वारा ही नियंत्रित होता है। युद्ध के संबंध में कुरान का दर्शन पूरी तरह से कुरान की विचारधारा से जुड़ा हुआ है...जिहाद, जो कुरान की संपूर्ण रणनीतिक अवधारणा की माँग है कि राष्ट्र की संपूर्ण शक्ति तैयार करके लगा दी जाए तथा सैन्यशक्ति जिहाद का एक घटक है।"

इसलामी आतंकवाद के दार्शनिक माने जानेवाले सईद कुत्ब की जिहाद की परिभाषा बिल्कुल अलग है, वह इसलामवादी परिभाषा है। वे कहते हैं—जिहाद की परंपरागत परिभाषा है अल्लाह के मकसद के लिए संघर्ष। जब हम जिहाद की परिभाषा पर विचार करते हैं तो दो सवाल उठते हैं कि संघर्ष का मतलब क्या? दूसरे, अल्लाह का मकसद

क्या है ? कुत्ब ने अपने ढंग से इन सवालों के जवाब दिए हैं, वे कहते हैं कि अल्लाह का मकसद, यानी विश्व में उसके द्वारा दी गई व्यवस्था और जीवन पद्धति को लागू करना। मुसलमानों को आदेश दे दिया गया है कि उन लोगों से युद्ध करें, जो एक ईश्वर में अपना ईमान नहीं लाते। कुरान कहता है कि उनसे तब तक लड़ो कि कोई दमन न रहे और एक अल्लाह के प्रति समर्पण हो। वे कहते हैं कि अल्लाह का मकसद है—शुद्ध इसलामी व्यवस्था की स्थापना कर जुल्म को खत्म करना। यह व्यवस्था शरीयत और कुरान के सिद्धांतों से संचालित होगी। इसके लिए व्यवस्था में पूर्ण परिवर्तन करना होगा।

इसलाम के विख्यात इतिहासकार डॉ. के.एस. लाल की राय एकदम विपरीत है। वे जिहाद के लिए कुरान को ही जिम्मेदार मानते हैं। वे कहते हैं, "कुरान मानवजाति के विरुद्ध एक युद्ध की नियम पुस्तिका (मैनुअल) जैसी है।" वे कहते हैं, "कुरान अन्य पंथों के अस्तित्व और उनके मजहबी रीति-रिवाजों के बने रहने की आज्ञा नहीं देता है। कुरान की 6326 आयतों में से 3900 आयतें प्रत्यक्ष अथवा परोक्ष रूप से 'काफिरों', 'मुशरिकों', 'मुनकिरों', 'मुनाफिकों' अथवा अल्लाह एवं उसके पैगंबर पर 'ईमान न लानेवालों' से संबंधित हैं। मोटे तौर पर यह कहा जा सकता है कि ये 3900 आयतें दो श्रेणियों के अंतर्गत आती हैं। पहली श्रेणी की आयतें उन मुसलमानों से संबंधित हैं, जिन्हें उनके 'ईमान लाने' के लिए इस संसार में तथा इस संसार के बाद पुरस्कृत किया जाएगा और दूसरी श्रेणी की आयतें उन 'काफिरों' तथा 'इनकार करनेवालों' से संबंधित हैं, जिन्हें इस संसार में दंड दिया जाना है और जो मृत्यु के बाद निश्चित रूप से जहन्नुम में जाएँगे।"

वे कहते हैं, "कुरान संपूर्ण मानवजाति के लिए भाईचारे का ग्रंथ न होकर मानवजाति के विरुद्ध एक युद्ध की नियम पुस्तिका (मैनुअल) जैसी है। अन्य पंथों के अनुयायियों के विरुद्ध, जिहाद अथवा स्थायी युद्ध, कुरान का आदेश है और यही युग का आदेश है। इसलाम अन्य पंथों के अनुयायियों के खिलाफ जिहाद अथवा लगातार युद्ध की सिफारिश करता है, ताकि उन्हें पकड़ लिया जाए, उनके सिर काट दिए जाएँ और उन्हें जहन्नुम की आग में जलाया जा सके। इससे इसलाम कट्टरवादी तथा आतंकवादी मजहब बन जाता है जैसा कि उसका उत्पत्ति से लेकर अब तक यही रूप रहा है।"[1] (थ्योरी ऐंड प्रैक्टिस ऑफ मुसलिम स्टेट इन इंडिया, पृ. 5-6)

कुरान में जिहाद को लोकप्रिय बनाने और पवित्र साबित करने की हरसंभव कोशिश की गई है। उससे इस लोक और परलोक; दोनों के लिए लाभ बताए गए हैं। कुरान के अनुसार जिहाद का पूरा नाम 'जिहाद फी सी अलिल्लाह' है, जिसका अर्थ 'अल्लाह के लिए युद्ध' बताया गया है। इसमें भाग लेने वालों को 'मुजाहिद' कहते हैं। 'मुजाहिद' का अर्थ है—'जिहाद के सैनिक', जिसका मूल अर्थ होता है जिहाद में मारा गया सैनिक। धार्मिक कुरान मुसलमानों को स्वर्ग के बदले अपनी जान देने को प्रेरित करती है और

बताती है जिहाद में जान देनेवाले सीधे स्वर्ग जाते हैं, जहाँ उन्हें हर तरह के ऐशो-आराम मिलते हैं।" गैर-मुसलमानों पर विजय प्राप्त करना और उन्हें अपमानित करना यह पैगंबर के जिहाद का प्रमुख अंग है। जिहाद में जीतनेवाले को 'गाझी' कहा जाता है। जिहाद से जो यश प्राप्त होता है, उसे 'धनीमाह' कहते हैं, जिसका अर्थ है लूट। यह लूट भी दो प्रकार की बताई गई है—एक पराभूत काफिरों की संपत्ति की लूट-पाट तथा दूसरी इन हारे काफिरों की स्त्रियों, बाल-बच्चों की लूट। इन अर्थों में 'जिहाद' धर्मयुद्ध कैसे कहा जा सकता है?

कई लेखकों और बुद्धिजीवियों ने जिहाद के बारे में अपने विचार प्रगट किए हैं। इसलाम के बारे में कई आलोचनात्मक पुस्तकें लिखनेवाले अनवर शेख की राय भी कुछ ऐसी ही है—"जिहाद अरबी भाषा का शब्द है, जिसका शाब्दिक अर्थ होता है 'प्रयास', किंतु इसलामी दर्शन में इसका आशय है अल्लाह (अरब का देवता) के लिए युद्धरत होना, जिससे काफिरों पर अल्लाह की प्रभुता स्थापित हो जाए और जब तक कि वे अपना पंथ त्यागकर मुसलमान न हो जाएँ या अपमानजनक जजिया नामक कर देकर उनकी अधीनता स्वीकार न कर लें।

"जिहाद गैर-ईमानवालों के विरुद्ध एक अंतहीन युद्ध है, जिसमें हिंदू, बौद्ध, अनीश्वरवादी, देववादी, संशयवादी तथा यहूदी और ईसाई सभी शामिल हैं। इस सिद्धांत के अनुसार किसी भी व्यक्ति का सबसे बड़ा अपराध यही है कि वह अल्लाह और मुहम्मद पर ईमान लाने और अल्लाह को पूजे जाने के एकमात्र अधिकार को नहीं मानता है। इसीलए एक मुसलिम देश को किन्हीं भी अन्य गैर-मुसलिम देशों पर आक्रमण करने और उन्हें दास बना लेने के लिए यह पर्याप्त कारण है।"[2]

डॉ. मुहम्मद सैयद रमादान अल बूती ने अपनी किताब 'ज्यूरिसप्रूडेंस इन मुहम्मद्स बायोग्राफी' में लिखा—"जैसा कि इसलामी कानून में ज्ञात है—'मजहबी युद्ध' (इसलामी जिहाद) बुनियादी तौर पर एक आक्रामक संघर्ष है। हर समय के मुसलमानों का, जब उन्हें आवश्यक सैन्य-शक्ति उपलब्ध हो जाती है, यह एक फर्ज है। यह वह दौर है, जिसके दौरान मजहबी युद्ध के अर्थ ने अपना अंतिम रूप ग्रहण किया है। इस प्रकार अल्लाह के पैगंबर ने यह कहा, मुझे उन लोगों के साथ तब तक लड़ने का हुक्म हुआ है, जब तक कि वे अल्लाह पर ईमान नहीं ले आते।" (पृ.134)[3]

प्रो. डेनियल पाइप्स (इन दि पाथ ऑफ गॉड, पृ. 43-44) के अनुसार—जिहाद जहाँ 'दारुल हरब' में आक्रामक है, वहीं 'दारुल-इसलाम' में रक्षात्मक है। मुसलमानों का यह विश्वास है कि जिहाद तब तक जारी रहना चाहिए, जब तक पूरी पृथ्वी पर मुसलमानों का अधिकार न हो जाए और संपूर्ण मानवजाति इसलामी कानून के अधीन न आ जाए।[4]

पाकिस्तानी पत्रकार और विद्वान् आरिफ जमाल जिहाद विषय के ख्यातिप्राप्त शोधकर्ता हैं। उन्होंने पाकिस्तान और अफगानिस्तान में सक्रिय असंख्य जिहादियों का अध्ययन किया है। उनके अनुसार लगभग सभी मुजाहिदीन काफिर, जिहाद, जन्नत, ईनाम आदि का शब्दश: वही अर्थ लेते हैं, जो कुरान में वर्णित है। उन्होंने यहाँ तक पाया है कि काफिरों के विरुद्ध जिहाद में लग जाने के पीछे मुख्य प्रेरणा जन्नत में मिलने वाली 72 हूरें हैं। जमाल ने कश्मीर में जिहाद करने गए 600 से अधिक मुजाहिदों द्वारा की गई वसीयतों को पढ़ा है। उनमें संभवत: एक भी वसीयत ऐसी नहीं थी, जिसमें इस अपेक्षित इनाम का उल्लेख न हो।

इसलाम का उद्देश्य आतंक और सेक्स है, जब इसलाम से संबंधित ग्रंथों का अध्ययन किया जाए तो प्रत्यक्ष रूप यह बात सामने आ ही जाती है कि घूम-फिरकर अल्लाह को खुश करने के लिए हर जगह पर आतंक फैलाने और उनके अनुयायियों को खुश करने के लिए सेक्स की बात खुलकर कही जाती है। इसलाम के पवित्र योद्धाओं (आतंकियों) को यौन-सुख और भोग-विलास के असामान्य विशेषाधिकार दिए गए हैं। यदि वे लड़ाई के मैदान में जीवित रह जाते हैं तो उनके लिए गैर-मुसलमानों की स्त्रियाँ रखैलों के रूप में सुनिश्चित हो जाती हैं, लेकिन यदि वे युद्ध के मैदान में मारे जाते हैं तो वे हूरों से भरे 'जन्नत' के अत्यंत विलासितापूर्ण वातावरण में निश्चित रूप से प्रवेश के अधिकारी हो जाते हैं। अल्लाह को खुश करने के लिए कई जगह मूर्तिपूजकों तथा गैर-मुसलमानों की संहार योजना में भाग लेने के बदले में यौन-सुखों के प्रलोभनों का वायदा किया जाता है, जैसे कि यदि वह (आतंक फैलानेवाला) युद्ध-भूमि की कठिन परिस्थितियों में मारा गया तो उसे 'जन्नत' में उसकी प्रतीक्षा कर रहीं अनेक हूरों के साथ असीमित भोग-विलास एवं यौन-सुखों का आनंद मिलेगा और यदि वह जीवित बचा रहा तो उसको 'गैर-ईमानवालों' के लूट के माल, जिसमें कि उनकी स्त्रियाँ भी शामिल होंगी, में हिस्सा मिलेगा। इन आतंकियों को कितनी अच्छी तरह से हूरों का लालच देकर बर्गलाया जा रहा है। हदीस तिरमिजी खंड-2, पृ. 35-40 में दिए गए हूरों के सौंदर्य का वर्णन इस प्रकार है—

अब जब हूर इतनी खूबसूरत होंगी तो कोई क्यों न अल्लाह के लिए मरने को तैयार होगा, इन आतंकियों का यही मकसद होता है कि धरती पर उनके विलास के लिए अल्लाह द्वारा दिया गया मसौदा तो तैयार ही है और जन्नत में भी हूरें उनका इंतजार कर रही हैं। सोने पर सुहागा। हदीस तिरमिजी खंड-2, पृ.138 कहती है, ''जन्नत में एक पुरुष को एक सौ पुरुषों के बराबर कामशक्ति दी जाएगी''। क्या इसके बाद भी यौन-सुखों के लिए आकर्षित करनेवाले प्रलोभन और प्रमाणों को देने की आवश्यकता रह जाती है, जो कि इसलाम अपने जिहादी योद्धाओं को प्रेरित करने के लिए प्रस्तुत करता है?

किसी सिद्धांत की कसौटी उसका व्यवहार होती है। ए.बी.सी. न्यूज के पत्रकार बिल रेडेकर का अनुभव लीजिए। 'पेशावर के पास एक प्रसिद्ध मदरसे में फर्श पर साठ लड़के कुरान की पढ़ाई कर रहे थे, मैंने उन छात्रों से पूछा कि स्कूल खत्म करने के बाद उनमें से कितने डॉक्टर या इंजीनियर बनना चाहते हैं? दो लड़कों ने हाथ उठाया। फिर मैंने पूछा कि कितने लोग बड़े होकर जिहाद लड़ना चाहते हैं? उत्तर में सारे हाथ हवा में उठ गए। ये सभी लड़के दस वर्ष की आयु से भी कम थे।'[5]

ऊपर से वे कहते हैं कि इसलाम में आत्महत्या करना बहुत बड़ा गुनाह है, लेकिन अंदर से यह भी कहते हैं कि अल्लाह की राह में मरते हैं या काफिरों को मारते हुए मर जाते हैं, वे शहीद माने जाते हैं और सीधे जन्नत में जाते हैं, अपनी इन्हीं दोगली बातों से इसलाम के ये प्रचारक फिदायीन जिहादियों के गुनाहों पर परदा डालते रहते हैं और फिदायीन का महिमा मंडन भी करते रहते हैं। वैसे तो जिहादी बच्चों को बचपन से ही फिदायीन बनाए जाने की तालीम देते हैं तथा कुरान और हदीस की ऐसी बातें उनके दिमाग में भर देते हैं, जिससे उनका दिमाग खाली (brain wash) हो जाता है।

इसलाम और जिहाद एक-दूसरे के बिना नहीं रह सकते, यदि इसलाम शरीर है, तो जिहाद इसकी आत्मा है और जिस दिन इसलाम से जिहाद निकल जाएगा, उसी दिन इसलाम मर जाएगा। इसीलिए इसलाम को जीवित रखने के लिए मुसलमान किसी-न-किसी बहाने और किसी-न-किसी देश में जिहाद करते रहते हैं। इसका एकमात्र उद्देश्य विश्व के सभी धर्मों, संस्कृतियों को नष्ट करके इसलामी हुकूमत कायम करना है। अभी तक तो मुसलमान आतंकवाद का सहरा लेकर जिहाद करते आए, लेकिन आई.एस.आई.एस. के कारण जिहाद का एक नया और अविश्वसनीय स्वरूप प्रकट हुआ है, जो कुरान से प्रेरित होकर बनाया गया है। लोगों ने इसे 'सेक्स जिहाद' (Sex Jihad) का नाम दिया है। चूँकि जिहादियों की मदद करना भी जिहाद माना जाता है, इसलिए सीरिया में चल रहे युद्ध (जिहाद) में जिहादियों की वासना शांत करने के लिए औरतों की जरूरत थी, जिसके लिए अगस्त में बाकायदा एक फतवा जारी किया गया था, उसे पढ़कर ट्यूनीशिया की औरतें सीरिया पहुँच गई थीं और जिहादियों के साथ संभोग करने के लिए तैयार हो गईं। मुल्लों ने कुरान का हवाला देकर इस निंदनीय कुकर्म को जायज कैसे ठहरा दिया?

आई.एस.आई.एस. विचारधारा के संदर्भ में 19वीं शताब्दी का शुद्धीकरण जिहाद का जिक्र जरूरी है। अनेक क्षेत्रों में साथी मुसलमानों के विरुद्ध ही आरंभ हुआ...इन सबमें सबसे कट्टर और प्रतिक्रियावादी अरब का वहाबी जिहाद था—इब्न तेमिया से प्रेरणा लेते हुए इन्होंने गैर-वहाबी मुसलमानों को काफिर बताकर उनकी निंदा की और उनके विरुद्ध जिहाद छेड़ दिया। दरअसल आई.एस.आई.एस. इसी तफकीरी धारा का है। ऐसे

लोगों को तफकीरी भी कहा जाता है। अपनी इसी विचारधारा के तहत आई.एस.आई.एस. शिया, सूफी और इसलाम में संशोधन करनेवालों को गैर-मुसलिम और धर्मद्रोही मानता है। उनकी सजा है मौत और अब तक आई.एस.आई.एस. अपने देश में हजारों शियाओं की हत्या कर चुका है। ऐसे धर्मद्रोहियों को खत्म करना भी जिहाद का हिस्सा बन गया है।

जाहिर है, जिहादी प्रेरणा का स्रोत जानना सबसे अधिक जरूरी है। कुरान के दूसरे अध्याय में सत्ताईस पृष्ठों में कम-से-कम पच्चीस बार गैर-मुसलिमों को हानि पहुँचाने वाले शब्दों का प्रयोग है। उनके लिए नकारात्मक विशेषण भी हैं। यह जानने की जरूरत है कि काफिरों के लिए 'जहन्नुम की यातना तय है', 'मूर्तिपूजक तो नापाक होते हैं', 'मुसलिम आपस में दयालु होते हैं, जबकि अल्लाह में विश्वास न रखनेवालों के प्रति सख्त' और 'गैर-मुसलिमों को तब तक प्रताड़ित करो, जब तक वे आत्मसमर्पण नहीं कर देते' जैसी बातें क्यों लिखी गई हैं, क्या ऐसी बातें किसी धार्मिक ग्रंथ का हिस्सा होनी चाहिए? अत: साफ दिखता है कि जिहादी जुनूनी जिन बातों से प्रेरणा लेते हैं, वे उनकी अपनी गढ़ी हुई नहीं हैं। ऐसा नहीं कि यह सब कोई नई खोज है। चार बार ब्रिटेन के प्रधानमंत्री रहे विलियम ग्लैडस्टोन (1809-1898) ने ब्रिटिश संसद् में यह उल्लेख किया था कि जब तक धार्मिक ग्रंथ में ऐसी बातें रहेंगी, तब तक दुनिया में शांति नहीं होनेवाली। ग्लैडस्टोन केवल प्रधानमंत्री ही नहीं, बहुत बड़े विद्वान् भी थे। उनका कुरान संबंधी कथन सात वर्ष पहले बी.बी.सी. के एक कार्यक्रम से पुन: चर्चित हुआ। अत: जो लोग इसका दोष केवल पिछले सत्तर-अस्सी साल की पश्चिमी सभ्यता, उसके भोगवाद, खुली आजादी, नंगापन आदि को देकर कहते हैं कि मुसलिम-जगत् का उग्रवाद उसकी प्रतिक्रिया है, वे सच्चाई से मुँह चुराते हैं। इसलामी किताबों में लड़ने का आह्वान किसी नैतिकता के लिए नहीं, बल्कि पूरी दुनिया में इसलाम का साम्राज्य कायम करने के लिए किया गया है, जिहाद का मुख्य सरोकार यही है।[6]

इसलामी मामलों के जानकार और लेखक मुजफ्फर हुसैन लिखते हैं—'लेकिन 1400 साल का इतिहास यह बताता है कि दुनिया कितनी ही प्रगतिशील और साधन-संपन्न बन जाए, फिर भी इसलाम के नाम पर आतंकवादी पैदा होते रहे हैं और भविष्य में भी होंगे। इस आतंकवाद में हथियार से अधिक महत्त्व उस व्यक्ति का है, जो अपनी जान हथेली पर लेकर मरने के लिए निकल चुका है। यह जुनून की अंतिम सीमा है, जो नशे में बदल जाती है। वहाबियों और नज्दियों का यह मानना है कि हम इस मार्ग को छोड़नेवाले नहीं हैं। उनका कहना ठीक है, क्योंकि इसी मार्ग से तो उन्हें सत्ता प्राप्त होती है। दुनिया के सभी हथियार हाथ से चलाए जाते हैं, जिनसे शरीर पर चोट लगती है, लेकिन मुसलिम आतंकवादियों का दर्शन मस्तिष्क पर नियंत्रण करता है, जिससे वे स्वर्गरूपी मृगतृष्णा के पीछे भागते रहते हैं। इसे समाप्त करने के लिए एक लंबा समय

चाहिए। पहले तो आतंकवादी को वर्तमान तकनीकवाले हथियार से अलग करना पड़ता है। दूसरा चरण उसकी मानसिकता को बदलने के लिए हो सकता है। यह लंबा और धीमा है, किंतु स्थायी है। इसलाम जब तक सत्ता-प्राप्ति का हथियार रहेगा, आतंकवाद भी तब तक चलता रहेगा।"[7]

संदर्भ–

1. डॉ. के.एस. लाल, थ्योरी ऐंड प्रैक्टिस ऑफ मुसलिम स्टेट इन इंडिया, पृ. 5-6
2. अनवर शेख
3. डॉ. मुहम्मद सैयद रमादान अल बूती ने अपनी किताब 'ज्यूरिसप्रूडेंस इन मुहम्मद्स बायोग्राफी', पृ. 134
4. प्रो. डेनियल पाइप्स, इन दि पाथ ऑफ गॉड, पृ. 43-44
5. डायलॉग इंडिया जिहादी जुनून की जड़, 12 July 2016, By एस. शंकर
6. डायलॉग इंडिया जिहादी जुनून की जड़, 112 July 2016, By एस. शंकर
7. पांचजन्य, जिहाद की राजनीति और राजनीति का जिहाद, आतंकवाद के दो ध्रुव ईसाइयत और इसलाम

(विशेष आभार 'हिंदू राइट्र्स फोरम')

□

वहाबी आतंकवाद–
इसलामी आतंक का प्रतिनिधि चेहरा

अल कायदा के संस्थापक ओसामा बिन लादेन, तालिबान के मुखिया मुल्ला उमर, बोको हराम के नेता शेकाऊ, आई.एस.आई.एस. सुप्रीमो अबू बकर अल बगदादी आदि दुनिया के सिरमौर आतंकवादियों में एक बात समान है कि ये सभी वहाबी या सलफी हैं। लश्कर-ए-तैयबा, जैश-ए-मोहम्मद, तहरीक-ए-तालिबान, अल-कायदा, अहले हदीस, लश्कर-ए-झंगवी, नाइजीरिया के बोको हराम, सोमालिया के अल शबाब या आई.एस.आई.एस., दुनिया के इन प्रमुख आतंकवादी संगठनों में एक बात समान है कि ये सभी वहाबी या सलफी जिहादी या आतंकवादी गुट हैं। यों तो दुनिया में आज हर तरह के जिहादी गुट हैं—शिया, सुन्नी और सूफी जिहादी गुट हैं, लेकिन ज्यादातर प्रमुख जिहादी गुट और उसके नेता वहाबी विचारधारा से जुड़े हुए हैं। ऐसे में वहाबी इसलाम आज की दुनिया में इसलामी आतंकवाद का सबसे प्रतिनिधि चेहरा है। वहाबी विचारधारा का मूलतत्त्व ही कुछ इस प्रकार का है कि वह आतंकवाद को सींचता है। यही कारण है कि वहाबी इसलाम इसलामी आतंकवाद का पर्याय बनता जा रहा है। आई.एस.आई.एस. का आतंकवाद तो पूरी तरह सलफियों का जिहाद है।

वहाबी भी सुन्नी ही होते हैं, लेकिन वहाबी और सुन्नी में मोटा फर्क यह है कि विश्व के कई देशों में पीर और औलिया की मजारें, दरगाहें हैं, जहाँ आम सुन्नी जाते हैं, चादर-फूल चढ़ाते हैं, मन्नते माँगते हैं, जैसे भारत में अजमेर शरीफ दरगाह, हजरत निजामुद्दीन औलिया, किछौछा शरीफ, देवा शरीफ (बाबा बुल्ले शाह) या पाकिस्तान में बाबा फरीद की दरगाह या बीबी पाक दामन की दरगाह आदि, लेकिन वहाबी वहाँ जाने के खिलाफ हैं। वहाबी आतंकी संगठन तो बाबा फरीद की दरगाह में विस्फोट तक कर चुके हैं। वहाबी शिया विचारधारा के भी सख्त खिलाफ हैं और उसे धर्मद्रोह मानते हैं। पिछले कुछ दशकों में वहाबी आंदोलन सारी दुनिया में फैला है और उसके साथ फैला है वहाबी जिहाद या आतंकवाद। आज जो दुनिया के प्रमुख आतंकवादी

संगठन हैं, उनमें से ज्यादातर की प्रेरणा वहाबी इसलाम ही है। प्रिंसटन विश्वविद्यालय के ट्रांसरीजनल स्टडी ऑफ द कंटेपरेरी मिडिल ईस्ट, नॉर्थ अमरीका और एशिया के निदेशक बर्नार्ड हाइकेल का मानना है कि इसलामिक स्टेट की धार्मिक विचारधारा सीधे तौर पर वहाबी विचारधारा से जुड़ी हुई है।

जिहाद की नई परिभाषा गढ़ी अठारहवीं शताब्दी में मोहम्मद इब्न-अब्दुल-वहाब ने, जिसमें जिहाद ज्यादा आक्रामक, बहुत कट्टर और उग्र रूप में सामने आया। सऊदी अरब में जनमे मोहम्मद इब्न-अब्दुल-वहाब (1703-1792) द्वारा स्थापित इसलामी संप्रदाय आज वहाबी या सलफी इसलाम कहलाता है। वहाब विशुद्ध इसलाम के समर्थक थे, इस कारण विशुद्ध इसलाम को माननेवाले 'वहाबी' कहलाए। उन्हें सऊदी सल्तनत का संरक्षण मिला हुआ था। नतीजतन उनकी विचारधारा का सारी इसलामी दुनिया में प्रचार हुआ। वहाब पर इसलामी हनबाली न्यायप्रणाली के विद्वान् इब्न तैमया का असर था। वे कुरान का शब्दशः अर्थ ग्रहण करने के पक्षधर है। वहाबियों की दलील है कि हम ही विशुद्ध इसलाम का प्रतिनिधित्व करते हैं, यह कोई अलग दर्शन नहीं है। इसीलिए वे स्वयं को 'सलफी' कहते हैं। 'सलफी' के मायने होते हैं—'प्रारंभ का मुसलमान'। वहाबियों का पूरा जोर कुरान और हदीस के अक्षरशः पालन पर रहता है। ये अल्लाह के एकत्व पर आस्था रखते हैं। उनका मानना है कि इसलाम के पहले चार खलीफाओं का शासनकाल आदर्श था, इसलिए उसे स्वर्णयुग माना जाता है। उसके बाद के खलीफा राह से भटक गए। यदि मुसलिम शासक इसलामी कानून का जस-का-तस पालन करता हो तो ही मुसलिम समाज उसके प्रति निष्ठा रखे। अल्लाह के सिवाय, यहाँ तक कि पैगंबर तक का आह्वान करना गैर-इसलामी है। मक्का-मदीना-अलअक्सा को छोड़कर अन्य किसी भी मसजिद की यात्रा करना, पैगंबर का जन्मदिन मनाना, कब्रों पर चादर-फूल चढ़ाना या कब्र के सामने घुटने टेकना या बलि चढ़ाना, मृतक के सामने मातम मनाना या कुरानपठन करने पर इनको एतराज है। गंडा-ताबीज, फोटो लेना, संगीत-नृत्य का भी ये विरोध करते हैं।

लेकिन वहाब के आने से पहले ही इसलाम कई शाखाओं में बँट चुका था। उसमें 72 फिरके थे। शिया, हनफी, मुलायिकी, सफई, जाफरिया, बाकरिया, बशरिया, खुलफिया हंबली, जाहिरी, अशरी, मुंतजिली, मुर्जिया, मतरुदी, इस्माइली, बोहरा जैसे अनेक फिरकों ने इसलाम के दायरे में रहते हुए अपनी अलग पहचान बना ली थी। वहाब के आने से बहुत पहले सूफी विचारधारा का उदय हो चुका था। इसका प्रसार बहुत तेजी से तुर्की, ईरान, अरब और दक्षिण एशिया में हो चुका था। सूफियों ने इसलाम की संकीर्णता की जंजीरों को तोड़ा।

डॉ. खुर्शीद अनवर कहते हैं, "वहाब ने एक-एक कर इसलाम में विकसित होती

खूबसूरत और प्रगतिशील परंपराओं को ध्वस्त करना शुरू किया और उसे इतना संकीर्ण रूप दे दिया कि उसमें किसी तरह की आजादी, खुलेपन, सहिष्णुता और आपसी मेल-जोल की गुंजाइश ही न रहे। कुरान और हदीस से बाहर जो भी है, उसको नेस्तनाबूद करने का बीड़ा उसने उठाया, लेकिन मोहम्मद इब्न-अब्दुल-वहाब की आमद और प्रभाव ने इन सभी पहचानों पर तलवार उठा ली। मुख्तसर सीरत-उल-रसूल नाम से अपनी किताब में खुद मोहम्मद इब्न-अब्दुल-वहाब ने लिखा, ''जो किसी कब्र, मजार के सामने इबादत करे या अल्लाह के अलावा किसी और से रिश्ता रखे, वह मुशरिक (एकेश्वरवाद विरोधी) है और हर मुशरिक का खून बहाना और उसकी संपत्ति हड़पना हलाल और जायज है।''

मोहम्मद इब्न-अब्दुल-वहाब ने भी शुरू किया था—जिहाद। उसने छह सौ लोगों की एक सेना तैयार की और तमाम तरह की इसलामी आस्थाओं के लोगों को उसने मौत के घाट उतारना शुरू किया। सिर्फ और सिर्फ अपनी विचारधारा का प्रचार करता रहा और जिसने उसे मानने से इनकार किया, उसे मौत मिली और उसकी संपत्ति लूटी गई। मशहूर इसलामी विचारक जैद इब्न अल-खत्ताब के मकबरे पर उसने निजी तौर पर हमला किया और खुद उसे गिराया। मजारों और सूफी सिलसिले पर हमले का एक नया अध्याय शुरू हुआ। इसी दौरान उसने मोहम्मद इब्ने सांद के साथ समझौता किया। मोहम्मद इब्ने सांद दिरिया का शासक था और धन व सेना, दोनों उसके पास थे। दोनों ने मिलकर तलवारों के साथ-साथ आधुनिक असलहों का भी इस्तेमाल शुरू किया। इन दोनों के समझौते से दूरदराज के इलाकों में पहुँचकर अपनी विचारधारा को थोपना और खुलेआम अन्य आस्थाओं को तबाह करना आसान हो गया। अन्य आस्थाओं से जुड़ी तमाम किताबों को जलाना मोहम्मद इब्न-अब्दुल-वहाब का शौक सा बन गया। इसके साथ ही उसने एक और खतरनाक आदेश जारी किया; वह यह था कि जितनी सूफी मजारें, मकबरे या कब्रें हैं, उन्हें तोड़कर वहाँ मूत्रालय बनाए जाएँ।[1] जिहाद तीस वर्ष चला और रियाद की पराजय के बाद 1773 में सौद घराना सत्ता में आया। इसी सौद घराने पर से सऊदी अरेबिया नाम पड़ा। सौद के पुत्र अब्दुल अजीज ने 1801 के अप्रैल में धर्मभ्रष्ट शियाओं के तिरस्कार के कारण इमाम हुसैन की दरगाह को ध्वस्त कर दिया था। वहाब के बाद भी आज तक उसका प्रभाव कायम है।

वहाबी पंथ के अनुयायी सऊदी का शाह और उनका शाही परिवार कट्टर होकर इसलाम के अन्य पंथों को न तो उनकी मान्यता के अनुसार हज करने देता है, न ही उनकी सम्मानित धार्मिक पुस्तकों को सऊदी में लाने देता है और जो कोशिश करता है, उस पर कोड़े बरसाए जाते हैं। इसलिए भारत सहित अनेक देशों के लोग सऊदी के इस आतंक और अत्याचार से पीड़ित हैं। सऊदी अथाह धन-दौलत के बलबूते अपनी यह

खतरनाक विचारधारा पूरी दुनिया में फैला रहा है। खाड़ी के देशों के अलावा इजिप्ट, सूडान, अफगानिस्तान, पाकिस्तान, बँगलादेश, इंडोनेशिया आदि में इस विचारधारा का असर लगातार बढ़ रहा है। सऊदी अरब वहाबी इसलाम को माननेवाला राष्ट्र है। 1952 में बुतपरस्ती का नाम देकर उस पूरी कब्रगाह को समतल बना दिया गया, जहाँ मोहम्मद के पूरे खानदान और साथियों को दफन किया गया था। ऐसा इसलिए किया गया कि लोग जियारत के लिए इन कब्रगाहों पर जाकर मोहम्मद और उनके परिवार को याद करते थे। पिछले कुछ दशकों में तेल के कारण सऊदी अरब के पास अपार संपत्ति आई है, आय के एक हिस्से को वह वहाबी इसलाम के प्रचार में लगाता है। पाकिस्तान और अफगानिस्तान तथा अन्य देशों में सैकड़ों देवबंदी मदरसे सऊदी पैसे से बने हैं। बहुत से राजनीतिक विश्लेषकों का मानना है कि ये मदरसे ही आतंकवादियों की जन्मस्थली बनते हैं, जहाँ असहिष्णुता की शिक्षा देनेवाले धार्मिक ग्रंथ ही पढ़ाए जाते हैं। नतीजतन वहाबी इसलाम का दुनिया भर में दबदबा बढ़ता जा रहा है।

विश्व के प्रसिद्ध दार्शनिक एवं लेखक और अमरीका की विदेश नीति के कटु आलोचक नोआम चाम्सकी ने सऊदी अरब द्वारा आतंकवादी गुटों की सहायता का उल्लेख करते हुए कहा है कि "वहाबी विचारधारा चरमपंथ का मूल स्रोत है। सऊदी अरब विश्व में चरमपंथ का केंद्र है और यही देश सीरिया तथा यमन में युद्ध को जारी रखने पर अड़ा हुआ है। उन्होंने कहा कि सऊदी अरब न केवल आतंकवादियों की सहायता करता है, बल्कि उनकी मसजिदें, मौलवी और मदरसे विश्व भर में इस विचारधारा को फैला रहे हैं। सऊदी अरब दुनिया भर में वहाबी विचारधारा को फैलाने के लिए बड़े पैमाने पर प्रयास करता रहा है। सऊदी अरब आतंकवादी गुटों की वित्तीय सहायता करता है। वास्तव में इसी विचारधारा के कारण ही सऊदी अरब चरमपंथ का केंद्र बना है।"

डॉ. खुर्शीद अनवर के मुताबिक, "अरब से लेकर दक्षिण एशिया तक वहाबियत ने अपनी इस शुद्धता का तांडव बहुत पहले से दिखाना शुरू कर दिया था, लेकिन पिछले कुछ दशकों में इसने अपना घिनौना और क्रूर रूप और भी साफ कर दिया। जहाँ एक तरफ मेवलेविया सिलसिले ने तेरहवीं सदी में औरतों के लिए सिलसिले के दरवाजे न सिर्फ खोले, बल्कि उनको बराबर का दर्जा दिया था, वहीं दूसरी तरफ वहाबी इसलाम ने औरतों को जिंदा दफन करना शुरू कर दिया। बेपर्दगी के नाम पर औरतों के चेहरों के हिस्से बदनुमा करने और औरतों पर व्यभिचार का इलजाम लगाकर उन पर संगसारी करके मार देने को इसलामी रवायत बना दिया। वहाबियत पर विश्वास न रखनेवाले मुसलमानों को इसलाम के दायरे से खारिज करके उन्हें सरेआम कत्ल करना जायज और हलाल बताया जाने लगा। यह मात्र इसलाम के अनुयायियों के साथ सलूक की बात है, अन्य

धर्मों पर कुफ्र का इलजाम लगाकर उन्हें खत्म करना, संपत्ति लूटना, उनकी औरतों को जबरदस्ती वहाबियत पर धर्मांतरण करवाना इनके लिए एक आम बात बन चुकी है।''

यों तो वहाबी आंदोलन इसलाम में संशोधन करनेवाले हर समूह के खिलाफ है, लेकिन सबसे ज्यादा शियाओं के खिलाफ है। इसलिए जब से वहाबी विचारधारा दुनिया भर में फैली है, तब से शिया-सुन्नी दुश्मनी पूरे जोरों पर है। वहाबी शियाओं को धर्मद्रोही मानते हैं। इसकी सजा मौत है। अल कायदा इराक के नेता इसलामिक राज्य के पूर्वज, यानी अल कायदा इराक के नेता जरकावी ने इस धारणा को बहुत विस्तार दे दिया था। कुरान या मोहम्मद के कथनों को नकारना पूरी तरह से धर्मद्रोह है, लेकिन जरकाबी और इसलामिक राज्य ने कई और मुद्दों पर भी मुसलमानों को इसलाम से बाहर निकालना शुरू कर दिया है। इसमें शराब-ड्रग बेचना, पश्चिमी कपड़े पहनना, दाढ़ी बनाना, चुनाव में वोट देना और मुसलिमों को धर्मद्रोही कहने में आलस बरतना आदी शामिल हैं। इस आधार पर शिया और ज्यादातर अरब धर्मद्रोह के निकष पर खरे उतरते हैं, क्योंकि शिया होने का मतलब है, इसलाम में संशोधन करना और कुरान में कुछ नया जोड़ने का मतलब है, उसकी पूर्णता को नकारना। इसलामिक राज्य मानता है कि शियाओं में, जो इमामों की कब्र की पूजा करने और अपने को कोड़े मारने की परंपरा है, उसकी कुरान या मोहम्मद के व्यवहार में कोई मिसाल नहीं मिलती। इसलिए धर्मद्रोही होने के कारण करोड़ों शियाओं की हत्या की जा सकती है। यही बात सूफियों पर भी लागू होती है। आई.एस. के कई जानकारों का कहना है कि उसने अपने कब्जे वाले क्षेत्र में सबसे ज्यादा हत्याएँ शियाओं की ही की हैं। वे उनके निशाने पर हैं।

इसलाम की अध्येता करेन आर्मस्ट्रांग की राय वहाबी आंदोलन के बारे में काफी अलग है। वे कहती हैं, ''आई.एस. यकीनन एक इसलामिक आंदोलन है, लेकिन यह न तो उनका प्रतिनिधि है और न ही इसकी जड़ें पुरानी हैं; क्योंकि इसकी जड़ें वहाबी संप्रदाय में हैं। यह 18वीं सदी में पैदा हुआ इसलाम का वह रूप है, जिसके माननेवाले सऊदी अरब में हैं। जुलाई, 2013 में योरोपीय संसद् ने वहाबी संप्रदाय को वैश्विक आतंकवाद का मुख्य स्रोत माना, लेकिन सऊदी अरब के सबसे बड़े मुफ्ती ने कड़े शब्दों में आई.एस. की निंदा की और जोर देकर कहा कि अतिवाद, चरमपंथ और आतंकवाद जैसे विचारों का इसलाम में कोई स्थान नहीं।''

हालाँकि सऊदी शासक वर्ग के अन्य सदस्य इस आंदोलन के कट्टर शिया विरोध, सलफी धार्मिकता और इसलाम की मूल धारणाओं की हिमायत करने की वजह से इस पर कृपालु हैं और इनकी वाहवाही करते हैं। ये विसंगतियाँ इस बात को सशक्त ढंग से याद दिलाती हैं कि किसी भी धर्म की परंपराओं के बारे में सटीक तरीके से साधारणीकरण नहीं किया जा सकता। अपने संक्षिप्त इतिहास में वहाबी संप्रदाय कम-से-कम दो

अलग-अलग रूपों में विकसित हुआ। हिंसा पर दोनों की दृष्टि पूरी तरह से भिन्न थी।

अठारहवीं सदी के दौरान मुसलिम शाही ताकतों का अपने साम्राज्य के सीमांत इलाकों पर नियंत्रण हाथ से निकलने लगा और इसलामी दुनिया के कई हिस्सों में धार्मिक पुनरुत्थानवादी आंदोलन शुरू हो गए। इस दौर में पश्चिमी जगत् में चर्च को राज्य से अलग करना शुरू हो गया था, लेकिन धर्मनिरपेक्षता का यह विचार एकदम क्रांतिकारी आविष्कार था, उतना ही क्रांतिकारी, जितना कि यूरोप इसके साथ-साथ व्यावसायिक अर्थव्यवस्था को ईजाद कर रहा था।

किसी दूसरी सभ्यता ने धर्म को नितांत निजी क्रियाकलाप नहीं माना था, राजनीति जैसे दुनियावी धंधे से अलग, इसलिए मुसलमानों के लिए उनके समाज का राजनीतिक रूप से टुकड़ों में बँटना एक धार्मिक समस्या थी, क्योंकि कुरान से उन्हें एक पवित्र मिशन मिला था—एक न्यायसंगत अर्थव्यवस्था का निर्माण करना, जिसमें सबको बराबरी और सम्मान का दर्जा मिला हुआ था—उम्मा (समाज) की राजनीतिक सलामती हमेशा पवित्र महत्त्व की रही है। अगर गरीब का दमन हो रहा है, कमजोर शोषित है या राज्य के संस्थान भ्रष्ट हो गए हैं, तो मुसलमानों का कर्तव्य है कि वे समाज को वापस रास्ते पर लाने के लिए हर मुमकिन कोशिश करें।

इसलिए 18वीं सदी के सुधारक इस बात से सहमत थे कि अगर मुसलमानों को खोई हुई ताकत और सम्मान वापस पाना है तो उन्हें अपने धार्मिक विश्वास के मौलिक सिद्धांतों की ओर लौटना होगा, यह सुनिश्चित करते हुए कि भौतिकवाद या दुनियावी महत्त्वाकांक्षाओं की बजाय ईश्वर राजनीतिक व्यवस्था का नियंता हो। इस 'मूलवाद' (फंडामेंटलिज्म) में कुछ भी आक्रामक जैसा नहीं था; बल्कि समाज को नई दिशा देने की जमीनी कोशिश थी और इसमें जिहाद शामिल नहीं था।

इन धार्मिक पुनरुत्थानवादियों (आंदोलनकारी) में सबसे प्रभावशाली थे मध्य अरब में नज्द के एक विद्वान् मुहम्मद इब्न अब्द अल-वहाब (1703-91), जिनकी शिक्षा आज भी मुसलिम सुधारकों और अतिवादियों को प्रेरणा देती है। वह खासतौर पर संतों के पंथ की लोकप्रियता और मजारों में मूर्तिपूजक अनुष्ठानों से चिंतित थे, उनके मुताबिक, इनसे नश्वर लोगों को देवत्व प्राप्त हो जाता है। उनका जोर इस बात पर था कि कुरान और परंपराओं (हदीस) को पढ़ने की बजाय हर पुरुष और स्त्री को मुहम्मद और उनके साथियों की रिवाजी प्रथाओं (सुन्नत) की ओर ध्यान लगाना चाहिए। लूथर की तरह ही इब्न अब्द अल-वहाब भी अपने धार्मिक विश्वास की प्राचीनतम शिक्षाओं की ओर लौटना चाहते थे और मध्यकाल के बाद के दौर की सभी धारणाओं को बाहर फेंक देना चाहते थे। इसलिए वह सूफीवाद और शियावाद का विधर्मियों की नई खोज (बिदाह) कहकर विरोध करते थे। उन्होंने सभी मुसलमानों से आग्रह किया कि वे विगत

शताब्दियों में विकसित हुई उलेमाओं (विद्वानों) की व्याख्याओं को खारिज कर दें और मूल पाठ के मायने खुद ढूँढ़ें।" *(समयांतर पत्रिका)*

करेन आर्मस्ट्रंग का मत अपनी जगह सही हो सकता है, मगर ज्यादातर विद्वान् मानते हैं कि वहाबी आंदोलन असहिष्णुता और नफरत का आंदोलन है। वहाबी इसलाम से बहुत पहले इसलाम में सूफी संप्रदाय का उदय हो चुका था। उसका उद्देश्य इनसानी भाईचारे को मजबूत करना था। यही कारण है कि जिन-जिन देशों में इसलाम पहुँचा, वहाँ सूफी संप्रदाय भी पहुँच गया और काफी लोकप्रिय हो गया। शिया हो या सुन्नी, दोनों सूफीवाद को मानते हैं। कई विद्वानों का मत है कि सूफियों के कारण ही इसलाम को दुनिया भर में फैलने में मदद मिली और वह दुनिया का दूसरा सबसे बड़ा धर्म बन सका। सूफी भी मध्य-पूर्व से लेकर दक्षिण एशिया, खासकर भारत, पाकिस्तान और अफगानस्तान, तो अफ्रीका में सूडान, सोमालिया, नाइजीरिया, लीबिया, माली और ट्यूनीशिया, बालकान, चेचेन्या आदि देशों में फैले हुए हैं। सूफियों ने इसलाम को बिल्कुल नया आयाम दे दिया और वह संकीर्णता की जंजीरें तोड़ता हुआ इसलाम की हदें भी पार कर गया। गैर-मुसलिमों के बीच भी बहुत लोकप्रिय हुआ। वहाबी इसलाम सारी दुनिया में अपना वर्चस्व स्थापित करना चाहता है, तो इसका मुकाबला सूफी सिलसिलों के साथ होना ही था, क्योंकि सूफी संप्रदाय भी दुनिया के बहुत सारे देशों में फैला हुआ है।

वहाबी और सूफी इसलाम के दो ध्रुवों की तरह है। वहाबी इसलाम के शुद्धतावादी और एकरूप चरित्र को मानते हैं और पूरी तरह से पोथीनिष्ठ हैं, यानी कुरान, हदीस आदि धर्मग्रंथों के ज्यों-के-त्यों पालन करने के हिमायती हैं। उसमें किसी मिलावट को पसंद नहीं करते; दूसरी तरफ सूफी संप्रदाय रहस्यवादी और उदारवादी माना जाता है। उसमें पीर और औलियाओं की मजारों और दरगाहों का बड़ा महत्त्व है। एक तरह से उन्हें सजाकर उस व्यक्ति की पूजा ही की जाती है, जिसकी मजार या दरगाह होती है। वहाबी इस बात पर जोर देते हैं कि अल्लाह के अलावा किसी की इबादत न की जाए। इसलाम के विपरीत सूफी संगीत और नृत्य को अपनाते हैं। कव्वाली तो सूफियों की ही देन है। इसके अलावा सूफी स्थानीय संस्कृति के रंग को भी अपने में समाहित कर लेते हैं। इसलिए एकरूपता और पोथी निष्ठा का पक्षधर वहाबी इसलाम अपने एकरूप इसलाम के लिए खतरा मानता है।

इराक, ईरान, पाकिस्तान, भारत, अफगानिस्तान, तुर्की, सीरिया, जॉर्डन, फिलीस्तीन जैसे और कई देशों में इसलाम से जुड़ी ऐसी तमाम ऐतिहासिक धरोहरें हैं, जिनका संबंध इसलामी जगत् के प्रमुख इमामों, संतों, फकीरों, खलीफाओं आदि से है। पूरी दुनिया का मुसलमान ऐसी जगहों पर आता-जाता रहता है तथा अपनी श्रद्धा व आस्था के अनुसार इन जगहों पर नतमस्तक होता है, मन्नतें व मुरादें माँगता है तथा अपनी श्रद्धा के पुष्प

अर्पित करता है, जबकि ठीक इसके विपरीत वहाबी विचारधारा अल्लाह को सजदे, यानी नमाज पढ़ने के सिवा किसी भी अन्य स्थल, दरगाह, मकबरा या इमामबारगाहों आदि में चलनेवाली गतिविधियों जैसे मजलिस, ताजियादारी, नोहा, मातम, कव्वाली, नात आदि चीजों को गैर-इसलामी मानती है तथा इसे शिर्क (अल्लाह के साथ किसी अन्य को शरीक करना) की संज्ञा देती है। पाकिस्तान में यही विचारधारा इमामबाड़ों, दरगाहों, धार्मिक जुलूसों व मसजिदों में आत्मघाती हमले कराकर बेगुनाह लोगों की हत्याएँ करती नजर आती है। इसके अलावा सूफी इमामों पर भी हमले किए जा रहे हैं।

अफगानिस्तान में तालिबान 2005 से ही इस तरह के हमले करता आ रहा है, सूफी संतों के मकबरों को मुसलिमों में वहाबी धारा के लोग गैर-इसलामी मानते हैं। पाकिस्तान में कम-से-कम 25 मकबरों को निशाना बनाया गया, जिनमें कई तो सौ साल से ज्यादा पुराने थे। तालिबान में कई धड़े हैं और इनमें वहाबियों का जो गुट है, वह दरगाहों पर लोगों के जाने का विरोध करता है। इन हमलों ने लोगों को डराकर इनसे दूर कर दिया है।

28 मई, 2005 को इसलामाबाद के बड़ी इमाम दरगाह पर आत्मघाती हमला हुआ, जिसमें 20 लोगों की मौत हुई। इससे पहले सूफियों के मकबरे पर हमले की बात कोई सोच भी नहीं सकता था। 2006 में पाकिस्तानी तालिबान ने मोहम्मद एजेंसी में हाजी साहब तुरंगजई की दरगाह पर कब्जा कर लिया और उसे अपने मुख्यालय में बदल दिया। 2008 आते-आते तालिबान ने अपना आंदोलन तेज कर दिया और पेशावर के चमखानी में अब्दुल शकूर बाबा की दरगाह समेत कई मकबरों को बम से उड़ा दिया गया। 5 मई, 2009 को पेशावर में 17वीं सदी के सूफी कवि अब्दुल रहमान बाबा के मकबरे को उड़ा दिया गया। कभी अफगानिस्तान भी सूफी पीर औलिया और दरवेशों का केंद्र था। वहाबी इसलाम के अनुयायी तालिबान की क्रूरता ने उन्हें जिंदा नहीं रहने दिया।

वहाबी आतंकवाद केवल पाकिस्तान और अफगानिस्तान तक सीमित नहीं रहा। वह अफ्रीका के देशों में फैलता जा रहा है। नतीजतन अफ्रीका के देश सूफी बनाम वहाबी गृहयुद्ध का अखाड़ा बनते जा रहे हैं। सोमालिया, जो मुख्यत: सूफी परंपरा का अनुयायी रहा है, वहाँ सऊदी हस्तक्षेप ने वहाबियत का जहर भर दिया, लेकिन यहाँ सूफीवाद और वहाबी इसलाम के बीच संघर्ष जारी है। उसने हाल ही में नाइजीरिया में कई सूफी मसजिदों और मजारों के खिलाफ अभियान चलाया हुआ है। नाइजीरिया का इसलामी आतंकवादी संगठन बोको हराम देश से मौजूदा सरकार का तख्तापलट करना चाहता है और उसे पूरी तरह एक इसलामिक देश में तब्दील करना चाहता है। कहा जाता है कि बोको हराम के समर्थक वहाबियों की तरह मानते हैं कि 'जो भी अल्लाह की कही गई बातों पर अमल नहीं करता है, वह पापी है।' बोको हराम इसलाम के उस संस्करण को प्रचलित करता है, जिसमें मुसलमानों को पश्चिमी समाज से संबंध रखनेवाली किसी

भी राजनीतिक या सामाजिक गतिविधि में भाग लेने से वर्जित किया जाता है। इसमें चुनाव के दौरान मतदान में शामिल होना, टी-शर्ट, पैंट पहनना और धर्मनिरपेक्ष शिक्षा लेना शामिल है।

इस वहाबी असहिष्णुता के कारण इस समय इसलामी जगत् आतंकवादी कृत्यों का प्रतीक बन चुकी वहाबी विचारधारा के विरोध में आंदोलित है। उन्हें लगता है कि वहाबी आंदोलन उनके अस्तित्व के लिए खतरा बनता जा रहा है।

□

खिलाफत के सरोकार और तीखे विरोधाभास

अल कायदा हमेशा से कहता आया है कि पिछली सदी में विश्व भर में मुसलिम 'परेशान' हुए हैं, क्योंकि मुसलिम हितों की रक्षा करनेवाली कोई खिलाफत नहीं थी। अल कायदा खुद कभी खिलाफत नहीं बना पाया, मगर इस स्वप्न की एक व्यापक अपील है और आई.एस.आई.एस. खिलाफत बनाकर उसे भुना रहा है।

आखिर खिलाफत का मतलब ही क्या है? एक वाक्य में कहें तो 'सुन्नी इसलामी खलीफा साम्राज्य' को खिलाफत कहा जाता है। इसलामी परंपराओं के मुताबिक खलीफा धर्म और राजतंत्र, दोनों का प्रमुख होता है। खलीफा को इमाम का दर्जा भी दिया गया है। कई खिलाफत के जानकार यह कहते हैं, ''खिलाफत ऐतिहासिक है और सैद्धांतिक भी। यह जंग और अंतर्द्वंद्वों की कठोर सच्चाई से निकला रूमानी ख्वाब है, जिसका कोई निश्चित रंग, रूप, आकार नहीं है। अधिकांश मुसलमानों के लिए खिलाफत मुसलिम शक्ति का वह स्वर्णकाल है, जब खलीफा की तलवार के नीचे 'शुद्ध इसलामी कानूनों' का शासन चलता था। यह सही है, इसी खिलाफत ने इसलाम को दुनिया के बहुत बड़े हिस्से पर फैलाया और उसे दुनिया का दूसरा सबसे बड़ा धर्म बना दिया, परंतु इसी खिलाफत में मुसलिम जगत् के विभाजन के बीज छिपे हुए हैं। इसलाम की सारी अंतर्धाराओं की टकराहट, शिया-सुन्नी संघर्ष का इतिहास इसी स्रोत से निकला है।

'खिलाफत' अरबी शब्द खिलाफा से बना है, जिसका अर्थ है 'उत्तराधिकार'। खिलाफत का आशय हुआ, 'मोहम्मद के उत्तराधिकारी का शासन'। शासक खलीफा कहलाया, जो सैद्धांतिक रूप से संसार के सारे मुसलमानों का मजहबी नेता और नायक होता है, परंतु यह कहने में जितना सीधा-सरल लगता है, व्यवहार में उतना ही जटिल सिद्ध हुआ। खिलाफत का इतिहास दुनिया की जटिलतम पहेलियों और उलझनों की वह कहानी है, जिसकी विरासत आधा सैकड़ा मुसलिम देशों में बिखरी हुई है।

इसके बावजूद खिलाफत पैगंबर का उत्तराधिकार होने के कारण दुनिया भर के मुसलिम नेता खिलाफत के प्रति अपना सम्मान जताने से नहीं चूकते। दिसंबर, 1930 में

इलाहाबाद में आयोजित मुसलिम लीग के अधिवेशन में अल्लामा इकबाल ने खिलाफत की शान में एक शेर पढ़कर कहा था—

हो जाए अगर शाहे खुरासान का इशारा,
सिजदा न करू हिंद की नापाक जमीं पर।

अर्थात् यदि हमें तुर्की के खलीफा का इशारा मिल जाए तो हम इस हिंदुस्तान की नापाक जमीन पर नमाज तक न पढ़ेंगे।

एक जमाने में मुसलमान अंग्रेजों से इसलिए नाराज थे, क्योंकि अंग्रेजों ने तुर्की के खलीफा अब्दुल हमीद को उसकी गद्दी से उतार दिया था, जबकि दुनिया के सारे मुसलिम बादशाह और नवाब खलीफा को अपना धार्मिक और राजनीतिक नेता मानते थे तथा खुद को उसका नुमाइंदा मानकर मसजिदों में उसके नाम का खुतबा पढ़ाते थे। खलीफा को हटाने के कारण मुसलमान अंग्रेजों के विरुद्ध हो गए और उन्होंने खिलाफत मूवमेंट नाम का एक संगठन बना लिया था। वीर सावरकर ने इसे खुराफात मूवमेंट का नाम दिया था।

इस खिलाफत के खत्म होने के बाद विश्व में 90 साल तक कोई खिलाफत नहीं रही। अब आई.एस.आई.एस. द्वारा स्वयं को खिलाफत घोषित किए जाने से खिलाफत चर्चा की बासी कढ़ी में उबाल आ गया है। यहाँ यह देखना प्रासंगिक होगा कि खिलाफत का मुसलिम इतिहास में और धर्म में क्या स्थान रहा है। वह मुसलिमों के जीवन में क्या भूमिका निभाती रही। आज बगदादी के नेतृत्व में भले ही खिलाफत बन गई हो, पर क्या उसका कोई उज्ज्वल भविष्य है?

इसलामी इतिहास के मुताबिक पहले चार खलीफाओं को खिलाफत ए-रशिदून कहा जाता है, क्योंकि इतिहासकारों की नजर में यह खलीफाओं का स्वर्णयुग था, लेकिन मुसलिमों का इतिहास पढ़ने पर यह दावा खरा उतरता नहीं लगता। 632 ईसवी में मोहम्मद की मृत्यु तक अरब में इसलाम सबसे ताकतवर साम्राज्य और सैनिक शक्ति बन चुका था। मोहम्मद के बाद उनके साथियों ने अबू बकर को पहले खलीफा के रूप में चुना। अबू बकर की मृत्यु के बाद उमर के हाथ सत्ता आई, जिसे मोहम्मद के दामाद और चचेरे भाई अली ने पसंद नहीं किया। अली इसलाम स्वीकार करनेवाले प्रथम पुरुष भी थे।

उमर की मृत्यु के बाद जब मक्का के पुराने शासक वर्ग उमैया से उस्मान को तीसरा खलीफा चुना गया तो अली का विरोध खुलकर सामने आया। उस्मान ने अली को दरकिनार करते हुए नवविजित प्रांतों में अपने रिश्तेदारों और उमैया खानदान के लोगों को नियुक्त किया। अंततः 656 ईसवी में उस्मान अली समर्थकों के हाथों मारा गया और अली को नया (चौथा) खलीफा बनाया गया।

इसके खिलाफ मोहम्मद के पुराने साथियों ने विद्रोह कर दिया। इन बागियों का

साथ दिया स्वर्गीय मोहम्मद की दसवीं पत्नी आयशा ने। बसरा के निकट हुई इस लड़ाई में आयशा ने स्वयं ऊँट पर सवार होकर अली के विरुद्ध बागियों का नेतृत्व किया। बागी परास्त हुए और मारे गए। मोहम्मद की पत्नी होने के कारण आयशा को मुत्यदंड न देकर नजरबंद कर दिया गया, परंतु सत्ता के पाँचवें साल में ही 660 ईसवी में अली विरोधियों द्वारा मार दिए गए और वे सत्ता में आ गए। अली के बेटों ने इसे स्वीकार नहीं किया और करबला की लड़ाई में पराजित होकर कत्ल कर दिए गए। (इन्हीं की याद में शिया मोहर्रम मनाते हैं) यहीं से इसलाम में पहली बार दरार पड़ी।

अली के समर्थक शिया और उनके विरोधी सुन्नी। शियाओं और सुन्नियों की अलग-अलग खिलाफतें कायम हुईं, अरब में सुन्नी तो ईरान, जॉर्डन आदि में शिया शासन में आए। खिलाफते राशिदा का उदय मोहम्मद (सल अल्लाहु अलैहि वसल्लम) के निधन के पश्चात् हुआ। अपनी 63 वर्षीया आयु में मोहम्मद (सल अल्लाहु अलैहि वसल्लम) ने मदीना को राजधानी बनाकर अरब के हिस्से में एक खिलाफत का बीज बो दिया था। इनके निधन के बाद इसके पहले खलीफा अबु बक्र सिद्दीक रजि अल्लाहु अन्हु हुए, उन्होंने तकरीबन 2 से 3 साल शासन किया, यानी 632 से 635 तक और खिलाफते राशिदा के अंतिम खलीफा हजरत हसन हुए, जिन्होंने अंतिम 6 महीने शासन किया, हजरत मुआविया और हजरत अली के बीच हुए गृहयुद्ध को रोकने के कारण हसन ने एक शांति सुलह के अंतर्गत अपनी खिलाफत मुआविया को 661 में सौंप दी।

खिलाफते राशिदा को आज सभी मुसलिम साम्राज्य की जननी कहा जाता है, लेकिन एक बात, जो खिलाफते राशिदा को सभी खिलाफतों से अलग करती है, वह यह कि खिलाफते राशिदा में खलीफा का चयन खलीफा के नजदीकी होने के कारण पर नहीं हुआ था, वरन् हर बार एक कमेटी अपना नया खलीफा चुनती थी, परंतु कालांतर में खिलाफतें वंशानुगत हो गईं। बाद में आनेवाली सभी खिलाफतों में कम या ज्यादा भाई-भतीजावाद पर निर्भर थी या संतानों को राजा बनाने पर।

चौथे खलीफा अली मुहम्मद साहब के फरीक (चचेरे भाई) थे और उन्होंने मुहम्मद साहब की बेटी फातिमा से शादी की थी, पर इसके बावजूद उनके खिलाफत के समय तीसरे खलीफा उस्मान के समर्थकों ने उनकी खिलाफत को चुनौती दी और अरब साम्राज्य में गृहयुद्ध छिड़ गया। सन् 661 में अली की हत्या कर दी गई और उस्मान के एक निकट के रिश्तेदार मुआविया ने अपने आप को खलीफा घोषित कर दिया। इसी समय से उम्मयद वंश का आरंभ हुआ।

जल्द ही अरब साम्राज्य ने बैजेंटाइन साम्राज्य और सासानी साम्राज्य का रूप ले लिया। खिलाफत पिता से बेटे को हस्तांतरित होने लगी। राजधानी दमिश्क बनाई गई। उम्मयदों ने अरबों को साम्राज्य में बहुत ही तरजीह दी, पर अरबों ने ही उनकी आलोचना

की। अरबों का कहना था कि उम्मयदों ने इसलाम को बहुत ही सांसारिक बना दिया है और उनमें इसलाम के मूल में की गई बातें कम होती जा रही हैं। इन मुसलिमों ने मिलकर अली को इसलाम का सही खलीफा समझा। उन्हें लगा कि अली ही इसलाम का वास्तविक उत्तराधिकारी हो सकते थे।

सन् 740 में अबू मुसलिम नाम के एक फारसी (ईरानी) मुसलिम परिवर्तित ने उम्मयदों के खिलाफ एक विशाल जनमानस तैयार किया। उसने खोरासान (पूर्वी ईरान) में उम्मयदों के खिलाफ विद्रोह कर दिया। खोरासान में पहले से ही अरबों की उपस्थिति के खिलाफ नाराजगी थी, अत: उसको बड़े पैमाने पर जन समर्थन मिला। उसने यह कहकर लोगों को उम्मयदों के खिलाफ सावधान किया कि वे लोग इसलाम के सही वारिस नहीं हैं और वे सत्ता का दुरुपयोग कर रहे हैं। उम्मयदों की विलासितापूर्ण जीवन-शैली ने इनको और भी भड़काया। बनु उमय्या सल्तनत इसलाम की दूसरी सल्तनत है, इसके पहले इसलाम की पहली खिलाफत खिलाफते राशिदा थी।

सन् 750 में राजधानी दमिश्क में अब्बासियों ने उम्मया सल्तनत को युद्ध में पराजित कर दिया। सन् 749-750 के बीच उम्मयदों द्वारा भेजे गए सैनिकों को हरा दिया और इसके बाद अपना एक नया खलीफा घोषित कर दिया—अबुल अब्बास।

अब्बासी खिलाफत मुसलमानों की शुरुआती खिलाफत में से तीसरी है। अब्बासी हजरत मोहम्मद के चाचा हजरत अब्बास के कबीले से थे। अब्बासियों ने बनू उमय्या, जो इसलाम की दूसरी खिलाफत थी, को पराजित करके इस क्षेत्र पर शासन किया था।

अब्बासी खिलाफत के पहले खलीफा अबुल अब्बास अस्सफाह थे, जिन्होंने 750 से 754 तक शासन किया और आखिरी शासक अल्मुतवक्किल तृतीय थे, जिनका काल 1508 से 1517 तक रहा। अब्बासी खिलाफत ही को मुसलमानों का स्वर्णिम युग कहा जाता था, क्योंकि इसी काल में मुसलमान विज्ञान, साहित्य और कला के क्षेत्र में उन्नत थे। अब्बासी खिलाफत को मंगोल के सामने घुटने टेकने पड़े। अब्बासी खलीफा लगभग पाँच सौ साल सत्ता में रहे। उनका सन् 1258 में बेहद खैफनाक अंत हुआ।

उस्मानी साम्राज्य (1299-1923) या ऑटोमन साम्राज्य या तुर्क साम्राज्य, उर्दू में कहें तो सल्तनत-ए-उस्मानिया 1299 में पश्चिमोत्तर अंतालिया से स्थापित एक-एक तुर्क इसलामी सुन्नी साम्राज्य था, महमूद द्वितीय द्वारा 1493 में कॉन्सटेंटिनोपोल जीतने के बाद यह एक विशाल इसलामी साम्राज्य में बदल गया। उस्मानी साम्राज्य सोलहवीं-सत्रहवीं शताब्दी में अपनी चरम शक्ति पर था। इस ऑटोमन साम्राज्य ने 1453 में आज के इस्तांबुल को जीतकर बैजेंटाइन साम्राज्य का समूल अंत कर दिया। इस्तांबुल बाद में इनकी राजधानी बना रहा। खिलाफत उस्मानिया को हम निस्संदेह सबसे बड़ी सल्तनत कह सकते हैं, क्योंकि यह करीब-करीब 700 वर्षों तक रही। 16वीं और 17वीं शताब्दी

में यह दुनिया की सबसे ताकतवर सल्तनत रही। इसकी स्थापना उस्मान प्रथम ने की। उस्मान तुर्कमेनिस्तान से सल्तनत रोम के खिलाफ सल्तनत सेल्जुक की मदद करने अपने 400 घुड़सवारों के साथ अंटलिया आया था। जीत के बाद उस्मान को एक हिस्से पर शासन करने का अवसर मिला, जो 1258 से 1326 तक रहा। 1299 में उसने खिलाफत उस्मानिया कायम की। इसके अंतिम शासक अहमद तेवफिक पाशा थे, जिनको 1922 में गद्दी से उतार दिया गया, उनका काल 1920 से 1922 तक रहा। खिलाफत उस्मानिया की आधिकारिक भाषा तुर्किश थी।

पेंसिल्वेनिया स्टेट यूनिवर्सिटी के प्रोफेसर फिलिप जेंकिंस का तर्क है, "जब युद्ध छिड़ा था, तब उस्मानी साम्राज्य ही ऐसा एकमात्र शेष बचा मुसलिम राष्ट्र था, जो अपने लिए महाशक्ति के दर्जे का दावा कर सकता था। उसके शासक जानते थे कि रूस व दूसरे यूरोपीय देश उसे जीतकर खंडित कर देंगे। जर्मनी के साथ गठजोड़ ही आशा की अंतिम किरण थी। 1918 में युद्ध हारने के साथ ही सारा साम्राज्य बिखरकर रह गया।" प्रो. जेंकिंस का मत है कि 1924 में नए तुर्की द्वारा खलीफा के पद को त्याग देना 1,300 वर्षों से चली आ रही एक अखिल इसलामी सत्ता का विसर्जन कर देने के समान था। इस कदम ने 'एक ऐसा आघात पीछे छोड़ा है, जिससे सुन्नी इसलामी दुनिया आज तक उबर नहीं सकी।' प्रो. जेंकिंस के शब्दों में 'खलीफत के अंत की आहट भर से ब्रिटिश भारत की तब तक शांत मुसलिम जनता एकजुट होने लगी। उससे पहले भारत के मुसलमान महात्मा गांधी की हिंदू-बहुल कांग्रेस पार्टी के स्वतंत्रता की ओर बढ़ते झुकाव से संतुष्ट थे, लेकिन अब खिलाफत आंदोलन चलाकर मुसलिम अधिकारों और एक मुसलिम राष्ट्र की माँग होने लगी। यही आंदोलन 1947 में भारत के रक्तरंजित विभाजन और पाकिस्तान के जन्म का स्रोत बना।'

नवंबर, 1922 में तुर्की में मुस्तफा कमाल पाशा ने सुल्तान खलीफा मोहम्मद चतुर्थ को खारिज कर अब्दुल मजीद को पदासीन किया और उसके समस्त राजनीतिक अधिकार खुद ले लिये। 3 मार्च, 1924 को उन्होंने खलीफा का पद समाप्त कर खिलाफत का अंत कर दिया, इस प्रकार भारत का खिलाफत आंदोलन भी अपने आप समाप्त हो गया था।

बाकी इसलामी संगठनों और इसलामिक स्टेट संगठन में एक बहुत बड़ा फर्क यह है कि उसने खिलाफत की स्थापना की। ब्रिटेन से भी ज्यादा क्षेत्रफल वाला स्वतंत्र देश स्थापित किया। खिलाफत की स्थापना के लिए यह जरूरी है। इस कारण दुनिया भर के खिलाफत की स्थापना चाहनेवालों को बगदादी द्वारा अपने को खलीफा घोषित करने पर खुशी हुई। कारण यह था कि आखिरी खिलाफत ऑटोमान साम्राज्य था, जो 16वीं शताब्दी में अपनी कीर्ति के शिखर पर पहुँचा, 1924 में तुर्की के तानाशाह कमाल अता तुर्क ने उसे खत्म कर दिया, लेकिन इसलामी राज्य के समर्थक उसे वैध खिलाफत नहीं

मानते, क्योंकि उसने पूरी तरह से शरिया कानून लागू नहीं किया था, जिसमें गुलामी, पत्थर मारकर हत्या करना और शरीर के अंग काटना आदि भी शामिल है। इसके अलावा इसके खलीफा पैगंबर के कुरैश कबीले के नहीं थे, जो खलीफा बनने के लिए एक आवश्यक योग्यता मानी गई है। बगदादी के रूप में एक ऐसा खलीफा मिला है, जो मोहम्मद पैगंबर के कुरैश कबीले का है।

बगदादी ने मोसूल में दिए अपने भाषण में खिलाफत के महत्त्व पर प्रकाश डाला था कि संस्था ने पिछले एक हजार साल से कोई काम नहीं किया। इसलामी राज्य के समर्थकों का कहना है कि खिलाफत केवल राजनीतिक इकाई नहीं है, यह मुक्ति का साधन है। इसलामी राज्य का प्रचार तंत्र लगातार मुसलिम विश्व के संगठनों द्वारा खिलाफत के प्रति आस्था के इजहार की खबरें छापता रहा है। मोहम्मद पैगंबर ने कहा था कि आस्था प्रगट किए बगैर मरना जाहिली या अज्ञान में मरना है। इसलिए खिलाफत की स्थापना से इसलाम पुनर्स्थापित हुआ है। खलीफा का एक दायित्व शरिया को लागू करना है। इसलामी राज्य के कुछ समर्थक मानते हैं कि शरिया को गलत समझा गया है, क्योंकि उसे आधे-अधूरे तरीके से लागू किया गया। जैसे सऊदी अरब में सिर कलम कर दिया जाता है और चोर के हाथ काट दिए जाते हैं। इस तरह से पीनल कोड लागू किया जाता है, लेकिन शरिया के सामाजिक-आर्थिक न्याय को लागू नहीं किया जाता। शरिया एक पूरा पैकेज है। उसे पूरा लागू न करने से उसके प्रति नफरत फैलती है।

खलीफा के बारे में उनका कहना है, खलीफा का एक काम है—हमलावर जिहाद शुरू करना। इसका मतलब है गैर-मुसलिमों द्वारा शासित देशों में जिहाद को फैलाना। खिलाफत का विस्तार करना खलीफा का कर्तव्य है और यही काम आज आई.एस. कर रहा है। खलीफा के बगैर हमलावर जिहाद की अवधारणा काम नहीं करती। इस तरह जिहाद के लिए भी खिलाफत जरूरी है।

□

दो अभागे देशों की एक कहानी

गृहयुद्धों के मारे इराक और सीरिया जैसे देशों की जमीन के कुछ हिस्सों पर कब्जा करके बना है आई.एस.आई.एस. या इसलामिक स्टेट।

सोना उगलनेवाले तेल के विशाल कुओं का मालिक होने के बावजूद इराक बहुत अभागा देश है। इराक का इतिहास मेसोपोटेमिया की अनेक प्राचीन सभ्यताओं का रहा है, जिसकी वजह से इसे लिखित इतिहास के प्राचीनतम स्थल होने का सौभाग्य प्राप्त है। परंपराओं के अनुसार इराक में वह प्रसिद्ध नंदन वन था, जिसे इंजील में 'अंदन का बाग' की संज्ञा दी गई है और जहाँ मानवजाति के पूर्वज हजरत आदम और आदिम माता हव्वा विचरण करते थे। इराक को 'साम्राज्यों का खँडहर' भी कहा जाता है, क्योंकि अनेक साम्राज्य यहाँ जन्म लेकर, फल-फूलकर धूल में मिल गए। संसार की दो महान् नदियाँ दजला और फरात इराक को हरा-भरा बनाती हैं। ईरान की खाड़ी से 100 मील ऊपर इनका संगम होता है और इनकी सम्मिलित धारा 'शत्तल अरब' कहलाती है। सुमेरी सभ्यता इराक की सबसे प्राचीन सभ्यता थी, मगर इसलाम के दो संप्रदाय शिया और सुन्नियों के बीच सदियों से चल रही दुश्मनी इस देश के लिए कभी न खत्म होनेवाला अभिशाप बन गई है।

इराक में पहली बार इतिहास को सिर के बल खड़ा कर दिया गया है। इराक शिया बहुल देश है, लेकिन सुन्नी भी काफी तादाद में हैं। दोनों में राजनीतिक वर्चस्व के लिए खूनी टकराव चलता रहता है। यह टकराव आज का नहीं है और न ही इराक तक ही सीमित है। शियाओं और सुन्नियों की दुश्मनी उतनी ही पुरानी है, जितना पुराना इसलाम। शियाओं और सुन्नियों की 1400 साल पुरानी दुश्मनी अकसर हिंसक और रक्तरंजित रही है, लेकिन इस सदी की शुरुआत में इराक में शिया-सुन्नी दुश्मनी का जिस चरम रूप में विस्फोट हुआ, उसने सारी दुनिया को दहला दिया। 2003 में इराक पर अमेरिकी कब्जे के बाद स्थिति बिगड़ने पर शिया और सुन्नियों के बीच राजनीतिक वर्चस्व कायम करने के लिए हुए गृहयुद्ध में दो लाख से ज्यादा लोग मारे गए।

इराक की 98 प्रतिशत मुसलिम आबादी में 65 प्रतिशत शिया और 32 प्रतिशत सुन्नी हैं। शिया बहुल होने के बावजूद इराक के शियाओं की त्रासदी यह रही कि सदियों से इस क्षेत्र पर सुन्नियों का शासन रहा। बाद में अंग्रेज मध्य-पूर्व के भाग्य नियंता बने। प्रथम विश्वयुद्ध के बाद हुए समझौते के तहत उन्होंने इराक और बहरीन देश बनाए और इन दोनों शिया बहुल देशों को सुन्नी सुल्तानों के हाथों में सौंप दिया। इन सम्राटों ने भी शियाओं पर अत्याचार करना जारी रखा। नतीजतन 1935 और 1936 की शिया बगावतें हुईं। शियाओं पर सद्दाम हुसैन की बाथ पार्टी के जमाने में जुल्म होते रहे। सद्दाम ने शियाओं के अशुरा जैसे त्योहारों पर पाबंदी लगा दी थी। इराक के हर शिया मौलवी के पास हत्या और यातनाओं की कई कहानियाँ हैं। 1969 में इराक के सबसे वरिष्ठ शिया अयातुल्लाह मुशिन अल हकीम के बेटे को गिरफ्तार कर यातनाएँ दी गईं। 1979-83 के बीच सद्दाम ने 48 प्रमुख शिया मौलवियों को फाँसी पर चढ़ा दिया। इनमें शिया नेता मोहम्मद बकीर अल सद्र और उसकी बहन शामिल थी। 1979 में सद्दाम हुसैन द्वारा सत्ता हथियाने के बाद इराक के शियाओं को कुछ वक्त तक राहत मिली। नए शासन ने कुछ हद तक शियाओं और सुन्नियों के साथ समान व्यवहार किया। तभी 1979 में ईरान में इसलामी क्रांति हुई, जो एक तरह से शिया क्रांति थी। तब सद्दाम को डर लगने लगा कि इराक में भी ऐसी क्रांति हो सकती है तो उसने दमन के पुराने हथकंडे अपनाने शुरू कर दिए।

'टाइम' पत्रिका में छपी रपट के मुताबिक—1991 के खाड़ी युद्ध में सद्दाम की सेना की पराजय के बाद शियाओं को लगा कि यह तानाशाह के खिलाफ बगावत का सुनहरा अवसर है, लेकिन उन्हें पश्चिमी देशों की सेनाओं से कोई समर्थन या संरक्षण नहीं मिला और सद्दाम विद्रोह को कुचलने में कामयाब रहे। कुछ अनुमानों के अनुसार इसमें तीन लाख से ज्यादा शिया मारे गए। कइयों को सामूहिक कब्रिस्तानों में दफना दिया गया। अपने बाकी शासनकाल में सद्दाम ने शियाओं को अपने कड़े नियंत्रण में रखा। सद्दाम ने कई बार सुन्नियों की हत्या के भी आदेश दिए, लेकिन एक महत्त्वपूर्ण अंतर था—जैसा कि लेखक वली नस्र ने कहा है, जब सद्दाम सुन्नी को मारता था तो कोई व्यक्तिगत कारण होता था, उस व्यक्ति ने कुछ किया होता था, लेकिन जब शिया की हत्या का सवाल होता था तो उसे किसी वजह की जरूरत नहीं होती थी। उसका शिया होना काफी था। अमेरिका द्वारा इराक पर हमले के बाद ये परंपरागत समीकरण बदलने लगे। शासन पर से सुन्नी वर्चस्व खत्म हो गया था। 2005 में अमेरिका इराक में चुनाव कराना चाहता था, जिसका मतलब था शिया बहुसंख्यक होने के कारण सरकार शियाओं की होगी। इस आशंका के मद्देनजर सुन्नी उग्रवादियों ने 2003 से ही हिंसा करना शुरू कर दिया। इनमें अबू मोसाब अल जरकावी का इराकी अल कायदा नामक

सुन्नी आतंकवादी संगठन सबसे प्रमुख था, जिसने शिया ठिकानों पर बम हमलों को अंजाम देना शुरू कर दिया। इसके बावजूद कई शिया उग्रवादी संगठन उनके साथ मिलकर अमेरिका और पश्चिमी देशों के खिलाफ हिंसक वारदातों को अंजाम दे रहे थे। दूसरी तरफ, जब मुक्तदा अल सद्र की मेहदी आर्मी ने 2004 में अमेरिका के खिलाफ आवाज बुलंद की तो सुन्नी विद्रोहियों ने उनका साथ दिया, लेकिन 2005 के चुनाव नजदीक आते ही शिया-सुन्नी रिश्तों में तनाव बढ़ता गया। सुन्नी राजनीतिक दलों ने चुनाव का बायकॉट किया और शिया राजनीतिक दलों का गठबंधन चुनाव जीतकर सत्तारूढ़ हो गया। नए शिया शासकों की हेकड़ी से सुन्नियों का असंतोष और बढ़ गया। तनाव की सबसे बड़ी वजह थी सेना या पुलिस में भरती के दौरान शिया मिलिशियावालों की ही भरती की गई। इन नए रंगरूटों ने वरदी का लाभ उठाकर सुन्नियों के साथ अपने पुराने हिसाब चुकाए। इसके बाद सुन्नी आतंकवादी संगठनों ने भी अपने हमले तेज कर दिए। इससे शियाओं में यह धारणा बन गई कि पुराना सुन्नी शासक वर्ग अपनी नई स्थिति को स्वीकार करने को तैयार नहीं है।

इसके बाद शियाओं का आस्थाकेंद्र मानी जानीवाली सामरा मसजिद पर हमला हुआ। यह हमला जरकावी के इराकी अल कायदा द्वारा कराया गया। तब शियाओं को लगा कि अब तो हद हो गई और फिर शिया क्रोध से उपजी हिंसा के तांडव का देश भर के सुन्नियों को शिकार होना पड़ा। मेहदी आर्मी जैसे शिया अर्धसैनिक संगठन अपने धर्मस्थल के अपमान का बदला लेने में जुट गए। शिया अर्धसैनिक संगठनों और आतंकवादी संगठनों पर वहशीपन सवार हो गया था। उन्होंने सुन्नियों का कत्लेआम किया और उनकी कई मसजिदों पर हमले कराए। अंधी हिंसा का पहला उबाल थम जाने के बाद इन हथियारबंद संगठनों ने अपहरण और हत्याओं का सुनियोजित सिलसिला शुरू किया। उनके शिकार बने लोगों के शव जब सीवर या कूड़ेदानों में पाए जाते तो उन पर पाशविक यातनाओं के निशान होते थे। बाद में अमेरिकी सेना ने सुरक्षा की ज्यादातर जिम्मेदारी इराकी सेना को सौंप दी थी, पर वह हत्याओं को रोक पाने में नाकाम रही। इससे बुरी बात यह थी कि अकसर उन पर शिया-सुन्नी संघर्ष में शामिल होने और शिया हथियारबंद गिरोहों का साथ देने के आरोप लगते रहे, बाद में अमेरिकी और इराकी सेना ने संयुक्त अभियान चलाया, लेकिन वह भी खूनखराबे को रोकने में नाकाम रहा।

सद्दाम की फाँसी से यह दुश्मनी और भी भड़क उठी। हालाँकि सुन्नियों की भी सद्दाम से कोई सहानुभूति नहीं थी, लेकिन उनको भी इस बात से नाराजगी हुई कि उनके एक धार्मिक दिन की सुबह की नमाज के वक्त सद्दाम को फाँसी लगाई गई। इस वक्त के चुनाव ने सुन्नियों की इस आशंका को पुष्ट कर दिया कि शिया शासन में हमेशा ही उन्हें अपमानित किया जाएगा। इसके बाद किसी भी सुलह की संभावना खत्म हो गई।

मिश्रित बस्तियों के पड़ोसियों के बीच भी सांप्रदायिक वैमनस्य की रेखा खिंच गई थीं। जो बस्तियाँ शिया बहुल थीं, वहाँ से सुन्नी परिवार जान बचाने के लिए बस्ती छोड़कर जाने पर मजबूर हो गए। सुन्नी इलाकों से शियाओं को जाना पड़ा। अमीर सुन्नी परिवारों ने तो देश छोड़कर जाने में ही भलाई समझी।

इराक पर अमेरिकी हमले में मारे गए अमेरिका और उसके साथी देशों के सैनिकों की संख्या शिया-सुन्नी संघर्ष में मारे गए नागरिकों की तुलना में बहुत कम थी। सुन्नी ज्यादातर हत्याओं के लिए कार-बमों का इस्तेमाल करते रहे तो शिया मौत के दस्तों का।[1] (1. Rise of Shia death sqads, www.tnr.com) सुन्नी उग्रवादी संगठनों में अंसर अल इसलाम, अल ताहीद वल जिहाद, जैश अल ताइफाअल मनसौरा, जैशे मोहम्मद और ब्लैक बैनर ऑर्गेनाइजेशन विशेष रूप से सक्रिय थे। 2008 में किए गए एक सर्वे के अनुसार इराक में 1121 आत्मघाती हमले हुए। सुन्नी बम हमलों में न केवल हजारों नागरिक मारे गए, वरन् मसजिदें, धर्मस्थल, बारातें, शवयात्राएँ, बाजार, अस्पताल, दफ्तर भी निशाना बने।

सुन्नियों को शियाओं की हत्या की प्रेरणा मुख्य रूप से सुन्नी नेता अबू मुसाव अल जरकावी से मिली। जरकावी को इराक के अल कायदा का नेता माना जाता था। अपनी मृत्यु से पहले जरकावी ने मोहम्मद इब्न अब्द अल वहाब के एक बयान को उद्धृत किया था, जिसमें अपने अनुयायियों से इराक के शियाओं की हत्या की अपील की गई थी और उन्हें साँप कहा गया था। अल कायदा से जुड़ी एक वेबसाइट में इराक के शियाओं के खिलाफ पूर्णयुद्ध की अपील की गई थी। इसके जवाब में शिया उलेमाओं ने आत्मघाती हमलों को हराम करार दिया था। दूसरी तरफ सरकारी और शिया मौत के दस्तों ने हर माह सैकड़ों सुन्नियों पर आनन-फानन में मुकदमा चलाकर यातनाएँ देकर मौत के घाट उतार दिया। 2005 में ब्रिटिश टेलीविजन चैनल 4 की रपट के मुताबिक बद्र संगठन के प्रभुत्ववाले गृह मंत्रालय ने हजारों सुन्नी नागरिकों को गिरफ्तार कर मुकदमा चलाया और उनकी हत्या कर दी।

सन् 2008 में यू.एन.एच.सी.आर. की एक रपट के अनुसार इस शिया-सुन्नी संघर्ष में 47 लाख लोग विस्थापित हुए, इनमें से 20 लाख विस्थापित होकर देश में ही दूसरे स्थानों पर गए तो 27 लाख विदेशों में। देश की दो करोड़ 30 लाख आबादी के मद्देनजर यह आँकड़ा काफी बड़ा है। संयुक्त राष्ट्र संघ की एक रपट के मुताबिक एक मोटा अनुमान यह है कि देश का चालीस प्रतिशत मध्यम वर्ग पलायन कर गया। ज्यादातर व्यवस्थागत दमन और अत्याचारों के कारण भागे और उनकी लौटने की कोई इच्छा नहीं थी।

इराक में लंबे समय तक दोनों समुदायों में युद्ध चला और उसमें बड़े पैमाने पर

लोग मारे गए। इस कारण लोग इसे इराक का गृहयुद्ध भी कहते हैं। कई अनुमानों के मुताबिक शिया मिलिशिया संगठनों और सेना ने मिलकर एक लाख सुन्नियों की हत्या की तो सुन्नी उग्रवादियों ने डेढ़ लाख शिया नागरिकों की।

अमेरिकी सेना के इराक छोड़ते ही देश के हालात फिर बिगड़ने लगे। उन्हें देखकर यह सवाल उठने लगा कि क्या इराक में शिया और सुन्नियों के बीच गृहयुद्ध भड़क उठेगा, क्या इराक का अल कायदा अपने खूँखार रूप में फिर जीवित हो उठेगा? ये आशंकाएँ निराधार नहीं थीं। अमेरिका ने पीठ फेरी नहीं और इराक के शिया और सुन्नी राजनीतिज्ञों के बीच टकराव ऐसा उग्र रूप लेने लगा कि सरकार खतरे में पड़ गई। आतंकवाद फिर सिर उठाने लगा। अमेरिकी सेना के जाने के तीन-चार दिन बाद ही राजधानी बगदाद में एक दिन में हुए 14 बम विस्फोटों में 60 लोग मारे गए। फिर शियाओं के एक उत्सव के मौके पर बगदाद और करबला में हुए कई धमाकों में 72 शिया मौत के शिकार बने। धमाके करने के तरीकों से जान पड़ता था कि खूँखार सुन्नी आतंकवादी संगठन इराकी अल कायदा पुनर्जीवित हो गया है। इस संगठन की क्रूरता का अंदाज इस बात से लगाया जा सकता है कि लादेन के अल कायदा ने दुनिया भर में जितने लोगों की हत्याएँ नहीं की थीं, उससे कई गुना हत्याएँ इस संगठन ने केवल इराक में कीं। इन हत्याओं ने फिर कुछ वर्ष पहले शिया और सुन्नियों के बीच हुए खूनी संघर्ष के घावों को हरा कर दिया।

कुछ वर्षों बाद खूनी दौर खत्म हो गया, लेकिन वे कारण, यानी शिया और सुन्नियों की दुश्मनी अब भी बरकरार है, जिन्होंने इस संघर्ष को जन्म दिया था। इसी उथल-पुथल के दौर में इराक के दूसरे सबसे बड़े शहर 'मोसूल' और एक और तेल उत्पादक शहर पर सुन्नी विद्रोहियों इसलामिक स्टेट ऑफ इराक ऐंड सीरिया (आई.एस.आई.एस.) ने कब्जा कर लिया। यह घटनाक्रम इतना अप्रत्याशित और आकस्मिक था कि इराक की शिया सरकार सकते में आ गई। अपने पिछले कटु अनुभव के कारण अमेरिका फिर सैनिक हस्तक्षेप करके फँसना नहीं चाहता था, लेकिन ईरान-इराक सरकार की तरफ से लड़ने को तैयार थे। सुन्नी देश तो इराकी सरकार को शिया ईरान का मोहरा मानते थे, इसलिए उसे अस्थिर करने पर तुले थे। इस कारण इराक शिया महाशक्ति ईरान और सुन्नी महाशक्ति सऊदी अरब के विस्तारवादी मंसूबों का अखाड़ा बन गया है। इसमें कुर्द भी जुड़ गए हैं, जिससे इराक के तीन हिस्सों—शिया, सुन्नी और कुर्द में विभाजन का खतरा पैदा हो गया है। टाइम पत्रिका ने इस पर कवर स्टोरी छापी है 'ऐंड ऑफ इराक'। बात कुछ हद तक सही भी है।

सीरिया

सीरिया दक्षिण-पश्चिम एशिया का एक राष्ट्र है। इसके पश्चिम में लेबनान तथा

भूमध्यसागर, दक्षिण-पश्चिम में इजराइल, दक्षिण में जॉर्डन, पूरब में इराक तथा उत्तर में तुर्की है। इजराइल तथा इराक के बीच स्थित होने के कारण यह मध्य-पूर्व का एक महत्त्वपूर्ण देश है। इसकी राजधानी दमिश्क है, जो उम्मयद खिलाफत तथा मामलुक साम्राज्य की राजधानी रह चुका है। अप्रैल, 1946 में फ्रांस से स्वाधीनता मिलने के बाद यहाँ के शासन में बाथ पार्टी का प्रभुत्व रहा है। 1963 से यहाँ आपातकाल लागू है, जिसके कारण 1970 के बाद से यहाँ के शासक असद परिवार के लोग होते हैं।

कुछ वर्षों पहले अरब देशों में बदलाव की आँधी चल रही थी। मिस्र, यमन, ट्यूनीशिया और लीबिया में एकदम—'अब तख्त गिराए जाएँगे, अब ताज उछाले जाएँगे', कविता का मंजर दिखाई दे रहा था। शुरुआत में तो दुनिया भर के लोकतंत्रवादी गद्गद थे कि रूढ़िवादी और कट्टरतावादी माने जानेवाले अरब मुसलिम देशों के लोग तानाशाही शासनों के खिलाफ खम ठोंककर उठ खड़े हुए और लोकतांत्रिक व्यवस्था लाने के लिए संघर्ष कर रहे हैं। इसलिए पश्चिमी देशों के अखबारों ने इन जनांदोलनों को 'अरब वसंत' कहना शुरू कर दिया, लेकिन जब इसके नतीजे सामने आने लगे तो लोग भौचक्के रह गए, क्योंकि इससे विभिन्न अरब देशों में इसलामी कट्टरतावादी सत्ता में आ रहे थे, इसलिए पश्चिमी देशों के सुर बदल गए। अब उसे इसलामवादी शिशिर ऋतु या ठिठुरा देनेवाली ठंड कहा जा रहा है। यह प्रतिक्रिया होना स्वाभाविक भी है, क्योंकि इन देशों में चुनावों या गृहयुद्धों में आखिरकार इसलामी कट्टरतावादी राजनीतिक पार्टियाँ ही विजयी हुईं, जिन्हें इसलामवादी कहा जाता है। मार्च, 2011 में सीरिया में भी यह अरब वसंत बयार बहने लगी। राष्ट्रपति असद को पद से हटाने की माँग को लेकर शांतिपूर्ण, मगर विशाल प्रदर्शन हुए। सरकार को यह नागवार गुजरा। इसलिए उसने प्रदर्शनकारियों के खिलाफ दमनचक्र चलाया। इसके बाद असद विरोधी आंदोलन हिंसक हो गया। नारों की गूँज के बजाय बंदूकों की आवाज सुनाई देने लगी। दमन से रक्षा के लिए विपक्ष के समर्थक हथियारबंद होने लगे और सुरक्षा बलों को अपने इलाकों से खदेड़ने लगे। विद्रोही समूहों ने शहरों, कस्बों और देहातों पर कब्जे के लिए सरकारी सुरक्षाबलों से मुकाबला करना शुरू कर दिया और इसके साथ ही गृहयुद्ध की शुरुआत हो गई। यह लड़ाई 2012 तक दमिश्क और अलेप्पो तक पहुँच गई।

सन् 1963 से यहाँ आपातकाल लागू है, जिसके कारण 1970 के बाद से यहाँ के शासक असद परिवार के लोग होते हैं। यहाँ के राष्ट्रपति बशर अल-असद हैं। सीरिया की 90 फीसद आबादी मुसलिम है और 10 फीसद ईसाई। सुन्नी मुसलिम कुल जनसंख्या के 74 फीसद हैं, जबकि शिया करीब 13 फीसद। इस दृष्टि से सुन्नी समुदाय शियाओं पर भारी पड़ा और यही कारण है कि सीरिया का एक बहुत बड़ा भाग विपक्षियों के कब्जे में है। चूँकि राष्ट्रपति असद शिया हैं, इसलिए न केवल सीरिया का शिया जनमत

असद के पक्ष में, बल्कि ईरान, लेबनान सहित कई देशों का शिया समुदाय उनके पक्ष में खड़ा हो गया। यही नहीं, सीरिया की 10 प्रतिशत ईसाई आबादी भी असद के पक्ष में ही थी, इसलिए नहीं कि असद के शासन को वह श्रेष्ठ मानती थी। दरअसल ईसाइयों को यह डर था कि सत्ता से असद की विदाई सीरिया में इसलामी कट्टरतावादी शक्तियों का शासन ले आएगी।

आंदोलन में हालाँकि वह एकजुट होकर खड़ी नहीं थी, इस कारण संघर्ष में विपक्ष पूरी तरह से खंडित और बँटा रहा। असद को हटाने के अलावा उनके बीच अन्य किसी मुद्दे पर आम राय नहीं बन पाई। फिर संघर्ष जनांदोलनों के हाथ से निकलकर मिलिशियाओं के हाथ में चला गया। इसके साथ ही हथियारबंद विद्रोहियों की संख्या बढ़ती गई। एक अनुमान के मुताबिक एक लाख हथियारबंद लड़ाके असद के खिलाफ जूझ रहे थे, जिनके बारे में कहा गया कि उनके तार अल कायदा से जुड़े हैं।

एक समय यह अनुमान लगाया जा रहा था कि जस्मिन क्रांति की आँधी बशरूल असद को कुछ ही महीनों में ले उड़ेगी, लेकिन दो साल बीत जीने के बाद भी बशरूल असद के पेट का पानी तक नहीं हिला। असद के विरोधियों की सहायता अल कायदा कर रहा था। अमरीका, इजराइल और सुन्नी देश यदि बशरूल असद के विरोध में थे तो उसके पक्ष में रूस, चीन और ईरान थे। इजराइल हो या अरब देश, इन सबकी दिली इच्छा यह है कि ईरान, सीरिया और हिजबुल्लाह (शियाओं का आतंकवादी संगठन) का गठजोड़ समाप्त हो जाए। यही कारण है कि बशरूल असद के विरोधियों को तुर्की, अरब, अमीरात, कतर और जॉर्डन से सहायता मिल रही थी। पश्चिमी राष्ट्र ईरान को कमजोर करने के लिए सीरिया को निशाना बना रहे थे। पश्चिमी राष्ट्रों की यह रणनीति है कि सीरिया के बहाने यदि ईरान औंधे मुँह गिर पड़ता है तो उनका एक बड़ा दुश्मन अपनी मौत आप मर जाएगा।

शिया-सुन्नी-कुर्द आधारित धार्मिक खेमेबंदी सीरिया के भीतर तक ही सीमित नहीं है, बल्कि फारस और संपूर्ण अरब-जगत् भी अब शिया और सुन्नी धड़ों में बँटा हुआ नजर आ रहा था। शिया और सुन्नी में विभाजित इसलामी विश्व अब दो ध्रुवों के रूप में नजर आ रहा था और विश्व शक्तियाँ इन दो ध्रुवों को अपने-अपने हिसाब से इस्तेमाल करना चाहती थीं। शिया बहुल ईरान और उसके कृपापात्र फिलीस्तीन का हमास और लेबनान का आतंकवादी संगठन हिजबुल्लाह पूरी तरह से राष्ट्रपति बशर अल असद के साथ थे। सूत्रों की मानें तो सीरियाई राष्ट्रपति की सुरक्षा ईरान के रिवोल्यूशनरी गार्ड्स कर रहे हैं और लगभग हिजबुल्लाह के 8000 छापामार सीरिया में विद्रोहियों से लोहा ले रहे हैं। हिजबुल्लाह संगठन सीरिया में राष्ट्रपति बशर अल असद की सरकार की ओर से लड़ रहा है। उनका बहुत कुछ दाँव पर लगा है। यदि सीरिया में असद सरकार

गिर जाती है तो हिजबुल्लाह लेबनान में कमजोर होगा। शुरू में शिया संगठन ने असद को समर्थन देने की बात छिपाए रखी।

सीरिया की लड़ाई में हिजबुल्लाह के शामिल होने के उद्‌देश्य रणनैतिक थे। राजनीतिशास्त्री रामी खूरी कहते हैं कि हिजबुल्लाह ईरान और सीरिया के साथ इजराइल और पश्चिम के खिलाफ मोर्चे में शामिल था। ''यदि सीरिया और असद का पतन हो जाता तो यह सीरिया और ईरान के लिए भारी झटका होता।'' इस प्रकार दूसरे देश के राजनीतिक नक्शे को बदलने की कोशिश को तेहरान, दमिश्क और हिजबुल्लाह की तिकड़ी रोकना चाहती थी। सुन्नी सऊदी अरब और कतर सीरिया में सरकार बदलवाकर शिया ईरान के प्रभाव को कम करना चाहते थे, क्योंकि सीरिया के बिना हिजबुल्लाह और ईरान अलग-थलग पड़ जाएँगे।

सीरिया में मदद पहुँचाकर हिजबुल्लाह अपनी ताकत को भी बचाए रखना चाहता था। बेरूत में अमेरिकी यूनिवर्सिटी के रामी खूरी कहते हैं कि यदि दमिश्क की सरकार का पतन हो जाता है तो हिजबुल्लाह अपने गढ़ लेबनान में भी कमजोर हो जाता। अब तक उसे सीरिया सरकार की राजनीतिक और लॉजिस्टिक मदद का फायदा मिल रहा है। दमिश्क उसे खुफिया सूचनाओं के अलावा जरूरी हथियार भी देता है। सीरिया में सरकार बदलने का असर ईरान के साथ शिया आंदोलन और हिजबुल्लाह के रिश्तों पर भी पड़ता। तेहरान ने 1982 में हिजबुल्लाह संगठन बनाने में मदद दी थी। ईरान के शिया नेताओं का अभी भी लेबनानी संगठन के राजनीतिक और सैनिक धड़ों पर बहुत प्रभाव है। सीरिया के न होने से दोनों के बीच सीधा रास्ता खत्म हो जाता। सीरिया से होकर जानेवाला रास्ता न होने पर ईरानी हथियार और लड़ाकों को लेबनान लाना बहुत मुश्किल हो जाता।

सीरिया में हिजबुल्लाह ने कितनी ताकत लगा रखी थी, यह साफ नहीं था। ये एलीट सैनिक हैं, जो पहले दक्षिण लेबनान में इजराइल के खिलाफ लड़ रहे थे। हिजबुल्लाह की भागीदारी सीरिया के गृहयुद्ध में बढ़ते सांप्रदायिक चरित्र को दिखाती है।

शिया हिजबुल्लाह और शिया ईरान के रिवोल्यूशनरी गार्ड के अलावा यमन के हौथी शिया विद्रोही भी उनके साथ लड़ रहे हैं। एक अरब अखबार में छपी खबर के मुताबिक यमन के शिया विद्रोही सीरिया में लड़ रहे हैं। वे पहले लेबनान में हिजबुल्लाह के लेबनान स्थित शिविरों में शरीक हुए, फिर हिजबुल्लाह के साथ ही सीरिया के लिए रवाना हो गए। सीरिया और यमन के शिया हौथियों का रिश्ता बहुत पुराना है। यमन की सरकार पिछले दस वर्षों से हौथीशिया विद्रोहियों से जूझ रही है। यमन सरकार से जुड़े कुछ सूत्रों का कहना है कि हौथी हिजबुल्लाह की तरह ईरान के सिपाही हैं। हौथी भी हिजबुल्लाह की तरह मानते हैं कि अल्लाह महान् है, अमेरिका का नाश हो, इजराइल

का नाश हो, यहूदियों का नाश हो और अल्लाह की विजय हो।

जहाँ तक सुन्नियों का प्रश्न है, तो वे असद को सत्ता से उखाड़ फेंकने के लिए कोई कमी नहीं रखना चाहते, यहाँ तक कि अब अलकायदा जैसे अंतरराष्ट्रीय संगठन के सहयोगी संगठनों (उदाहरणार्थ जबात-अल-नुसरा) से भी मदद लेने में संकोच नहीं कर रहे। फलतः सऊदी अरब, इराक, कतर आदि देशों से हजारों की संख्या में सुन्नी लड़ाके सीरियाई सैनिकों से लड़ने के लिए पलायन कर रहे हैं।

आई.एस.आई.एस.

सुन्नी प्रतिरोध आंदोलन में एक नया और महत्त्वपूर्ण नाम है आई.एस.आई.एस.। आई.एस.आई.एस. का गठन अप्रैल, 2013 में हुआ और ईरानी अल कायदा से अलग रहते हुए यह तेजी से बढ़ा। इसके बाद अल कायदा ने उसे अपने ग्रुप से बाहर कर दिया, पर इसके बावजूद आई.एस.आई.एस. सीरिया में सरकारी बलों के खिलाफ लड़ रहा मुख्य जिहादी समूह बन गया और इराक में तेजी से सैन्य बढ़त हासिल कर रहा है।

इस जिहादी संगठन को महत्त्वपूर्ण सैनिक सफलता मिली है। मार्च 2013 में इसने सीरियाई शहर राक्का पर कब्जा कर लिया था, साथ ही विद्रोहियों के नियंत्रण में पहली बार किसी प्रांत की राजधानी आई। इसके बाद जनवरी 2014 में इसने इराक में सुन्नी अल्पसंख्यकों और शिया की अगुआई वाली सरकार के बीच बढ़ते तनाव का फायदा उठाया और सुन्नी प्रभाववाले शहर फालूजा पर नियंत्रण हासिल कर लिया। रमादी प्रांत के एक बड़े हिस्से पर भी इसका कब्जा हो गया और तुर्की एवं सीरिया की सीमा पर कई कस्बों में इसकी मौजूदगी है, साथ ही आई.एस.आई.एस. दुनिया का सबसे अधिक नकदीवाला चरमपंथी समूह बन गया है।

शुरुआत में उन्हें कुवैत और सऊदी अरब जैसे खाड़ी देशों के अमीर लोगों के दान का ही भरोसा रहता था। ये लोग राष्ट्रपति बशर अल असद के खिलाफ लड़ाई का समर्थन कर रहे थे। आई.एस.आई.एस. अल-नुसरा फ्रंट जैसे सीरिया के दूसरे जिहादी समूहों से अलग काम करता है और दूसरे विद्रोही समूहों के साथ उसके संबंध तनावपूर्ण हैं। अल-नुसरा फ्रंट सीरिया में अल कायदा का सहयोगी संगठन है। बगदादी ने अल-नुसरा के साथ विलय की कोशिश की थी, पर यह समझौता नहीं हो सका और दोनों समूह अलग-अलग काम कर रहे हैं। अल कायदा के प्रमुख जवाहिरी ने आई.एस.आई.एस. से इराक पर ध्यान देने और सीरिया को छोड़ने के लिए कहा था, लेकिन बगदादी और उनके लड़ाकों ने अल कायदा चीफ की सलाह ठुकरा दी थी।

कुल मिलाकर तसवीर यह बन रही है कि दोनों ही तरफ से लड़नेवाले लोग सीरिया की आम जनता के बीच से नहीं हैं, बल्कि उनका संबंध किसी-न-किसी तरह

के इसलामी उग्रवादी या आतंकवादी संगठनों से है। इन आतंकी धड़ों को दोनों ही तरफ से न केवल समर्थन मिल रहा है, बल्कि उन्हें आवश्यक धन और हथियारों की आपूर्ति भी की जा रही है।

फिर अरब देशों में क्रांति होने लगी। इसकी लहर सीरिया तक पहुँची, जिसका बशर अल असद ने डटकर सामना किया। सुन्नी देश इसी की आड़ में सीरिया को हड़पना चाहते थे। इन परिस्थितियों में ईरान ने अपना धर्म निभाया और बशर अल असद की सहायता की। सीरिया में जो भयंकर युद्ध हुआ, उसमें ईरान ने खुलकर बशर अल असद का समर्थन किया। याद रहे कि सीरिया भी शिया शासनवाला देश है। इस युद्ध में सीरिया के विरुद्ध अमेरिका, सऊदी अरब और इजराइल थे, जबकि उसके समर्थन में ईरान व रूस। लेबनान का आतंकी संगठन हिजबुल्लाह भी सीरिया के समर्थन में था। यहाँ जो भी परिस्थितियाँ थीं, वे शिया-सुन्नी युद्ध जैसी थीं।

अमेरिका सीरिया पर हमला करने के लिए तैयार था, पर रूस की सक्रियता के कारण उसे निष्क्रिय होना पड़ा। तब सऊदी अरब के पास भी पीछे हटने के अलावा कोई विकल्प नहीं था। अत: इस युद्ध में शिया सीरिया सुन्नी सऊदी अरब पर विजय प्राप्त करने में सफल हो गया। सऊदी अरब इसके लिए अमेरिका को दोषी मानता है। अपनी यही खीझ मिटाने के लिए उसने सुरक्षा परिषद् की सदस्यता ग्रहण नहीं की। यही नहीं, उसने कहा कि सुरक्षा परिषद् में बैठे लोग दोहरे मापदंडोंवाले हैं। सीरिया से वे लड़ते भी हैं और ताकत से उसको दबाने का अवसर जब आता है, तो पीछे हटने से भी नहीं चूकते।

अमेरिका से सुन्नी राष्ट्रों की नाराजगी का लाभ रूस उठाना चाहता है, जो कि पिछले कुछ समय से विश्व राजनीति में फिर सक्रिय हो गया है। 1992 से पूर्व जो तेल उत्पादक देश और अन्य मुसलिम राष्ट्र सोवियत संघ के निकट थे, वह उनकी सहायता कर रहा है। जब ईरान और रूस निकट आ जाते हैं, तो एशिया में शक्ति-संतुलन बदल जाता है। ऐसा ही फिर होने लगा है। शिया देशों के सिर पर जहाँ रूस ने हाथ रख दिया है, वहीं अमेरिका ने सुन्नी देशों को अनाथ कर दिया है।

इससे संभावना है कि ये देश भविष्य में कमजोर हो जाएँगे। सऊदी अरब को सबसे ज्यादा नागवार यह बात गुजरी है कि अमेरिका भी शिया देशों से निकटता बढ़ाना चाहता है। यदि इसमें वह सफल हो गया, तो फिर सुन्नी देशों की ओर झुकना रूस की मजबूरी हो जाएगी। यदि नहीं हुआ, तो अमेरिका भी कमजोर होगा, क्योंकि शिया देश और रूस मिलकर उसको भी परेशान करेंगे।

संयुक्त राष्ट्र संघ का बनाया एक आयोग गृहयुद्ध के दौरान मानवाधिकार हनन की जाँच कर रहा है। उसके मुताबिक दोनों ही पक्ष युद्ध-अपराध में पीछे नहीं रहे। दोनों ही पक्षों पर अपहरण, हत्या, फाँसी और संरक्षित स्थलों को निशाना बनाने का आरोप

है। आयोग को सीरिया में जाने की इजाजत नहीं मिली, लेकिन चश्मदीदों से बातचीत के आधार पर आयोग ने 27 ऐसी घटनाएँ चिह्नित कीं, जिनमें सामूहिक नरसंहार हुआ। उनका मानना है कि इसमें नरसंहार की 17 घटनाएँ सरकारी सुरक्षा बलों द्वारा की गईं।

एक तिहाई सीरिया बेघर हो चुका है। 25 लाख से भी ज्यादा लोगों ने सीरिया से पलायन कर पड़ोसी देशों—लेबनान, जॉर्डन और तुर्की में शरण ली है। इसमें सबसे बड़ी संख्या महिलाओं और बच्चों की है। हाल के इतिहास में पलायन का यह बहुत बड़ा मामला है। सीरिया की सबसे बड़ी विडंबना यह रही कि वंशवाद के खिलाफ दूसरे अरब वसंत के रूप में शुरू हुआ सीरियाई जनसंघर्ष पहले क्षेत्रीय और फिर अंतरराष्ट्रीय महाशक्तियों के बीच छाया युद्ध का अखाड़ा बन गया। हालात सुधरने के बजाय और बिगड़ गए। असद तीसरी बार सीरिया के राष्ट्रपति चुने गए हैं। वे दिनोदिन कमजोर होते जा रहे हैं। उनके खिलाफ शुरू में हुए प्रदर्शन अब खो चुके हैं, उनकी जगह जिहादी शक्तियों ने ले ली है। पक्ष-विपक्ष दोनों ओर जिहादी हैं। असद के पक्ष में शिया जिहादी तो विपक्ष में सुन्नी जिहादी हैं। देश का उत्तरी इलाका करीब असद विरोधी जिहादियों के कब्जे में है। दक्षिण में भी उनका नियंत्रण कसता जा रहा है। संयुक्त राष्ट्र की रिपोर्ट के मुताबिक सीरिया के संघर्ष में अब तक डेढ़ लाख लोग मारे जा चुके हैं।

□

अल कायदा से आई.एस.आई.एस.

आई.एस.आई.एस. का राज आने के बाद खलीफा भले ही बगदादी बने हों, मगर आई.एस.आई.एस. का पितामह अबू मुसाब अल जरकावी था, जिसने उसकी रक्तरंजित विचारधारा के बीज अपने चरम हिंसक कारनामों से बोए थे। हिंसा की सारी हदें पार कर दी थीं। वह इस कदर उग्रवादी था कि अल कायदा के सुप्रीमो ओसामा लादेन को भी उसका उग्रवाद रास नहीं आता था। वह एक छोटी सी, मगर हिंसा में डूबी जिंदगी ही जिया, पर उसने अकेले ही इराक के युद्ध की दिशा बदल दी। शियाओं के लिए तो वह साक्षात् यमराज था। अल कायदा ने सारी दुनिया में जितने लोग नहीं मारे होंगे, उससे कहीं ज्यादा को जरकावी के नेतृत्व में इराक की अल कायदा ने मार दिया। उसे भी अपने बंधकों के सिर कलम कर उसके वीडियो जारी करने का शौक था। उसने अपनी जिंदगी में जो आतंक का नेटवर्क बनाया, वही अब आई.एस.आई.एस. में तब्दील हो गया है।

आई.एस.आई.एस. बीसवीं सदी के आखिरी दशक में इराकी बगावत के दौरान उभरा। यह वह समय था, जिसमें जिहादियों की ऐसी नई पीढ़ी उभरी, जो जिहादी सलफीवाद से प्रभावित थे। इन युवाओं में से एक जॉर्डनवासी जरकावी ने अपने समय के युवाओं के लिए एक ऐसी सांप्रदायिक नफरत की राह बनाई, हिंसा का ऐसा तांडव किया, जिससे आज भी लोगों की रूह काँप जाती है। कई अंतरराष्ट्रीय मामलों के विशेषज्ञ मानते हैं कि जरकावी ही इराक के इसलामिक स्टेट का स्वप्नद्रष्टा था। उसका इसलामिक स्टेट की विचारधारा में दो मामलों में बहुत महत्त्वपूर्ण योगदान है—एक, तीव्र शिया विरोध और दूसरा खिलाफत की पुनर्स्थापना पर फोकस। जरकावी और अल कायदा का इराक में रिश्ता कुछ ऐसा ही था, जैसे मुझे और नहीं, तुम्हें ठौर नहीं। अल कायदा का कायदा जरकावी पर नहीं चल पाता था, मगर अल कायदा की मजबूरी थी कि उसके पास जरकावी जैसा कोई जिहादी नेता नहीं था। इसलिए कई शिकायतें होने के बावजूद उन्होंने जरकावी को इराकी अल कायदा का नेता बना

दिया। शिया विरोधी सोच और अति उग्रवाद के कारण जरकावी का अलकायदा के नेतृत्व से टकराव हुआ, हालाँकि खिलाफत पर बल देने के अल कायदा के विचारों से वह सहमत था।

वर्ष 1966 में बगदाद में जनमे जरकावी ने बहुत कम धार्मिक या औपचारिक शिक्षा ली थी। असल में वह छोटा-मोटा गुंडा या ठग था। इसके बावजूद वह जॉर्डन में जिहाद का महत्त्वपूर्ण प्रवक्ता बना। आठवें दशक के अंत में जरकावी जॉर्डन छोड़कर अफगानिस्तान में सोवियत संघ के खिलाफ जिहाद करने निकला। वहाँ उसकी मित्रता अबू मोहम्मद अल मकदिसी से हुई, जिससे उसने सलफी जिहादवाद की शिक्षा ली। वर्ष 1994 और 1999 के दौरान जरकावी और मकदिसी जॉर्डन की जेल में एक साथ रहे, जहाँ उन्होंने जिहादी मिशनरी समूह चलाया। जेल की तमाम तकलीफों के बावजूद जरकावी एक प्रभावशाली नेता बना और उसने काफी अनुयायी बनाए। रिहाई के बाद वह अपने अनुयायियों के साथ अफगानिस्तान-पाकिस्तानवाले इलाके में लौटा। उसने वहाँ पश्चिमी अफगानिस्तान के हैरात शहर में आतंकवादियों के लिए ट्रेनिंग कैंप चलाया।

इस दौरान जरकावी की अफगानिस्तान में गतिविधियाँ आज के इसलामिक स्टेट के सैद्धांतिक अड़ियलपन की झलक देनेवाली थीं। उसने अपने को अल कायदा से दूर रखा, जिसका ठिकाना पूर्वी अफगानिस्तान में था। मिस्र के अल कायदा के कमांडर सैफ अल अदल ने यहाँ डेरा डाला हुआ था कि जिसके साथ जरकावी 1999 से 2001 के बीच सहयोग करता रहा। उसने बताया कि जरकावी का अल कायदा से थोड़ा-बहुत ही जुड़ाव था। उसने बिन लादेन के प्रति वफादारी की कोई शपथ नहीं ली थी। मकदिसी ने भी कहा था कि वह अपनी उग्र विचारधारा के कारण अफगानिस्तान में बिन लादेन से नहीं जुड़ा। अफगानिस्तान पर अमेरिकी हमले के बाद जरकावी और उसके सहयोगी ईरान के कुर्दिश क्षेत्र में चले गए और उन्होंने जमात अल तौहिद विल जिहाद समूह की स्थापना की। इसे आई.एस.आई.एस. का मूल संगठन कहा जाता है। इसका मकसद पूरी दुनिया को दारुल इसलाम में बदलकर इसलामी शरिया कानून लागू करना था।

साल 2003 में जब अमेरिकी फौज सद्दाम के शासन को उखाड़ फेंकने के बाद उसकी एक-एक निशानियाँ तबाह कर रही थीं, ठीक उसी वक्त अबू अल जरकावी की अगुवाई में संगठन ने न केवल बगदाद के संयुक्त राष्ट्र मुख्यालय पर बम फेंके, बल्कि इराकी शहर फजुल्लाह समेत उसके दूसरे हमलों में सैकड़ों लोग मारे। मौत का सौदागर जरकावी अपनी करतूतों का वीडियो भी बनाता था और उसे जारी करता था।

आखिरकार अक्तूबर, 2004 में जरकावी ने अल कायदा सरगना ओसामा बिन

लादेन के प्रति अपनी वफादारी जाहिर की और जे.टी.जे. अल कायदा इन इराक के नाम से जाना जाने लगा और उसने इराक में चल रहे गृहयुद्ध में सुन्नियों से किए जा रहे भेदभाव के नाम पर विभिन्न चरमपंथी सुन्नी गिरोहों के साथ मिलकर अमेरिका के खिलाफ मुहिम चलाई। जरकावी ने अल कायदा नेतृत्व के सामने इराक में गृहयुद्ध कराने के मकसद से इराक के शिया समुदाय को निशाना बनाने की रणनीति पेश की। 2004 में अल कायदा नेतृत्व को लिखे पत्रों में जरकावी ने शियाओं पर धार्मिक और राजनीतिक नजरिए में हमले करनेवाले पत्र लिखे, जो अमेरिका के हाथ पड़ गए। इन पत्रों में जरकावी ने शियाओं के सफाए के लिए जो दलील दी थी, वही आज भी आई.एस.आई.एस. की मुख्य दलील है। (देखें आई.एस.आई.एस. का अंक-13, जिसमें शियाओं के मामले में जरकावी को कई बार उद्धृत किया गया है)। शियाओं के बारे में जरकावी ने इब्न तमैया समेत कई सुन्नी मौलवियों के उद्धरण देते हुए कहा कि शिया गैर-इसलामी हैं। वे इसलामी इतिहास में हमेशा दोहरा खेल खेलते रहे हैं। उसने इस सिलसिले में सफविद राजवंश का उदाहरण दिया। यह राजवंश 16वीं-17वीं सदी में शियाओं में धर्मांतरित हुआ। इस तरह उसने इसलाम और मुसलिमों की पीठ में छुरा घोंपा। जरकावी ने कहा कि मौजूदा संदर्भ में शियाओं की धोखा-धड़ी की आदत मध्य-पूर्व में सुपर स्टेट बनाने की इच्छा के रूप में सामने आई है। उनकी ईरान से इराक, सीरिया और लेबनान तक फारस की खाड़ी में अलग राज्य बनाने की महत्त्वाकांक्षा बढ़ती ही जा रही है।

जब उसने यह पत्र लिखा था, तब इराक में अमेरिका सत्ता में था। तब भी जरकावी ने शियाओं को बड़ा खतरा माना। उसका कहना था क्रूसेडर ताकतें (ईसाई ताकतें) तो कल या परसों आँखों से ओझल हो जाएँगी, मगर शिया सुन्नियों के खतरनाक दुश्मन बने रहेंगे। शियाओं का खतरा ज्यादा बड़ा है, उनके द्वारा किया गया नुकसान अमेरिका द्वारा किए नुकसान से ज्यादा खतरनाक होगा। जरकावी के मुताबिक शियाओं की ऐतिहासिक नफरत को सद्भावना से नहीं जीता जा सकता।

जरकावी का विश्वास था कि शिया सत्ता हथियाने के लिए खुद ही अमरीकियों की मदद करेंगे। अपने पत्र में उसने इराक में गृहयुद्ध भड़काने और सुन्नियों को जिहाद के लिए संगठित करने के लिए शियाओं पर हमले की वकालत की थी। जरकावी का कहना था—शियाओं को राजनीतिक, धार्मिक और सैनिक तौर पर गहरे तक चोट पहुँचाने पर उनके सीने में सुलग रहे घाव बाहर आएँगे। यदि हम उन्हें सांप्रदायिक युद्ध में खींचने में कामयाब हो गए तो लापरवाह सुन्नियों को जगाना संभव होगा, क्योंकि तब वे शियाओं के हाथों मारे जाने के आसन्न खतरे को समझ पाएँगे।

जरकावी ने अपनी इस रणनीति पर इराक में पूरी तरह से अमल भी किया। अल

कायदा के दूसरे सर्वोच्च नेता अल अयमान जवाहिरी और जरकावी के पूर्व शिक्षक अबू अल मोहम्मद अल मकदिसी उसे शियाओं को निशाना बनाने के खिलाफ समझाते रहे। जवाहिरी की दलील होती थी कि आम शिया धर्मद्रोही नहीं होते, इसलिए उनसे क्यों लड़ा जाए। उन्होंने अज्ञानतावश धर्मशास्त्रीय गलतियाँ की हैं।

आज इसलामिक स्टेट जिस तरह क्रूरता और बर्बरता कर रहा है, उसे केवल युद्ध की जरूरत कहकर टाला नहीं जा सकता। दरअसल इराक और सीरिया में बहुत सारे जिहादी संगठन लड़ रहे हैं, लेकिन वे तो इसलामिक स्टेट की तरह क्रूरतापूर्ण हरकतें नहीं कर रहे। इसलामिक स्टेट ने सोच-समझकर क्रूरता और बर्बरता को अपनाया है।

इसलामिक स्टेट 2006 में अपनी स्थापना और उससे पहले, जब वह इराक में अल कायदा था, तब से ही वह इस परंपरागत समझदारी को नकारता रहा है कि सफल विद्रोह के लिए लोगों के दिल-दिमाग जीतना जरूरी है। इस बारे में अल कायदा के नेतृत्व और इसलामिक स्टेट के नेतृत्व में हुई बहस का उल्लेख करना उचित होगा।

तब इसलामिक स्टेट का नेतृत्व अल कायदा इराक में बन चुका था और अल कायदा का हिस्सा था। अल कायदा काफी खतरनाक संगठन माना जाता था, मगर इराक अल कायदा का नेता जरकावी उनसे भी ज्यादा उग्रवादी था। जब मुसलिम बहुसंख्यावाले देशों में युद्ध करने की बात आती थी, तब अल कायदा का केंद्रीय नेतृत्व जरकावी की तुलना में काफी उदारवादी नजर आता था।

जरकावी को अल कायदा का हिस्सा बनाने से पहले जरकावी से हुई बातचीत में हर बार लादेन और जवाहिरी यह पूछते थे कि उसके प्रोजेक्ट के लिए मुसलिमों का समर्थन कैसे मिलेगा? यह सवाल महत्त्वपूर्ण था, लेकिन जरकावी का नजरिया विपरीत था, वह तो मुसलिमों के एक छोटे से हिस्से के समर्थन को पाने के लिए प्रयत्नशील था। इसलिए अलकायदा के दोनों नेता जरकावी को लेने को लेकर दुविधा में रहे, लेकिन इराक में अल कायदा का कोई प्रभाव नहीं था, फिर इराक शिया-सुन्नी में बँटा हुआ था। इसलिए उन्हें लगा कि जरकावी के जरिए अवसर का लाभ उठाया जा सकता है और उन्होंने उसे अल कायदा की नए इकाई की जिम्मेदारी दी। इस तरह से इराक में अल कायदा का जन्म हुआ, लेकिन जरकावी जल्दी ही उनके लिए सिरदर्द बन गया। 2005 में उन्होंने जरकावी को कई चिट्ठियाँ लिखीं, जिनमें लिखा कि अपने क्रूर तरीकों पर नियंत्रण करे। उसमें जवाहिरी कहता है कि यह ठीक है कि तुम सरकारी अफसरों को निशाना बनाओ, लेकिन शिया नागरिकों को निशाना बनाओगे तो वे हमारा जीना मुहाल कर देंगे। इसके अलावा लोगों में छवि भी धूमिल होगी। जवाहिरी के दिमाग में लोगों में छवि का महत्त्व था। इसके अलावा जवाहिरी ने कहा कि लोगों के सिर कलम करनेवाले वीडियो जारी करना बंद होना

चाहिए। यहाँ हम बता दें कि मौजूदा इसलामिक स्टेट की तरह जरकावी भी संगठन की हिंसक करतूतों के वीडियो जारी करता था। जवाहिरी का कहना था कि इससें लोगों में छवि खराब होती है।

इसके अलावा इसलामिक स्टेट की स्थापना के बारे में लादेन और जवाहिरी ने कहा कि वे भी चाहते हैं कि इसलामिक स्टेट बने, लेकिन दोनों ने जरकावी से कहा था कि वह इस बात का ध्यान रखे कि अमरीकियों के इराक से चले जाने के बाद उसकी घोषणा हो और वह जनता के बड़े तबके का समर्थन हासिल करने के बाद बने, लेकिन जरकावी ने इसमें से कोई बात नहीं मानी। शियाओं पर हमले की मुहिम जारी रखी। कोई क्षेत्र कब्जे में नहीं होने पर भी इसलामिक स्टेट की घोषणा कर दी। इसके अलावा अपने क्रूरता की नीति भी जारी रखी।

जरकावी को इराक के अल कायदा का नेता माना जाता था। अपनी मृत्यु से पहले जरकावी ने मोहम्मद इब्न अब्द अल वहाब के एक बयान को उद्धृत किया था, जिसमें अपने अनुयायियों से इराक के शियाओं की हत्या की अपील की गई थी और उन्हें साँप कहा गया था। अल कायदा से जुड़ी एक वेबसाइट में इराक के शियाओं के खिलाफ पूर्णयुद्ध की अपील की गई थी। इसके जवाब में शिया उलेमाओं ने आत्मघाती हमलों को हराम करार दिया। इराक में लंबे समय तक दोनों समुदायों में युद्ध चला और उसमें बड़े पैमाने पर लोग मारे गए। इस कारण लोग इसे इराक का गृहयुद्ध भी कहते हैं। कई अनुमानों के मुताबिक शिया मिलिशिया संगठनों और सेना ने मिलकर एक लाख सुन्नियों की हत्या की तो सुन्नी उग्रवादियों ने डेढ़ लाख शिया नागरिकों की।

आज बगदादी ने इसलामिक स्टेट बनाया है, मगर उसकी कल्पना भी जरकावी ने की थी और उसे अल कायदा नेतृत्व के सामने उठाया था। जरकावी ने अपने कई बयानों में इसलामिक स्टेट का जिक्र किया था। अक्तूबर, 2004 में अल कायदा के प्रति अपनी वफादारी का इजहार करते हुए भी उसने लिखा था—इसलामी राज्य की स्थापना हमारे हाथों से हो सकती है। मई, 2004 में अल कायदा में शामिल होने से पहले उसने कहा था—मैं अभी इराक में साथियों के साथ इसलाम के लिए होमलैंड और कुरान के लिए राज्य स्थापित कर रहा हूँ। अल कायदा का नेतृत्व इसलामिक राज्य के मुद्दे पर विचार भी करने लगा था। इसके लिए मुजाहिदीन सूरा काउंसिल बनाई गई थी। जरकावी ने तब स्पष्ट तौर पर कहा था कि इसलामी अमीरात की घोषणा के लिए तीन महीने में माहौल अनुकूल हो जाएगा। इस तरह आज के इसलामिक स्टेट का जो सपना है, वह जरकावी की ही देन है। बगदादी का योगदान यह है कि उसने उन्हें साकार करने की हिम्मत दिखाई।

तभी 7 जून, 2006 को अमरीका के हवाई हमले में अचानक जरकावी मारा

गया। तब उसकी मृत्यु के बाद अल कायदा ने कार्यकर्ताओं से अपील की थी कि खिलाफत निर्माण की रणनीति पर बल दें।

जरकावी की मौत के बाद 13 अक्तूबर, 2006 को 'अलकायदा इन इराक' का नाम 'इसलामिक स्टेट ऑफ इराक' कर दिया गया और अबू अब्दुल्ला अल-राशिद अल-बगदादी को इसका अमीर बनाया गया। अप्रैल, 2010 में अमेरिका-इराक के एक संयुक्त ऑपरेशन में अबू अब्दुल्ला बगदादी की मौत हो गई। इसके बाद अबू बकर अल-बगदादी को इसका मुखिया बनाया गया, जिसके नेतृत्व में आई.एस.आई. ने इराक और सीरिया में अपनी जड़ें मजबूत कीं, इसलामिक स्टेट का निर्माण किया। जरकावी इसलामी उग्रवाद का कार्ल मार्क्स था तो बगदादी लेनिन।

बगदादी का असली नाम इब्राहिम अल बदरी था। उसका जन्म उत्तरी बगदाद प्रांत के प्राचीन शहर समारा में 1971 में हुआ। बगदादी बचपन से ही खोया-खोया रहनेवाला और बहुत कम तथा धीमे बोलनेवाला लड़का था। उसे किशोर के तौर पर जाननेवाले उसके पड़ोसी शरमीले और चुप्पे लड़के के रूप में ही जानते थे। फुटबॉल उसका पसंदीदा खेल था। शुरुआत में उसको लोग मोमीन कहते थे, क्योंकि जब वह स्कूल में नहीं होता, तब स्थानीय मसजिद में धार्मिक किताबों के अध्ययन में डूबा रहता था। उसके भाई शम्स का कहना है कि वह इसलामी कानूनों का पालन न करनेवालों को फटकारता रहता था। इसी इब्राहिम अल बदरी को दुनिया अबू बक्र अल बगदादी के नाम से जानती है। आज उसके पास अपने अधीन क्षेत्र में न केवल लोगों को फटकारने, वरन् सजा देने व मुकदमा चलाने के पूरे अधिकार हैं। उसके अनुयायी उसे मोमीनो का कमांडर कहते हैं। यह उपाधि मध्य-पूर्व में सर्वोच्च आध्यात्मिक और ऐहिक शासकों को दी जाती है। वह आज लाखों लोगों पर राज करता है। उनमें से कई तो उसके अंध अनुयायी हैं, लेकिन बहुत सारे लोग उसके इसलाम को न मानने के खूनी नतीजों को झेलने से डरते हैं।

गुमनामी में रहे बगदादी का 2014 में एक शैतान के रूप में उदय हुआ, जिसने दुश्मनों के सिर काटने और लोगों को जिंदा जलाने का आदेश दिया है। तब ऐसे लेख छपे कि 2003 में इराक पर अमेरिकी हमले के बाद वह उग्रवादी हो गया, हालाँकि कई अन्य लेखकों का मानना है कि अमेरिकी हमले से बहुत पहले ही वह उग्रवादी बन चुका था और उसकी विचारधारा मूलतत्त्ववाद, सद्दाम हुसैन के सेकुलरिज्म, अधिनायकवाद और उसके दूसरों पर नियंत्रण करने की इच्छा का संगम थी।

बगदादी का निम्न-मध्यमवर्गीय परिवार मोहम्मद पैगंबर का वंशज होने का दावा करता था। बगदादी ने भी उसी मसजिद में पढ़ाना शुरू किया, जहाँ उसके पिता पढ़ाया करते थे। यहाँ उसे धार्मिक मामलों पर उपदेश देने का पहला मौका मिला।

हालाँकि बगदादी परिवार धार्मिक था, मगर इस परिवार के कई सदस्य पान अरबवाद में विश्वास करनेवाली समाजवादी विचारधारा की बाथ पार्टी के सदस्य थे। यह पार्टी धार्मिक उग्रवाद को अपनी सत्ता के लिए खतरा मानती थी। बाथ पार्टी छठे दशक से सत्ता में थी और जो लोग सरकारी नौकरी पाना चाहते थे, वे इस पार्टी में शामिल हो जाते थे, भले ही उनकी विचारधारा कुछ भी क्यों न हो। बगदादी के दो चाचा सद्दाम की सेना में थे। इसके बावजूद हकीकत यह थी उनका परिवार सलफी या वहाबी था, जो इसलाम का शुद्धतावादी संप्रदाय है, जिसका जन्म सऊदी अरब में हुआ और जो बाद में सारे मध्य-पूर्व में फैला। बगदादी के समय में ज्यादातर सलफी मुसलिम शासकों की आज्ञा का पालन करने का उपदेश देते थे, मगर सद्दाम हुसैन उन्हें अपनी सत्ता के लिए चुनौती मानता था; क्योंकि वे सेकुलरिज्म के खिलाफ और इसलामी कानून लागू करने के हक में थे। सातवें दशक में सद्दाम ने कई सलफियों को जेल में भी डाला।

बगदादी ने 1976 में बगदाद विश्वविद्यालय से स्नातक की उपाधि ली। 1999 में उसने स्नातकोत्तर किया। उस दौरान उसके मामा ने उसे मुसलिम ब्रदरहुड का सदस्य बनाया। बगदादी का भाई जुम्मा भी इस आंदोलन का सदस्य था। ब्रदरहुड शरिया कानून लागू करने का हिमायती था, मगर न होने की स्थिति में कोई क्रांतिकारी कदम उठाने का पक्षधर नहीं था, लेकिन बगदादी जल्दी ही उन सलफियों के साथ हो गया था, जो यह मानते थे कि धर्म से गद्दारी करनेवाले शासकों को उखाड़ फेंकना चाहिए। वे शांतिप्रिय सलफिया के विपरीत अपने को जिहादी सलफी कहते थे।

वर्ष 2000 और 2004 के दौरान के बगदादी के बारे में थोड़ी-बहुत ही जानकारी उपलब्ध है। मसलन उसकी दो बीवियाँ थीं। वह अपने घर के पासवाली मसजिद में कुरान पढ़ाता था। इसके अलावा वह अपनी खनकती आवाज में मसजिद के लाउड स्पीकर पर अजान देता। इस दौरान भी उसका इसलामी रीति-रिवाजों के पालन करने पर जोर था। 'द टेलीग्राफ' में उसके पड़ोसियों के हवाले से छपे वाकए के मुताबिक बगदादी एक बार एक शादी की पार्टी को देखकर बहुत क्रुद्ध हो गया, क्योंकि उसमें पुरुष और महिलाएँ साथ-साथ नाच रहे थे। वह यह सब देखकर न केवल बेहद गुस्सा हुआ बल्कि उसने वह पार्टी बंद करा दी।

वर्ष 2004 में जब अमरीकियों ने सद्दाम की सेना को हराया और फिर उसे भंग कर दिया, तब बगदादी ने एक उग्रवादी समूह की स्थापना की, जिसने अमरीकी फौजों का उत्तरी और मध्य इराक में मुकाबला किया।

बगदादी के कुछ नजदीकी बताते हैं कि इराक की अमरीकी जेल ने बगदादी के उग्रवाद को तराशा। चरमपंथ की ओर बगदादी का झुकाव दक्षिणी इराक में स्थित

कैंप बक्का में चार साल अमरीकी हिरासत में रहने के दौरान हुआ। इस कैंप में अधिकांश अल कायदा कमांडरों को रखा गया था। बगदादी ने यहाँ अपने को धार्मिक गतिविधियों तक ही सीमित रखा। बुक्का की जेल के 24000 कैदियों में बहुत सारे सुन्नी थे, जिन्होंने सद्दाम की सुरक्षा सेना या खुफिया एजेंसियों में काम किया था। जब सद्दाम का पतन हुआ तो उनका भी वही हश्र हुआ। अब लंबे समय से दमन का शिकार हुए बहुसंख्यक शियाओं का जमाना आया था। नतीजतन सुन्नी अफसरों में से बहुत से लोग, जो अब तक जिहादी नहीं थे, मगर लौटते समय तक जिहादी बन चुके थे, जब उन्हें रिहा किया गया, तब तक वे टाइम बम बन चुके थे। इनमें से एक बगदादी भी था। बुक्का जेल में रहनेवाले एक कैदी ने पत्रकारों से कहा था—इराक में यदि अमेरिका की जेलें नहीं होती तो आई.एस.आई.एस. नहीं बनता। बुक्का तो उग्रवादियों की फैक्टरी थी, जिसने हम सबको बनाया। एक और कैदी ने कहा था—उसके वहाँ रहने के दौरान जेल अकादमी थी और बगदादी वहाँ की फैकल्टी था। यही वह जेल थी, जब सुन्नी जिहादी और सद्दाम हुसैन की सेना में रहे सैनिक अफसरों के बीच मेल-जेल बढ़ा।

आठ दिसंबर, 2004 को बगदादी जेल से रिहा हुआ। बाहर निकलकर वह अपने जेल के साथियों से साथ संपर्क करता रहा। उसकी रिहाई से दो माह पहले ही अल कायदा ने जिहादी मिलिशिया चलानेवाले जरकावी को अपने साथ जोड़कर इराकी अल कायदा की शाखा शुरू की थी। बगदादी निश्चित ही बुक्का जेल में जरकावी के जिहादियों से मिला होगा और वह अपने से ज्यादा उग्रवादी इस गुट से आकर्षित हुआ। इस दौरान उसने अपनी धर्मशास्त्र में पी-एच.डी. भी पूरी की। उन दिनों जिहादी संगठनों में धार्मिक स्कॉलर कम ही हुआ करते थे। इसलिए उसे सीरिया भेजा गया, ताकि अमेरिकी उसे न पकड़ पाएँ। वहाँ जाकर उसने जल्दी ही ऑन लाइन प्रचार का काम शुरू कर दिया। अक्तूबर, 2004 में जरकावी ने अल कायदा सरगना ओसामा बिन लादेन के प्रति अपनी वफादारी जाहिर की और 'जे.टी.जे. अल कायदा इन इराक' के नाम से जाना जाने लगा और इसने इराक में चल रहे गृहयुद्ध में सुन्नियों के साथ किए जा रहे भेदभाव के खिलाफ विभिन्न चरमपंथी सुन्नी गिरोहों के साथ मिलकर अमेरिका के खिलाफ मुहिम चलाई। जनवरी, 2006 में 'अल कायदा इन इराक' ने वहाँ के सुन्नी आतंकवादियों के साथ मिलकर मुजाहिदीन शूरा काउंसिल बनाई। इसके कुछ माह बाद ही जून, 2006 में जरकावी की मौत हो गई। जरकावी की मौत के बाद 13 अक्तूबर, 2006 को अलकायदा इन इराक का नाम 'इसलामिक स्टेट ऑफ इराक' कर दिया गया और अबू अब्दुल्ला अल-राशिद अल-बगदादी को इसका अमीर बनाया गया। 19 अप्रैल, वर्ष 2010 में अमरीकी सैनिकों ने सरसार क्षेत्र

में एक घर पर हमला किया, जिसमें अबू उमर अलबगदादी और अबू हमजा अल मुहाजिर मौजूद थे। हमले के बाद दोनों ओर से जबरदस्त फायरिंग होने लगी, जिसके बाद अमरीकी सैनिकों ने हेलीकाप्टर की मदद ली और अमरीकी सैन्य हेलीकॉप्टर ने उस घर पर भीषण बमबारी कर दी, जिसमें दोनों मारे गए। एक सप्ताह के बाद संगठन ने इंटरनेट पर एक बयान जारी करके अपने दोनों सरगनाओं के मारे जाने की पुष्टि की। इस घटना के दस दिन के बाद मुजाहिदीन परिषद् की बैठक बुलाई गई, ताकि अबू बक्र अल बगदादी को संगठन का मुखिया चुना जाए। उसके बाद अबू बक्र बगदादी ने जैशे अहले सुन्नत व अल जमाअत नामक संगठन का गठन किया, जिसने इराक के बगदाद, सामर्रा और दियाला में कई आतंकवादी काररवाइयाँ अंजाम दी। उसके बाद उसने अपने संगठन का मुजाहिद परिषद् में विलय कर दिया और उसके बाद एक शरिया अदालत की स्थापना की और दौलतुल इराक अल इसलामिया नामक संगठन के गठन तक उसका सदस्य बना रहा।

धीरे-धीरे अबू बक्र अल बगदादी अबू उमर अल बगदादी से निकट होता गया और मामला यहाँ तक पहुँच गया कि अबू उमर अल बगदादी ने अपनी मौत से पहले यह वसीयत की कि उसकी मौत के बाद अबू बक्र अल बगदादी उसका उत्तराधिकारी होगा। 16 मार्च, वर्ष 2010 को अबू बक्र अल बगदादी को दौलतुल इसलामिया फिल इराक का मुखिया बना दिया गया।

अबू बकर अल बगदादी के नेतृत्व में आई.एस.आई.एस. ने इराक और सीरिया में अपनी जड़ें मजबूत कीं। अप्रैल, 2013 में आई.एस.आई. ने सीरिया में भी अपने पैर फैलाए और अब नाम बदलकर 'इसलामिक स्टेट ऑफ इराक ऐंड लेवंट' (आई.एस.आई.एल.) कर दिया। यह नया नामकरण अबू बकर बगदादी की विस्तारवादी महत्त्वाकांक्षा को दरशाता है, क्योंकि इस नामकरण के द्वारा मध्य एशिया के उस क्षेत्र में फैलने की मंशा जाहिर होती है, जो पुराने समय में लेवंट (जॉर्डन, इजराइल, फिलीस्तीन, लेबनान, साइप्रस और दक्षिण तुर्की) के नाम से जाना जाता है। पूरी इसलामी दुनिया पर राज करने की उसकी महत्त्वाकांक्षा इस बात से भी जाहिर होती है कि उसने 29 जून, 2014 को खुद को इसलामी दुनिया का खलीफा घोषित करते हुए दुनिया भर के मुसलमानों से उसकी मुहिम में शामिल होने की अपील की है।

ओसामा बिन लादेन के बाद अल-कायदा के मुखिया बने जवाहिरी के वफादार नहीं थे बगदादी। जवाहिरी ने आई.एस.आई.एस. को सिर्फ इराक पर ध्यान केंद्रित और सीरिया को अल-नसरा के हवाले छोड़ने को कहा था। बगदादी और उनके लड़ाकों ने अल कायदा मुखिया की अपील को ठुकरा दिया, जिसके कारण इसलामी उग्रवादियों में उनका दबदबा बढ़ गया।

अक्तूबर, 2011 में अमरीकी अधिकारियों ने बगदादी को 'आतंकी' घोषित कर दिया था और उनके जिंदा या मुर्दा पकड़ने के लिए पर एक करोड़ डॉलर (करीब 60 करोड़ रुपए) का इनाम घोषित किया था। यह इसलामी आतंकी संगठन इराक और सीरिया के कुछ हिस्सों पर कब्जा करने के बाद क्रूरता के नए कीर्तिमान स्थापित कर रहा है। उसके नेता अल बगदादी ने खुद को खलीफा, यानी पूरी इसलामी दुनिया का शासक घोषित कर दिया। इसके बाद उसने इंटरनेट पर डाले गए वीडियो के जरिए दुनिया भर के मुसलमानों से उसका फरमान मानने को कहा और वैश्विक जिहाद का ऐलान किया। इसके पहले उसने उन तमाम देशों के खिलाफ जंग का ऐलान किया था, जहाँ मुसलमानों के अधिकारों का हनन हो रहा है। इस सूची में भारत भी है। उसने नजफ तथा करबला जैसे शिया धर्मस्थलों को नष्ट करने का लक्ष्य रखा। इस संगठन ने जिन इलाकों पर कब्जा किया, वहाँ वहशीपन और बर्बरता की कई कहानियाँ सामने आई हैं। इससे, खासकर पश्चिम एशिया और आम तौर पर सारी दुनिया के लिए कैसा खतरा पैदा हुआ है, इसका अनुमान लगाया जा सकता है। इराक और सीरिया आई.एस.आई.एस. से निपटने में नाकाम साबित हुए।

विश्व के देशों और खासकर मुसलिम देशों ने बगदादी के समर्थकों द्वारा खिलाफत की घोषणा किए जाने के नतीजों को पूरी तरह से समझा नहीं। खिलाफत की जो अवधारणा है, उसके तहत खिलाफत आई.एस.आई.एस. या किसी मुसलिम देश तक सीमित नहीं होती, वरन् यह सारे विश्व में फैली होती है। बगदादी को खिलाफत का अमीर घोषित करके आई.एस.आई.एस. ने बाकी जिहादी गुट को चुनौती दी कि या तो बगदादी के नेतृत्व को मान्यता दें, आज्ञाओं को स्वीकार करें या फिर चुनौती दें। इसलामी सोच के मुताबिक उम्माह पैगंबर द्वारा मदीना में स्थापित समुदाय के मॉडल पर शरियत के मुताबिक चलनेवाला समुदाय होता है, जिसका शासक खलीफा होता है। इसमें इस क्षेत्र में रहनेवाले यहूदी और ईसाई भी शामिल होते हैं, जो अलग रहते हैं; हालाँकि उनका दर्जा कम होता है। चूँकि खिलाफत की अवधारणा में राष्ट्रराज्य के लिए कोई स्थान नहीं है, उसकी नजर में एकमात्र वैध इकाई है सारा मुसलिम क्षेत्र।

कुरान और हदीसों में की भविष्यवाणियों पर भी बगदादी को पूरा विश्वास है, जिनके मुताबिक कयामत से पहले इसलाम और पश्चिम की सेनाओं में अतिम युद्ध होगा। बगदादी का आई.एस.आई.एस. उसी की अभी से तैयारी कर रहा है।

आई.एस.आई.एस. के मुखिया और दुनिया भर के मुसलमानों के स्वघोषित खलीफा के रूप में खुद को प्रचारित करनेवाले अबू बक्र अल बगदादी द्वारा हाल ही में अपनी जीवनी सार्वजनिक करवाई गई है। उनके साथी द्वारा लिखी गई, इस जीवनी में अबू बक्र अल बगदादी ने यह रहस्योद्घाटन किया है कि वे पैगंबर हजरत मोहम्मद के

कबीले अल-बु-बद्री से आते हैं। ऐसी खबरें हैं कि पूरी दुनिया में इसलामी खिलाफत लागू करने की लंबी तैयारियों के बीच एक रणनीति के तहत जुलाई, 2013 में बहरीनी विचारक तुर्की अल-बिनालिए से बगदादी द्वारा अपनी जीवनी लिखवाई गई, जिसमें दावा किया गया कि बगदादी दर असल इसलाम के पैगंबर मोहम्मद के वंशज हैं। इस जीवनी में कहा गया है कि बगदादी उस अल-बु-बद्री कबीले के हैं, जो पहले समारा और दियाला में रहता था। ऐतिहासिक रूप से इस कबीले के लोगों को पैगंबर मोहम्मद का वंशज माना जाता है। जैसा कि बगदादी और उनके समर्थकों का अनुमान था कि इस रहस्योद्घाटन के बाद पूरी दुनिया के मुसलमान भावनात्मक रूप से बगदादी और आई.एस.आई.एस. के साथ जुड़ जाएँगे, महज एक भ्रम साबित हुआ।

संदर्भ–

1. http://www.theatlantic.com/magazine/archive/2006/07/the-short-violent-life-of-abu-musab-al-zarqawi/304983/
2. http://english.alarabiya.net/en/views/news/middle-east/2014/07/01/How-Abu-Musab-al-Zarqawi-shaped-ISIS.html
3. http://edition.cnn.com/2016/06/29/middleeast/declassified-zarqawi-father-of-i
4. http://time.com/time-person-of-the-year-2015-runner-up-abu-bakr-al-baghdadi/
5. द इसलामिक स्टेट चार्ल्स आर लिस्टर

□

मोसुल की जीत

इराक और सीरिया दोनों देशों में चल रहे आंतरिक संघर्षों का लाभ उठाकर आई.एस.आई.एस. दोनों ही देशों की जमीन पर कब्जा कर स्वतंत्र देश के रूप में उभरा। सीरिया के गृहयुद्ध से उपजे संकट से लाभ उठाते हुए आई.एस.आई.एस. 2013 सीरिया युद्ध में कूद पड़ा और अन्य तकफीरी इसलामी संगठनों के साथ सीरिया की असद सरकार को उखाड़ फेंकने के युद्ध में जुट गया। इस कारण आई.एस.आई.एस. को सीरिया से लेकर इराक की सीमा तक अपनी गतिविधियाँ जारी रखने का अवसर मिल गया, मगर प्रतिद्वंद्वी इसलामी संगठनों के साथ उसके रिश्ते अच्छे नहीं रहे।

फ्री सीरियन आर्मी और आई.एस.आई.एल. के रिश्ते बेहद रक्तरंजित व हिंसक थे, क्योंकि आई.एस.आई.एल. ने फ्री सीरियन आर्मी से जुड़े हर गुट को धर्मद्रोही और काफिर घोषित कर दिया था, नतीजतन दोनों पक्षों में जबरदस्त हिंसक झड़पें हुईं, जिनमें सैकड़ों लोग बलि चढ़े। आई.एस.आई.एस. ने फ्री सीरियन आर्मी के विरुद्ध फतवा दिया कि यह गुट धर्मद्रोही या काफिर हो गया है और सीरिया की केंद्रीय सरकार के साथ संपर्क में है और इस फतवे को आधार बनाकर फ्री सीरियन आर्मी के लड़ाकों पर निरंतर हमले किए गए। आई.एस.आई.एस. और फ्री सीरियन आर्मी के मध्य तेल के स्रोतों, अपने नियंत्रण के क्षेत्रों में विस्तार, सीमावर्ती क्षेत्रों पर कब्जे को लेकर मुठभेड़ें हुईं। इसके चलते फ्री सीरियन आर्मी धीरे-धीरे कमजोर पड़ती गई, क्योंकि आई.एस.आई.एल. ने फ्री सीरियन आर्मी के अंतर्गत काम करनेवाले विभिन्न गुटों के ठिकानों पर कई फिदायीनी हमले किए, जिसमें फ्री सीरियन आर्मी के कई वरिष्ठ कमांडर मारे गए।

सीरिया में अलकायदा के लड़ाके नुस्रा फ्रंट के मातहत संगठित होने लगे, जिसका मुखिया अबू मुहम्मद जौलानी था। धीरे-धीरे नुस्रा फ्रंट ने अपनी ताकत में इजाफा कर लिया और कुछ ही महीनों में सरकार के विरुद्ध लड़नेवाला सबसे बड़ा सशस्त्र गुट बन गया। नौ फरवरी, 2014 को एक वीडियो फुटेज द्वारा अबू बक्र अल बगदादी ने नुस्रा फ्रंट के आई.एस.आई. में विलय की घोषणा की और इस प्रकार यह संगठन इसलामिक

स्टेट ऑफ इराक ऐंड सीरिया (आई.एस.आई.एस. या आई.एस.आई.एल.) के नाम से मशहूर हो गया, लेकिन थोड़े ही दिन के बाद नुस्रा फ्रंट के मुखिया अबू मुहम्मद जौलानी ने अपने एक आडियो टेप में आई.एस.आई.एस. के साथ अपने रिश्तों को माना, लेकिन साथ ही विलय की घोषणा के बावजूद उसने मुजाहिदीन परिषद् या उसके सदस्यों को मानने से इनकार कर दिया। उसने यह घोषणा की कि अयमान जवाहिरी के नेतृत्व में नुस्रा फ्रंट अफगानिस्तान में अलकायदा की आज्ञा पालन की प्रतिबद्धता प्रकट करता है। यहाँ पर यह बात भी उल्लेखनीय है कि आई.एस.आई.एल. और नुस्रा फ्रंट ने मिलकर कई आतंकवादी अभियानों को अंजाम दिया, किंतु बगदादी के ऐलान के साथ ही दोनों के बीच टकराव की हालत पैदा हो गई।

नुस्रा फ्रंट और आई.एस.आई.एल. दोनों ही तकफीरी इसलाम की उग्रवादी धारा को माननेवाले हैं और दोनों ही सलफी जिहादी सोच के आधार पर सीरिया में इसलामी सरकार बनाना चाहते हैं, मगर दोनों संगठनों में बहुत फर्क भी है। एक तरफ आई.एस.आई.एस. साथी इसलामी संगठनों के साथ संघर्ष करता रहा, दूसरी तरफ सीरिया सरकार के खिलाफ संघर्ष करके अपने नियंत्रणवाला इलाका भी बढ़ाता रहा।

इसके बाद अल कायदा के सुप्रीमो जवाहिरी ने आई.एस.आई.एस. के सुप्रीमो बगदादी से कहा कि सीरिया को अल नुस्रा के लिए छोड़ दे और आई.एस.आई.एस. इराक पर फोकस करे, लेकिन बगदादी ने खुलेआम अल कायदा सुप्रीमो के आदेश को मानने से इनकार कर दिया। इससे दोनों संगठनों में दुश्मनी बढ़ती गई। आई.एस.आई.एस. ने साथी संगठनों पर हमले किए। आखिर में पश्चिम समर्थक और और इसलामी संगठनों ने आई.एस.आई.एस. के खिलाफ उसके विदेशी लड़ाकुओं को बाहर निकालने के लिए संयुक्त रूप से सशस्त्र अभियान चलाया। इस लड़ाई में हजारों लोग मारे गए, लेकिन आई.एस.आई.एस. ने सीरिया में काफी इलाके पर कब्जा करने में कामयाबी हासिल की।

इराक से अमेरिकी सेना के वापस लौटने के बाद सबकुछ बदल गया। नूरी अल-मलिकी ने इराकी सरकार में शियाओं को भागीदारी देने से इनकार कर दिया। इससे सुन्नी उपेक्षित अनुभव करने लगे, जबकि शिया और कुर्द क्रमश: बगदाद सहित दक्षिण तथा उत्तर के क्षेत्रों पर नियंत्रण किए हुए थे। उपेक्षा के खिलाफ सुन्नियों ने अंबार प्रांत की राजधानी रामादी के बाहर एक महीने तक धरना-प्रदर्शन भी किया था, मगर सरकार कुछ भी सुनने को तैयार नहीं थी। तब सुन्नियों तथा इसलामिक स्टेट के बीच सहयोग बढ़ने लगा। गौरतलब है कि सुन्नी सद्दाम हुसैन को फाँसी दिए जाने से गुस्सा थे। सद्दाम हुसैन के शासनकाल में सुन्नियों को आर्थिक-राजनीतिक तौर पर ताकतवर होने का अवसर मिला था। बहरहाल इसलामिक स्टेट ने सुन्नियों के साथ गठबंधन कर इराक के कई इलाकों पर कब्जा कर लिया।

इराक के दूसरे सबसे बड़े शहर मोसुल पर कब्जा आई.एस.आई.एस. के विजय अभियान का सबसे बड़ा मोड़ था। उसके लड़ाकुओं ने 6 जून, 2014 को मोसुल पर हमला किया और चार दिन में ही शहर पूरी तरह उनके कब्जे में आ गया। यह उनके लिए भी अचरज की बात थी, जबकि उनके पास केवल 1300 सैनिक थे और इराक के पास 60000 की विशाल फौज थी, जिसमें इराक की फौज, संघीय और स्थानीय पुलिस भी शामिल थी। जिस तरह से इराक के मोसुल पर 'इसलामिक स्टेट ऑफ इराक ऐंड लेवांत' (आई.एस.आई.एल.) ने कब्जा किया, उससे पूरी दुनिया भौचक्की रह गई थी। आतंकियों के मोसुल पर कब्जा कर लेने के बाद इराक के भविष्य पर भी सवालिया निशान लग गया। कई जानकार तो इस नतीजे पर पहुँचे कि इराकी सेना लड़ने में अक्षम है। इस बात में कोई संदेह नहीं है कि इराकी सेना के पास बेहतर हथियार बहुत थे, लेकिन वह लड़ाई के लिए अच्छी तरह से प्रशिक्षित नहीं थी। इराकी सेना के लड़ाई में बेहद खराब प्रदर्शन का कारण था सांप्रदायिक ध्रुवीकरण। सुन्नी फौजी और जनरल आई.एस.आई.एल. से लड़ना ही नहीं चाहते थे। इसका नतीजा यह हुआ कि आई.एस.आई.एल. के 1300 योद्धाओं ने इराक के दूसरे सबसे बड़े शहर पर कब्जा कर लिया। गौरतलब है कि सुन्नी एवं बाथ पार्टी के बीच सहयोग विचारधारात्मक न होकर एक समान हित मलिकी सरकार को सत्ता से हटाना एवं शिया प्रभुत्व को समाप्त करने से प्रेरित था। इसी समान हित के कारण इराकी सेना के सुन्नी फौजियों ने सरकार का आदेश मानने से इनकार कर दिया। उन्होंने बड़ी आसानी से अपने तैनाती स्थलों को छोड़ दिया। इससे इसलामिक स्टेट के जिहादियों को बिना कोई बड़ा संघर्ष किए ही आगे बढ़ने का मौका मिलता चलता गया। इराक एवं सीरिया शासन के विरुद्ध आई.एस.आई.एस. की बढ़ती सफलता से विदेशी दानदाताओं का आई.एस.आई.एस. के प्रति विश्वास बढ़ा और उन्होंने भारी मात्रा में धन इस संगठन को मुहैया कराया, जिससे इस संगठन की माली स्थिति भी लगातार मजबूत होती गई।

मोसुल से आनेवाली हाल की रपटों में यह भी स्पष्ट था कि बाथ पार्टी के पूर्व सदस्यों ने बड़ी तादाद में आई.एस.आई.एल. में विलय करके शहर को कब्जाया था। इराक की फौज की हार की बहुत बड़ी वजह यह थी कि उसे भ्रष्टाचार का घुन लग गया था; क्योंकि असल में एक तिहाई सैनिक ही युद्धक्षेत्र में मौजूद थे, बाकी अफसरों को आधा वेतन देकर छुट्टी पर रहते थे। मोसुल के बाद आई.एस.आई.एल. का विजय अभियान जारी रहा। मोसुल कब्जाने के बाद, इसने तिकरित, तल अफार को भी कब्जे में कर लिया है और बगदाद से 60 मील दूर तक आ पहुँचा। इस जंग में उसने मोसुल के कई बैंकों से पैसा और सोना लूटा तथा करीब उसे 429 मिलियन नकद मिले। इस संपदा के चलते दुनिया के कई देशों से ज्यादा अमीर बन गया। इसके अलावा भारी

तादाद में सेना के अत्याधुनिक उपकरण मिले। जीत के बाद आई.एस.आई.एल. ने अपना असली चेहरा दिखाते हुए हजारों बंधक सुरक्षाकर्मियों और नागरिकों की निर्ममता से हत्या कर दी। इस बर्बरता को देखकर इराक के लोग हैरान थे। इराक के शिया सबसे ज्यादा उसकी इस घोषणा से नाराज थे कि वह बगदाद और नजफ तथा करबला के शिया मजहबी स्थानों पर कब्जा करेगा।

शिया इराक के लिए मोसुल शहर हमेशा से ही सिरदर्द रहा है। आई.एस.आई.एस. से पहले इस 20 लाख की आबादीवाले और सुन्नीबहुल शहर पर अलकायदा का दबदबा था, जब व्यापारियों-उद्योगपतियों को अपनी और अपने व्यापार की सुरक्षा के लिए पैसा देना पड़ता था। मोसुल के बाद आई.एस.आई.एस. ने टिकरित पर कब्जा कर लिया, मगर बगदाद पर हमला नहीं किया, जबकि बगदाद में लोग इस आशंका से काफी डर हुए थे कि राजधानी पर आई.एस. का हमला होने ही वाला है। बगदाद में 70 लाख आबादी शिया है, वहाँ शिया इस बात से भयभीत थे कि वहाँ शिया विरोधी आई.एस. के नियंत्रण होने पर क्या हश्र होगा, लेकिन ऐसा हमला कभी नहीं हुआ।

यों तो मोसुल में आई.एस.आई.एस. की जीत के कई कारक थे, मगर उसमें आई.एस. की चकमा देने की युद्धनीति का सबसे महत्त्वपूर्ण योगदान था।

जुलाई में आई.एस. के लड़ाकों के हाथों सीरिया की फौजों को हार का सामना करना पड़ा। अगस्त माह में उसने इराक के कुर्दिस्तान पर विजय हासिल कर ली। सितंबर में सीरिया और तुर्की से लगे सरहदी इलाके कुर्दिश कोबानी पर हमला किया। दो अलग-अलग देशों में विजय हासिल कर आई.एस. ने अपनी स्थिति मजबूत कर ली।

इराक और सीरिया में यह बागी आतंकी संगठन दिनोदिन फैलता ही गया। एक समय तो उसके कब्जे में इंग्लैंड से बड़ा भू-भाग था, जिसकी आबादी 60 लाख के आसपास थी। कुछ ही हफ्ते की लड़ाई के बाद आई.एस. ने खुद को सीरिया के विपक्ष के एक ताकतवर समूह के रूप में स्थापित कर लिया। अल कायदा के सहयोगी संगठन जब हत अल नुसरा को तेल समृद्ध क्षेत्र देर इज्जोर खदेड़ दिया।

विरोधियों की लाख कोशिशों के बावजूद खिलाफत न केवल अस्तित्व में रही, वरन् फलती-फूलती रही। कुछ समय बाद मोसुल में उसने माँग रखी कि सभी विरोधी आतंकवादी संगठन या तो खिलाफत के प्रति वफादारी की शपथ लें या अपने हथियार सौंप दें। जुलाई के शुरुआती दिनों में सद्दाम हुसैन के समय के पूर्व अफसरों को बंधक बना लिया। जिन संगठनों ने इराक के तानाशाह सद्दाम हुसैन की फोटो लगाई थी, उन्हें उसे हटाने या नतीजा भुगतने की चेतावनी दी गई।

सीरिया की उत्तरी सीमा पर कब्जे के प्रयास में आई.एस.आई.एस. के लड़ाके, हसका, कामुश्ली और इंदान क्षेत्रों में कुर्द लड़ाकों से भिड़ गए, जिसके बाद दोनों पक्षों

में भीषण युद्ध हुआ और आखिरकार आई.एस.आई.एस. के लड़ाकों ने इन क्षेत्रों पर नियंत्रण कर लिया और शरिया कानून लागू कर दिया। शरिया कानून के लागू होने के बाद आई.एस.आई.एस. की मनमानी आरंभ हो गई और उन्होंने कुर्द नागरिकों का धर्म के विरुद्ध काररवाई करने के आरोप में जनसंहार आरंभ कर दिया। आई.एस.आई.एस. ने कुर्दों पर भी विदेश से सहयोग और सीरिया की केंद्रीय सरकार के लिए काम करने का आरोप लगाया। अपने क्षेत्रों को आई.एस.आई.एस. के हाथों में जाता देखकर कुर्दों ने जबरदस्त मुकाबला किया, जिसके बाद भीषण झड़पें आरंभ हो गईं और कुर्दों ने फिर अपने क्षेत्रों पर कब्जा कर लिया। आई.एस.आई.एस. के लड़ाकों ने हलब से 120 कुर्दों का अपहरण कर लिया, जिसमें महिलाएँ और बच्चे भी शामिल हैं। इसके साथ ही उन्होंने कुर्द बहुल क्षेत्रों का घेराव कर लिया और कुर्दियों का भीषण जनसंहार किया।

मोसुल, तिकरित, फालुजा और इराक में ताल अफार; सीरिया में रक्का—तेल क्षेत्रों, बाँधों, मुख्य सड़कों और सीमा क्रॉसिंग पर कब्जा करने के बाद आई.एस. ने अपनी विजय और अपनी उपलब्धियों को और सारी दुनिया को बताने और दुनिया भर में फैले अनुयायियों का ध्यान आकर्षित करने के लिए 29 जून को इसलाम के पवित्र महीने रमजान में आई.एस.आई.एस. के प्रवक्ता अबू मोहम्मद अल अदनानी ने पाँच भाषाओं में जारी विज्ञप्ति में घोषणा की कि अबू अल बक्र बगदादी के नेतृत्व में खिलाफत की स्थापना की गई है।

इसके अलावा 'ब्रेकिंग ऑफ बाउंड्रीज' वीडियो जारी किया। एक जुलाई को एक ऑडियो बयान में खिलाफत के निर्माण का स्वागत किया। फिर 5 जुलाई को बगदादी पहली बार खलीफा के तौर पर सार्वजनिक रूप से दिखाई दिया। आई.एस. ने आडियो और वीडियो के जरिए जिस नाटकीय ढंग से घटनाक्रम को पेश किया था, उसने सारी दुनिया के मुसलिम युवाओं का ध्यान आकर्षित किया। इस दौरान आई.एस. का नियंत्रण सीरिया के अलेप्पो राज्य से 400 मील दूर इराक के सल्ह दीन प्रांत तक फैल चुका था।

नई खिलाफत का झंडा काले रंग का है। पूरी दुनिया में जिहादी संगठनों द्वारा सफेद रंग से अरबी में 'शहादा' लिखा काला झंडा इस्तेमाल किया जाता है। 'शहादा' इसलामी धर्म का मूल वक्तव्य है, जिसका अर्थ है—'कोई ईश्वर नहीं है, सिर्फ अल्लाह है और उसके पैगंबर सिर्फ मोहम्मद हैं।' उल्लेखनीय है कि पैगंबर मोहम्मद भी युद्ध में काला झंडा इस्तेमाल करते थे और उनके अधिकांश सहयोगी इसे लेकर चलते थे। हाल ही में अल कायदा और इसलामिक स्टेट जैसे चरमपंथी संगठन जिहाद में शामिल होने के प्रतीक के रूप में इस्तेमाल करते हैं। इसलामिक स्टेट का राष्ट्रगान है—मेरी उम्मा (दुनिया भर के मुसलमान) सूर्योदय हो चुका है।

इराक के कई इलाकों पर कब्जा जमाकर उसे इसलामिक राष्ट्र घोषित कर देनेवाला

आई.एस. लंबे समय तक चैन की साँस नहीं ले पाया। उसके खिलाफ खिलाफ अमेरिका ने हमले की काररवाई शुरू कर दी। अमेरिकी सेना ने उत्तरी इराक के अरबिल में आतंकवादी संगठन के ठिकानों पर हवाई हमला किया और अमेरिकी लड़ाकू विमानों ने आई.एस.आई.एस. नियंत्रित इलाकों में बम गिराए हैं। अरबिल में कुर्द लड़ाकों के खिलाफ इस्तेमाल किए जा रहे आई.एस.आई.एस. ठिकानों और हथियारों को निशाना बनाया गया है। पेंटागन के मुताबिक दो फाइटर जेट्स के जरिए कुर्दिश क्षेत्र की राजधानी अरबिल के नजदीक लेजर गाइडेड 500 पाउंड कम गिराए गए। तत्कालीन अमेरिकी राष्ट्रपति बराक ओबामा ने ह्वाइट हाउस से दिए टेलीविजन पर बयान में कहा कि इसलामिक आतंकियों को डराने और उनके आतंक के खात्मे के लिए हमला शुरू किया गया है। उन्होंने बताया कि आतंकियों के खिलाफ अमेरिका और इराक की सेना ने मिलकर संयुक्त ऑपरेशन शुरू किया है। रियर एडमिरल जॉन किर्बी ने एक बयान में कहा, ''जैसा कि राष्ट्रपति ओबामा साफ कर चुके हैं, आम नागरिकों को नुकसान पहुँचा रहे और हिंसा फैला रहे इन आतंकियों को किसी कीमत पर बख्शा नहीं जाएगा और उनका खात्मा किया जाएगा।''

संदर्भ–

1. आई.एस.आई.एस. का आतंक, पैट्रिक कॉकबर्न
2. द इसलामिक स्टेट, चार्ल्स आर लिस्टर
3. आई.एस.आई.एस., मनमोहन शर्मा, भारत नीति प्रतिष्ठान
4. राइज ऑफ आई.एस.आई.एस., जे. सेकुलोव

□

नया खलीफा

पिछली सदी में 1924 में खिलाफत खत्म हो गई थी और तब दुनिया भर के मुसलमानों को भारी सदमा लगा था और तब से खिलाफत की पुनर्स्थापना करना उनका सपना था। खिलाफत के खात्मे के तीन साल बाद 1927 में मिस्र में बने और मध्य-पूर्व के कई देशों में फैले जुझारू संगठन मुसलिम ब्रदरहुड ने भी खोई हुई खिलाफत को फिर से बनाने का लक्ष्य रखा था। वही पिछले सदी के उत्तरार्ध में बने आतंकी संगठन अल कायदा की भी खिलाफत बनाने की महत्त्वाकांक्षा थी। जिस सपने को ये दोनों जुझारू मुसलिम संगठन साकार नहीं कर पाए, उसे अल बगदादी के नेतृत्व में आई.एस.आई.एस. ने साकार कर दिखाया। दुनिया को पता ही नहीं चला कि यह संगठन कहाँ से आया और कैसे उसने खिलाफत बनाने का चमत्कार कर दिखाया। इराक के दूसरे महत्त्वपूर्ण शहर मोसुल पर कब्जा करने के बाद आई.एस.आई.एस. के नेतृत्व में बड़ी तेजी से खिलाफत की स्थापना का दुस्साहसी फैसला किया।

29 जून, 2014 में इसलामी खिलाफत की घोषणा करनेवाले इसलामिक स्टेट ने सोशल मीडिया पर जारी एक वीडियो में तमाम मुसलमानों से कहा कि वे समूह के नेता अबु बक्र अल-बगदादी के हुक्म को मानें। इसके कुछ दिनों बाद 5 जुलाई को बगदादी ने वीडियो में प्रकट होकर मोसुल में अपना 'धर्मसंदेश' सुनाया। इस भाषण में बगदादी ने कई महत्त्वपूर्ण नीतिगत घोषणाएँ कीं। काली पगड़ी और लबादा पहने बगदादी ने कहा, "मैं वली 'नेता' हूँ, जो आपकी सदारत कर रहा है। हालाँकि मैं आप सब में बेहतरीन नहीं हूँ, इसलिए अगर आप देखें कि मैं सही हूँ तो मेरी मदद करें।" उन्होंने कहा, "अगर आप देखें कि मैं गलत हूँ, तो मुझे सलाह दें और मुझे सही रास्ते पर लाएँ, और जब तक मैं खुदा के हुक्म मानता हूँ, आप मेरा मानें।"

नए खलीफा ने कहा, "अल्लाह ने जिहाद और इस्तकलाल 'सब्र' के लंबे साल के बाद आप के मुजाहिद भाइयों को जीत दी है।" सो उन्होंने खिलाफत का ऐलान किया है और खलीफा चुना है। उसने मसजिद के मिंबर 'प्रवचन-मंच' से लोगों को

संबोधित करते हुए कहा, ''यह मुसलमानों का फर्ज है, जो सदियों से छूटा हुआ था। आप इसमें मेरा सहयोग करें।''

अपने धर्म संदेश में नए खलीफा इब्राहिम ने अपनी भावी नीतियों के बारे में साफ-साफ बातें कीं और कहा वह समय दूर नहीं, जब इसलाम के मुजाहिद तौहिद का झंडा बुलंद करेंगे और अपनी तलवारों के जोर पर अल्लाह की हुकूमत और पैगंबर के सच्चे सिद्धांतों को लागू करेंगे तथा लोकतंत्र, राष्ट्रवाद और भ्रष्ट सिद्धांतों का खात्मा कर देंगे तथा एक अवाम के झंडे के नीचे सारी मुसलिम मिल्लत को एकत्र करेंगे। खलीफा ने मुसलमानों से अपील की कि वे पैगंबर की 'सुन्ना' को लागू करने के लिए इसलामी जिहाद में शामिल हों।

खलीफा बकर अल बगदादी नें शियाओं और अन्य अलपसंख्यकों के बारे में कहा कि नई खिलाफत में शिया मुसलमानों और गैर-मुसलमानों के लिए कोई स्थान नहीं होगा। उसने यह भी धमकी दी कि इराक स्थित शियाओं के सभी पवित्र तीर्थस्थानों का नामोनिशान मिटा दिया जाएगा। खास बात यह है कि नया खलीफा सुन्नियों से भी संतुष्ट नहीं है। उसने घोषणा की है, इस वक्त जो लोग काबा पर काबिज हैं, वे सच्चे मुसलमान नहीं हैं। इसलिए उनका सफाया करके काबा को उनके चंगुल से मुक्त करवाना ही नई खिलाफत का लक्ष्य है। इस तरह नए खलीफा ने सऊदी अरब के सुन्नी शासकों के खिलाफ भी जिहाद छेड़ने की घोषणा कर दी थी।

जहाँ तक भारत का संबंध है, इस नई खिलाफत के मानचित्र में संपूर्ण भारत को इसलामी खिलाफत का हिस्सा बताया गया है। नए खलीफा ने घोषणा की कि भारत सहित सभी गैर-मुसलिमों द्वारा शासित देशों का पाँच साल के अंदर संपूर्ण इसलामीकरण कर दिया जाएगा। उन्होंने दुनिया भर के मुसलमानों से अपील की कि वे इस जिहाद में भाग लें। कुरान और हदीस के अनुसार यह हर मुसलमान का धार्मिक कर्तव्य है कि वह खलीफा के आदेश का पालन करे और जो खलीफा के आदेश का पालन नहीं करता वह इसलाम से विद्रोह करता है और उसकी सजा मौत है। नए खलीफा ने यह भी घोषणा की कि भारत में जिहाद की शुरुआत कश्मीर से की जाएगी। इसके बाद सारे हिंदुस्तान को युद्ध के मैदान (दारुल हर्ब) से दारुल इसलाम कर दिया जाएगा।

रमजान के भाषण में अल बद्री ने अपने समर्थकों से पवित्र महीने में हथियार उठाने की अपील की। उसने कहा, ''अल्लाह के दुश्मन यानी काफिरों में खौफ पैदा करो और जहाँ भी मिलें, इन्हें मौत की सजा दो।'' अल-बद्री ने कहा, ''चीन, भारत, फलस्तीन, सोमालिया, अरबी प्रायद्वीप, कॉकेशस, सीरिया, मिस्र, इराक, इंडोनेशिया, अफगानिस्तान, फिलीपींस, अहवाज, ईरान, पाकिस्तान, ट्यूनीशिया, लीबिया, अल्जीरिया, मोरक्को सहित कई पश्चिमी देशों में मुसलिमों के अधिकारों का हनन किया जा रहा है। कैदियों जैसी

जिंदगी जी रहे हमारे लोग मदद की गुहार लगा रहे हैं। अनाथ और विधवाएँ अपनी दुर्दशा की शिकायत कर रही हैं। जिन महिलाओं ने अपने बच्चे खो दिए हैं, वे रो रही हैं। मसजिदों को अपवित्र किया जा रहा है और इन्हें नुकसान पहुँचाया जा रहा है।''

स्वयंभू खलीफा अबू बक्र अल-बगदादी ने फ्रांस, रूस और अमेरिका के बाद अब इजराइल को भी धमकी दे दी है। इसलामिक स्टेट ने एक नया ऑडियो जारी किया है, जिसमें बगदादी ने इजराइल को खुलेआम धमकी दी है। बगदादी ने कहा है, ''तुम ये मत समझना कि हम तुम्हें भूल चुके हैं, हम रोजाना तुम्हारे नजदीक आते जा रहे हैं, अब तुम बच नहीं सकते।'' बगदादी ने सऊदी अरब की अगुवाई में आई.एस.आई.एस. की खिलाफत कर रहे मुसलिम संगठनों को भी धमकी दी है।

बता दें कि पेरिस में हुए आतंकी हमले के बाद बगदादी गायब हो चुका था। फ्रांस, रूस और अमेरिका बगदादी के ठिकानों को निशाना बनाकर हवाई हमले कर रहे थे। कई महीनों के बाद छुपे हुए बगदादी ने सामने आकर अमेरिका, रूस और पूरे यूरोप को धमकी देते हुए कहा है कि अगर तुम लोग यहूदियों का साथ दोगे तो हम तुम सबको खत्म कर देंगे। बगदादी ने कहा है कि यहूदियों को खत्म करना इसलामिक स्टेट का पहला मकसद है।

आई.एस.आई.एस. संकट के दौरान इराक और सीरिया पर इजराइल ने हमले नहीं किए और चुपचाप बैठकर केवल तमाशा देख रहा है। ऐसे में इजराइल को धमकी देकर उकसाना इस बात का संकेत था कि बगदादी के मन में जरूर कुछ-न-कुछ चल रहा है। कुछ लोग इसे बगदादी की दुनिया भर के मुसलिमों के दिल में फिर से जगह बनाने की चाल समझ रहे थे। फिलिस्तीन पर इजराइल के हमले के बाद दुनिया भर के मुसलमान इजराइल के विरोध में इकट्ठे हो गए थे। इस वक्त दुनिया भर के मुसलमान आई.एस.आई.एस. के विरोध में इकट्ठे हो रहे हैं। बगदादी ने नफरत को प्यार में बदलने के लिए इजराइल का नाम लिया है, जो इस वक्त बिल्कुल शांत बैठा है।

बगदादी ने वीडियो में अमेरिका को भी चैलेंज करते हुए कहा है कि अगर तुम्हारे अंदर हिम्मत है तो हवाई हमला छोड़ो और जमीन पर आकर हमसे युद्ध करो। बगदादी ने कहा है कि तुम लोग जितना अधिक हमले करोगे, हम उतना ही मजबूत होंगे। याद रखो, हमारा शासन अच्छा चल रहा है।

पता नहीं खलीफा किस आधार पर कह रहा था कि उसका शासन अच्छा चल रहा है। यदि हिंसा, बलात्कार, हैवानियत का मतलब अच्छा शासन होता है तो कहना पड़ेगा कि आई.एस.आई.एस. का शासन अच्छा चल रहा है। उन्होंने जमीन के टुकड़े पर कब्जा करके अपना स्वर्ग बना लिया है, लेकिन दुनिया तो उसे नरक से भी बदतर मानती है, क्योंकि वहाँ आदमी की जान कोई कीमत नहीं है, गरिमा की तो बात जाने

ही दीजिए। शिया, ईसाई, यजीदी, असीरियन, ड्रुज और कुर्द आदि अल्पसंख्यकों का नरसंहार वहाँ का गौरवशाली रिवाज है। लाखों लोगों को अपना घर छोड़ बेघर और निर्वासित होना पड़ा है, मगर आई.एस. के लड़ाकों का मन नहीं पसीजता। यजीदियों के खिलाफ आई.एस.आई.एस. ने जो किया, वह मानवता को लजा देनेवाला है। वह अपने देश को 1400 साल पुराने गुलामी और सेक्स स्लैव, गुलामों के मेलों में होनेवाली बोली के युग में ले गया। शिया तो सबसे ज्यादा उसके निशाने पर रहे। इसलामिक स्टेट शियाओं का कब्रिस्तान बन गया है। ईसाई इराक में तो ज्यादा नहीं है, पर सीरिया में हैं, वे भी नरसंहार के शिकार हुए हैं। कुल मिलाकर इसलामिक स्टेट सुन्नियों का देश बनकर रह गया है, मगर बाकी किसी की जान की खैर नहीं। आई.एस.आई.एस. की सबसे बड़ी त्रासदी यह है कि वह ऐसा देश बनाना चाहता था, जो स्वर्ग की झलक दे सके मगर उन्होंने बनाया ऐसा देश, जो वहशीपन, बर्बरता और नृशंसता का पर्याय है। आज आई.एस. को दुनिया में जाना इसलिए जाता है कि वह हैवानियत का पर्याय बन चुका है। जब दुनिया जीवन को बेहतर बनाने के नए-नए उपाय खोज रही है, तब आई.एस.आई.एस. लोगों की जान लेने के नए-नए तरीके खोज रहा है। जिसे देखकर दुनिया भौचक्की है। जाहिर है, यह सब नए खलीफा के इशारे पर ही हो रहा होगा। लोग समझ नहीं पा रहे कि किसी भी धर्म से जुड़ा राज्य इतना क्रूर कैसे हो सकता है?

मोसुल विजय के बाद आई.एस.आई.एस. के नेता अबु बक्र अल बगदादी ने असीरियन ईसाइयों से कहा था कि या तो इसलाम कबूल कर लें या जजिया टैक्स दें या मौत की सजा झेलें, जो ईसाई इन शर्तों को नहीं मानेंगे, वे खिलाफत छोड़ दें। इसके बाद मोसुल से असीरियन ईसाइयों का पलायन शुरू हो गया। यहाँ असीरियन ईसाई 1600 सालों से रह रहे थे। आई.एस. ने राक्का सहित अन्य शहरों के लिए ऐसे ही नियम बनाए थे। इसके बाद कई धार्मिक स्थलों पर कब्जा कर लिया गया और उन्हें ढहा दिया। 7 अगस्त, 2014 को आई.एस. ने कई असीरियन शहरों—क्वाराकोश, टेल केप्पे, बरटेला और करमलिश पर कब्जा कर लिया। इसके बाद एक लाख ईसाइयों को अपना घर-बार और संपत्ति छोड़कर पलायन करना पड़ा। 22 फरवरी, 2015 को कुर्दों के हमले के दौरान आई.एस. ने 150 असीरियन ईसाइयों का अपहरण कर लिया, उन्हें लंबे समय तक बंधक बनाए रखा और उन्हें छोड़ने के बदले फिरौती माँगी। **आतंकी संगठन इसलामिक स्टेट (आई.एस.) ने 21 कॉप्टिक ईसाई बंधकों के सिर कलम करने का वीडियो जारी किया था। इन लोगों को लीबिया के आई.एस.आई.एस. के आतंकियों ने बंधक बनाया था। इस वीडियो में नारंगी रंग के लोगों को जंपसूट पहनाकर एक बीच के किनारे ले जाते हुए दिखाया गया है।**

वीडियो में नजर आ रहे आतंकियों ने अपने चेहरे नकाब से ढके हुए हैं। सभी

बंधकों को घुटनों पर बैठाने के बाद एक आतंकी ने इस घटनाक्रम को कैमरे में कैद करने का आदेश दिया है। कुछ दूरी तक चलने के बाद दूसरे आतंकियों से अलग कपड़े पहने हुआ यह आतंकी उत्तरी अमेरिका के लहजेवाली अंग्रेजी में बात कर रहा है। वीडियो में यह आतंकी कहता नजर आ रहा है, ''हम अल्लाह की कसम खाते हैं, जिस समुद्र में तुमने शेख ओसामा बिन लादेन का शरीर डाला, उसे हम तुम्हारे खून से भर देंगे।'' इसके बाद सभी बंधकों के सिर झुकाकर उनके धड़ से अलग कर दिए गए।

इन लोगों को मारने के बाद प्रमुख आतंकी उत्तर की ओर इशारा करते हुए कह रहा है, ''अल्लाह की इजाजत से हम रोम को जरूर जीतेंगे।''

मोसुल की विजय के बाद आई.एस. ने शियाओं के घरों और दुकानों को जब्त कर लिया और उन्हें देशी-विदेशी लड़ाकों को बाँट दिया। हजारों शिया मोसुल को छोड़ शहरों में भाग गए। बशीर में आई.एस. के हमले में 40 लोग मारे गए। उसके बाद सलाहुद्दीन और किरकुकगाँवों से हजारों शिया किरकुक के पड़ोसी गाँवों में चले गए। आई.एस. शियाओं को बहुदेववादी और धर्मद्रोही मानता है, इसलिए उसने निनेवाह के सभी शिया पूजास्थलों को नष्ट करने का अभियान शुरू किया।

अमेरिकी अधिकारियों का मानना है कि एक के बाद एक उसके नागरिकों की हत्या के वीडियो जारी कर आई.एस.आई.एस. पश्चिमी देशों के साथ-साथ पूरी दुनिया को अपनी ताकत दिखाना और लोगों में खौफ पैदा कर देना चाहता है, लेकिन सवाल यह है कि ये सब करने के पीछे आई.एस.आई.एस. का असली मकसद क्या है ?

आई.एस.आई.एस. का सबसे वहशियाना कारनामा लड़ाकू विमान के पायलट को जिंदा जलाकर मार डालना था, जो सीरिया में आई.एस.आई.एस. के कब्जेवाले इलाकों में बम गिराने के अभियान के दौरान पकड़ लिया गया था। उसे एक पिजड़े में रखा गया और उस पर गैसोलिन डालकर आग लगा दी गई। जॉर्डन के इस पायलट फर्स्ट लेफ्टिनेंट मोआज अल कस्बाह का विमान सीरिया के आई.एस.आई.एस. के कब्जेवाले इलाकों में बम गिराने के दौरान मार गिराया गया था।

जापान ने भी 1 फरवरी, 2015 को अपने पत्रकार केंजी गोतो की आई.एस.आई.एस. द्वारा निर्मम हत्या का वीडियो सार्वजनिक करने के बाद गुस्से और क्षोभ में प्रतिक्रिया जाहिर की। प्रधानमंत्री शिंजो एबे ने 20 करोड़ डॉलर फिरौती की रकम देने से 20 जनवरी, 2015 को इनकार कर दिया था। बाद में एबे ने कहा कि वे आतंकवादियों को कभी माफ नहीं करेंगे और अंतरराष्ट्रीय समुदाय के साथ सहयोग करके आतंकवादियों को उनकी करनी की सजा जरूर देंगे। गोतो 47 वर्ष के वरिष्ठ पत्रकार थे। वे अक्तूबर, 2014 के आखिरी दिनों में युकावा को आई.एस.आई.एस. के कब्जे से छुड़ाने के मकसद से सीरिया पहुँचे थे। युकावा को आई.एस.आई.एस. ने अगस्त, 2014 में पकड़ा

था। आई.एस.आई.एस. युकावा के बदले जॉर्डन महिला रिशावी को हासिल करने का मोलभाव कर रहा था, जिसे अम्मान के होटल में बम धमाकों के सिलसिले में सजा सुनाई गई थी। 2005 में इस धमाके में 57 लोग मारे गए थे।

सीरिया और इराकियों की एक अज्ञात संख्या, कई लेबनानी सैनिकों, कम-से-कम दस कुर्दों, दो अमेरिकी पत्रकारों, एक अमेरिकी और दो ब्रिटिश सहायता कार्यकर्ताओं, और तीन लीबियाई इसलामिक स्टेट ऑफ इराक और लेवांत को मौत की सजा दी गई है। आई.एस.आई.एल. स्थानीय आबादी को भयभीत करने के लिए सिर कलम करता है और पश्चिमी देशों को भयभीत करने के लिए प्रचार वीडियो जारी करता है। आई.एस.आई.एल. शासन ने रक्का छोड़ने की कोशिश करनेवाले 100 विदेशी लड़ाकों को मौत की सजा दी। उन्हें अपनी कब्र खोदने के लिए मजबूर किया गया।

आई.एस. का प्रशासन कैसा है, इसका सही-सही आकलन कर पाना मुश्किल है, क्योंकि उसके बारे में जानकारी केवल उन्हीं लोगों से मिल पाती है, जो वहाँ से लौटकर आते हैं। आई.एस. अपने नियंत्रणवाले इलाके में मीडिया और पत्रकारों को जाने नहीं देता। दुनिया को उसके नियंत्रित इलाके से वही खबर मिल पाती है, जो वह अपने मीडिया और न्यूज एजेंसी के जरिए दुनिया को देता है। वह जानकारी कितनी विश्वसनीय होती है, यह कह पाना मुश्किल है। दुनिया में जो आई.एस.आई.एस. के बारे में चर्चा होती है, वह उसके दिए वीडियो के आधार पर होती है और वह जानकारी कम और सोचा-समझा प्रचार ज्यादा होता है। जब तक गठबंधन का हमला शुरू नहीं हुआ था, तब तक आई.एस.आई.एस. सांगठनिक रूप से बेहद मजबूत लग रहा था। अपने कब्जेवाले इलाकों में उसका प्रशासनिक तंत्र भी बेहद मजबूत था। उत्तरी सीरिया में वह पावर लाइन और सीवेज सिस्टम तक स्थापित कर चुका था। वह किसानों और दुकानदारों पर कर लगाने के साथ ही उन लोगों पर जुरमाना लगाने का आदेश दे चुका है, जिन्होंने छोटी दाढ़ी रखी है। इराक से मोसुल बॉर्डर तक नियमित रूप से बसों की आवाजाही हो रही थी। अब गुलामों और बंदियों को मारने के साथ ही बच्चों को गुरिल्ला वार के लिए ट्रेनिंग देकर चर्चा बटोर रहा है। वहाँ के आम नागरिकों ने इन कटु सत्यों के साथ समझौता करना सीख लिया है, क्योंकि अगर वे आई.एस. के नियमों का पालन करते हैं तो आतंकी संगठन उन्हें कुछ नहीं कहता, किंतु उन लोगों की जिंदगी फिर भी शांतिपूर्ण नहीं है।

आई.एस. अल कायदा जैसे आतंकी संगठन से अलग है, क्योंकि यह सुन्नी इसलामिक स्टेट की स्थापना के लिए खून-खराबे में गहरा विश्वास रखता है और लोगों की बर्बर तरीके से हत्याएँ करता है। इसके लिए आई.एस. भौगोलिक स्थिति में बदलाव कर रहा है। जो भी इनसान पुलिस, सरकार और सेना के काम के लिए योग्य

न हो, उनकी हत्या तक कर देता है। ज्यादातर सुन्नी अरब समुदाय के लोग आई.एस. की विचारधारा से सहमत नहीं दिखते, लेकिन चोरों की पिटाई, कानून का कठोरता से पालन कराने की आई.एस. की कार्यशैली से सुन्नी अरब समुदाय उनकी व्यवस्थाओं पर निर्भर सा हो गया है।

इस वजह से ही कट्टर आतंकी संगठन आई.एस. मजबूत हो रहा है। आई.एस. बच्चों और शिक्षकों के लिए कार्यक्रमों में बदलाव कर उनके दिमाग में अपनी सोच भर रहा है। आई.एस. जनता के सामने दंड दे रहा है, जानें ले रहा है। फसलों, बिजली और पानी पर भारी टैक्स लगा रहा है। आई.एस. की पॉलिसी लोगों को भूखा रखने की है, जिससे उनकी गुलाम जनता उनके शानदार जीवन जीने का साधन बन सके। आई.एस. के अधीन रहनेवाले इलाकों के निवासियों की जिंदगी मुश्किल में बीत रही है, लेकिन कुछ लोग चाहते हैं कि जिहादी वहाँ रहें, इसकी वजह वहाँ की राजनैतिक व्यवस्था का फेल होना है। सीरिया में रहनेवाले ज्यादातर लोग असद सरकार और जिहादी विद्रोहियों के बीच पिसते हुए जिंदगी बिता रहे हैं। ऐसे लोग आई.एस. को चुनने के लिए मजबूर हैं। इराक में रहनेवाले ज्यादातर सुन्नी लोग आई.एस. पर वहाँ की शिया बहुल स्थानीय सरकार और सेना की तुलना में ज्यादा विश्वास करते हैं, क्योंकि उन्हें वहाँ ज्यादा सुरक्षा और आजादी मिलती है, उन्हें न तो गिरफ्तारी का डर है, न शोषण का, न किसी रुकावट और न ही चेकिंग का।

कई बार लोगों के दिमाग में सवाल उठता है कि एक तरफ यह आतंकी संगठन दुनिया भर के देशों के खिलाफ युद्ध लड़ रहा है, कई देशों में उसने आतंकी हमले कराए हैं, अपने विशाल मीडिया तंत्र से अपना प्रचार कर नए-नए लड़ाकुओं को दुनिया भर में लुभा रहा है। इस विशाल आतंकी तंत्र को चलाने के लिए भी विशाल राशि की भी जरूरत होती है। आखिर प्रश्न यह उठता है कि इस आतंकी संगठन को पैसा और हथियार कहाँ से आते हैं और इन आतंकियों में सबसे अमीर आतंकी संगठन कौन सा है और इसकी कमाई का जरिया क्या है ? कुछ अरसे पहले 'फोर्ब्स' मैगजीन ने दुनिया के 10 सबसे अमीर आतंकी संगठनों की सूची जारी की थी। इस सूची के मुताबिक 2 बिलियन डॉलर के टर्नओवर के साथ आई.एस. दुनिया का सबसे अमीर आतंकी संगठन है, लेकिन सवाल यह है कि दो बिलियन डॉलर आते कहाँ से हैं ?

आई.एस. ने जब इराक के दूसरे सबसे बड़े शहर मोसुल पर कब्जा किया तो उसे वहाँ के केंद्रीय बैंक में जमा 500 अरब दीनार मिल गए, जो 42 करोड़ डॉलर के बराबर हैं। इसे मिलाकर अब इस गुट के पास जिहाद के लिए करीब 2 अरब डॉलर हैं। यह धन कहाँ से आ रहा है, इस पर विवाद है। आई.एस.आई.एस. के साथ लड़ रहा सबसे बड़ा जत्था सऊदी लोगों का है। जर्मनी के माइंस यूनिवर्सिटी में अरब रिसर्च सेंटर के मायर

का कहना है कि सरकार को पता है कि जब वे वापस लौटेंगे तो उनका निशाना सऊदी सरकार होगी, लेकिन आई.एस.आई.एस. को सऊदी अरब के धनी लोगों से पैसा लगातार जा रहा है। बहुत से लोग मानते हैं कि खाड़ी देशों का पैसा कतर के जरिए आता है।

आई.एस.आई.एस. को मिल रहे धन का दूसरा स्रोत उत्तरी सीरिया के तेल भंडारों से आनेवाला पैसा है। तेल को अकसर काला सोना कहा जाता है। सीरिया और इराक के कई तेल कुओं पर आई.एस. का कब्जा है। आई.एस.आई.एस. समझ गया है कि इस स्रोत को अपने नियंत्रण में रखना होगा। उसके बाद तेल को ट्रकों में भरकर तुर्की ले जाया जाता है। यह सबसे अहम स्रोत है। कई विशेषज्ञ मानते हैं कि आई.एस.आई.एस. बहुत हद तक खुद धन की व्यवस्था करने की स्थिति में है। वह समाज के अंदर नेटवर्क बनाने का प्रयास कर रहा है, ताकि आमदनी का नियमित जरिया मिल सके।

इसका एक उदाहरण हाल ही में जीते गए शहर मोसुल में व्यवस्थित ब्लैकमेलिंग है, ''इससे छोटे कारोबारी, बड़े उद्यम और कंस्ट्रक्शन के पनियाँ और यदि अफवाहें सच हैं तो सरकारी अधिकारी भी प्रभावित हैं, इसके अलावा अनुमान है कि सीरिया के रक्का जैसे जिन इलाकों पर उसका पूरी तरह कब्जा है, वहाँ वह कर भी वसूल रहा है। माइंस के गुंटर मायर इस खबर में कोई सच्चाई नहीं देखते कि पूर्व तानाशाह के करीबी सहयोगियों से आई.एस.आई.एस. को धन मिल रहा है, क्योंकि दोनों के मकसद पूरी तरह अलग हैं। हालाँकि दोनों ही बगदाद में शिया सरकार को गिराना चाहते हैं, लेकिन बाथ पार्टी लोकतंत्र की समर्थक है, जबकि आई.एस.आई.एस. शरिया-आधारित शासन स्थापित करना चाहता है। इराक के पूर्व प्रधानमंत्री नूरी अल मालिकी ने आरोप लगाया था कि आई.एस.आई.एस. को मिली वित्तीय और नैतिक मदद के लिए सऊदी अरब जिम्मेदार है।

जर्मनी के माइंस यूनिवर्सिटी में अरब रिसर्च सेंटर के गुंटर मायर को आई.एस.आई.एस. को मिल रहे धन के बारे में कोई संदेह नहीं है। ''अब तक का सबसे महत्त्वपूर्ण स्रोत खाड़ी देशों से आ रहा पैसा था, खासकर सऊदी अरब से, लेकिन कतर, कुवैत और संयुक्त अरब अमीरात से भी।'' 'द इसलामिक स्टेट' पुस्तक के लेखक चार्ल्स लिस्टर अल मालिकी के आरोपों से इत्तेफाक नहीं रखते। वे कहते हैं, ''सार्वजनिक रूप से उपलब्ध कोई सबूत नहीं है कि किसी देश की सरकार आई.एस.आई.एस. के बनने और संगठन के रूप में उसे पैसा देने में शामिल है।''

शुरुआत में वह कुवैत और सऊदी अरब जैसे खाड़ी देशों के अमीर लोगों के दान पर ही निर्भर था। ये लोग सीरिया के राष्ट्रपति बशर के खिलाफ लड़ाई का समर्थन कर रहे थे। कहते हैं कि आज उसको पूर्वी सीरिया में अपने नियंत्रणवाले तेल के कुओं से काफी कमाई होती है। आई.एस.आई.एस. सीरिया सरकार को ही तेल बेचता है।

इसे मिल रहे धन का दूसरा स्रोत उत्तरी सीरिया के तेल भंडारों से आनेवाला पैसा है। आई.एस.आई.एस. समझ गया है कि इस स्रोत को अपने नियंत्रण में रखना होगा। उसके बाद तेल ट्रकों में भरकर तुर्की ले जाया जाता है। यह सबसे अहम स्रोत है, हालाँकि वह बहुत सस्ते में तेल बेचता है। आई.एस.आई.एस. दुनिया के कानून नहीं मानता। उसका अपना कानून है, जिसे वह अपनी ताकत के बल पर मनवाता है। एक बड़ा सवाल यह है कि आखिर उसे ताकत कहाँ से मिलती है, हथियार कहाँ से मिलते हैं और उसके तेल के खरीदार कौन हैं? दरअसल, आई.एस.आई.एस. अधिकृत क्षेत्रों से बड़ी मात्रा में तेल निकालकर बेचता है। एक अनुमान के अनुसार, वह प्रतिदिन लगभग तीन मिलियन डॉलर का तेल बेचता है। वह विश्व बाजार के मुकाबले बहुत सस्ती कीमत पर तेल बेचता है, इसलिए उसे पिछले दरवाजे से बहुत खरीदार मिल जाते हैं, जिनमें तुर्की का नाम विशेष रूप से लिया जाता है।

लेकिन जिहादियों की अर्थव्यवस्था केवल क्रूड तेल बेचकर नहीं चलती। वे अपहरण, फिरौती, उगाही, वसूली आदि का भी सहारा लेते रहते हैं। इराकी प्रधानमंत्री सऊदी अरब पर इन्हें आर्थिक मदद देने का आरोप लगाया है, लेकिन ज्यादातर विशेषज्ञ यही मानते हैं कि उनकी आमदनी बाहर से नहीं होती, वे स्वयं अपने लिए पैसा कमाते हैं। कुछ जानकारों का कहना है कि जिहादियों ने माफिया की तरह का नेटवर्क अपने जीते इलाकों में कायम किया है।

इस आतंकी संगठन की कमाई का प्रमुख जरिया इसके द्वारा कब्जा किए गए क्षेत्र के लोगों से टैक्स वसूलना, जबरन वसूली करना, लोगों की संपत्तियों पर जबरन कब्जा करना रहा है। एक अनुमान के मुताबिक इराक और सीरिया में आई.एस.आई.एस. के कब्जेवाले क्षेत्रों में करीब 60 से 90 लाख की आबादी रहती है और आई.एस.आई.एस. इन लोगों से जबरन टैक्स वसूलकर मोटी कमाई करता रहा है, लेकिन इराक और सीरिया में अब अमेरिका और उसके सहयोगी देशों द्वारा आई.एस.आई.एस. के खिलाफ की जा रही बमबारी से करीब एक तिहाई क्षेत्र इसके हाथ से निकल गए हैं, जिनमें तिरकित और बाईजी तेल रिफाइनरीज भी शामिल हैं।

- आई.एस.आई.एस. के कब्जे में कई ऐतिहासिक महत्त्व के स्थान आए हैं, जिसमें असेरियन राजा का निमरूद स्थित विशाल महल भी शामिल है, बताया जाता है कि इराक के एक तिहाई ऐतिहासिक स्थल आई.एस.आई.एस. के कब्जे में हैं। वह इन पुरातात्त्विक महत्त्व की वस्तुओं को बेचता है। यह तेल के बाद उसकी आमदनी का दूसरा बड़ा स्रोत है। रूस की एंटी ड्रग एजेंसी के प्रमुख विक्टर इवानोव के अनुसार बोको हराम आतंकी संगठन के तरह आई.एस.आई.एस. ड्रग्स को अपने इलाके से लाने, ले जाने देता है, जिससे

1 अरब डॉलर वार्षिक आय होती है।

- यह भी आरोप है कि आई.एस.आई.एस. बड़े पैमाने पर हत्याएँ करता है और उनसे मुनाफा भी कमाता है। यह भी अनुमान है कि यह संगठन मानव अंगों की तस्करी भी करता है। आजकल मानव अंग तस्करी कमाई का अच्छा-खासा धंधा है।

आई.एस.आई.एस. ने मोसुल के बैंकों से पैसा ही नहीं लूटा, अपने दुश्मनों को परास्त करके उनके हथियार भी लूटे। उसके पास आज अत्याधुनिक हथियारों का जो विशाल जखीरा है, वह उसने खुद नहीं बनाया है, बल्कि इराकी और सीरियाई सेना से लूटा है। उनके पास मिग-21 और मिग-23 फाइटर जेट हैं। मिकोयान-गुरेविच मिग-21 और 23 सुपरसोनिक लड़ाकू जेट विमान है, जिसका निर्माण सोवियत संघ के मिकोयान-गुरेविच डिजाइन ब्यूरो ने किया है। मिग-21 को 'बलालैका' के नाम से भी बुलाया जाता है, क्योंकि ये रूसी संगीत वाद्य ऑलोवेक की तरह दिखता है, जिसका आकार पेंसिल की तरह होता है। इन दोनों फाइटर जेट से किसी भी मौसम में हवाई हमलों को अंजाम दिया जा सकता है। मीडिया रिपोर्टों के मुताबिक आतंकी संगठन अपने लड़ाकों की ट्रेनिंग के लिए मिग-21 और 23 का इस्तेमाल कर रहा है। आई.एस.आई.एस. की हवाई ताकत में अत्याधुनिक सिकोरस्काई यू.एच.-60 ब्लैक हॉक हेलीकॉप्टर भी शामिल है। ये दो इंजनवाला एक यूटिलिटी हेलीकॉप्टर है। जी.पी.एस. सिस्टम से लैस हेलीकॉप्टर में एक बार में 11 सैनिक असलहों समेत सवार हो सकते हैं। युद्ध के दौरान इसे माल वाहक की तरह काम में लाया जा सकता है और हमलों के लिए भी इस्तेमाल किया जा सकता है।

धरती पर रेंगती मौत यानी युद्धक टैंकों की बड़ी तादाद आतंकी संगठन के पास बताई जाती है। इनमें टी-72, टी-62 और टी-54-55 से लेकर कई श्रेणियों के टैंक शामिल हैं। अकेले टी-72 की बात करें तो टी-62 का ही अपग्रेडेड वर्जन है। यह उड़ते हुए जेट को अपना निशाना बना सकता है। दिन-रात में किसी भी समय ताबड़तोड़ हमलों को अंजाम दे सकता है। इराकी सेना से कब्जाए गए टी-54-55 और टी-62 की बड़ी तादाद आई.एस.आई.एस. के पास है। ये तमाम रूसी टैंक अपने आप में बेजोड़ हैं, जो किसी भी वक्त लड़ाई का पासा पलटने में सक्षम हैं। हैरत की बात यह भी है कि इन टैंकों को ऑपरेट करनेवाले लड़ाके भी आतंकी संगठन के पास हैं। जो नए आतंकियों को ट्रेनिंग देने का काम भी करते हैं। इनके अलावा पैदल सेना के साथ चलनेवाले और बहूद्देशीय टैंक भी संगठन के पास हैं।

आतंकी संगठन के पास फील्डगन और मशीनगन भी भारी मात्रा में हैं। फील्ड गन ऐसी है, जिनकी मारक क्षमता टैंकों से कम नहीं है। ये एंटी एयरक्राफ्ट गन हैं, यानी

उड़ते हुए लड़ाकू विमानों को निशाना बना सकती हैं। इनमें रॉक आईलैंड आर्सनल एम-198 155-एम.एम. होविट्ज़र, टाइप-59 130S एम.एम. फील्डगन, जेड.पी.यू-1 14.5 एम.एम. एंटीएयरक्राफ्ट गन, जेयू-23-2 और जेड यू-23 एंटीएयरक्राफ्ट गन शामिल हैं। कई मशीनगन दूसरे विश्वयुद्ध की हैं, लेकिन मध्य एशिया में अब तक हथियारों के जखीरे का हिस्सा हैं। आई.एस.आई.एस. के पास 1938 के रूसी मॉडल की हैवी डी.एस.एच.के. हैं, जिसे एच.एम.जी. भी कहते हैं। पी.के.एम. मशीनगन भी संगठन ने इराकी सेना से लूटी हैं। इसके अलावा हलकी मशीनगन आर.पी.के. एल.एम.जी. भी है। राइफलों की बात करें तो एके-47 लेकर हर श्रेणी की अत्याधुनिक स्निपर राइफलें आतंकियों के हाथ में हैं।

भारी-भरकम मिसाइलों को ढोने और उन्हें लॉञ्च करनेवाले मिसाइल कॅरियर भी आतंकी फौज के पास हैं। इनमें एस.ए.-6 गेनफुल शामिल है। इस रूसी मिसाइल लॉञ्चर को 2 के 12 कब भी कहते हैं। इसके अलावा एस.एस.-1 स्कड 9पी117 एस.एस.एम. भी शामिल है।

ये मिसाइल कॅरियर हालाँकि काफी पुराने हैं, लेकिन इनसे एक बार में तीन-तीन मिसाइलों को लाने, ले जाने का काम किया जा सकता है। इसके अलावा ये रडार सिस्टम से लैस हैं, जिससे कोसों दूर से दुश्मनों की हलचल का अंदाजा लगाया जा सकता है। जरूरत पड़ने पर कहीं भी ले जाकर मिसाइलों को लॉञ्च किया जा सकता है। जहाँ तक रॉकेट लॉञ्चरों की बात है, आतंकियों के हाथों में जनरल डायनामिक्स और रेयथिओन एफ.आई.एम.-92 स्टिंगर एस.ए.एम., आर.पी.जी.-7 ए.टी., एम.79 ओसा वास्प, नोरिंको एच.जे.-8 जैसे अत्याधुनिक रॉकेट लॉञ्चर हैं।

इन्हें कंधों पर लादकर हाथों से चलाया जा सकता है। कह सकते हैं कि ये कंधों से चलाई जानेवाली मिसाइलें हैं, जो उड़ते हुए हेलीकॉप्टरों और लड़ाकू विमान को गिराने में सक्षम हैं।"[1]

लूट के पैसे और लूट के हथियारों से आई.एस.आई.एस. की हत्यारी व्यवस्था कुछ अरसे तक तो चलती रही, पर जल्दी ही उसकी उलटी गिनती शुरू हो गई।

संदर्भ–

1. http://www.newsjs.com/url.php?p=http://www.amarujala.com/news-archives/crime-archives/weapons-of-isis-hindi-news

□

अल्पसंख्यकों का नरसंहार

नए खलीफा का कहर सबसे ज्यादा शियाओं, ईसाइयों और वहाँ के कबीलाई यजीदियों पर बरसा। यजीदी उत्तर-पश्चिमी इराक, उत्तर-पश्चिमी सीरिया और दक्षिण-पूर्वी तुर्की में छोटे-छोटे समुदायों में रहते रहे हैं। आई.एस. ने अपने इलाके के यजीदियों के नरसंहार में सारी हदें पार कर दीं। दो हजार यजीदी पुरुषों का कत्लेआम किया, एक हजार से ज्यादा बच्चों को मार डाला। सैकड़ों यजीदी महिलाओं को बंधक बना लिया, ताकि उन्हें चरमंपथी लड़ाकों को बेचा जा सके या उनके साथ शादी कराई जा सके। आई.एस. इराक में सैकड़ों यजीदियों का जबरन धर्म-परिवर्तन करवाकर उन्हें मुसलिम बनाने की कोशिश करता रहा। उसके द्वारा जारी एक वीडियो में एक आतंकी अरबी भाषा में कहता दिखता है, ''हमने कई यजीदी पुरुषों, महिलाओं और बच्चों को इसलाम कबूल करवाया है और वे सभी खुश हैं।'' आतंकी ने कहा, ''हम सभी यजीदियों को सलाह देते हैं कि वे सिंजार पर्वत से नीचे उतर आएँ और धर्म-परिवर्तन कर लें। अगर वे पहाड़ पर रुके रहेंगे तो भूख और प्यास से मर जाएँगे। पश्चिमी देशों से मिल रही मदद सिर्फ छलावा है। अगर यजीदी धर्म-परिवर्तन कर लेते हैं तो हम उन्हें सबकुछ देंगे। अभी आप लोग काफिर हो। जब आप मुसलिम बन जाओगे, तो आपको सारे अधिकार मिल जाएँगे।''

मोसुल के पश्चिम में कोह संजारा के समीप यजीदिया कौम की 150 महिलाओं को केवल इसलिए मार दिया गया, क्योंकि उन्होंने जेहादियों से जबरन शादी करने से इनकार कर दिया। इससे पूर्व मोसुल शहर में 700 यजीदी महिलाओं को सरे बाजार बोली लगाकर बेच दिया गया। एक वीडियो में इन महिलाओं को जानवरों की तरह जंजीर में बाँधकर हाँकते हुए दिखाया गया था।

आई.एस. ने सीरिया और इराक में रहनेवाले निरीह यजीदी संप्रदाय पर धर्मांतरण के लिए जो अत्याचार किए हैं, उनसे किसी भी व्यक्ति के रोंगटे खड़े हो जाएँगे। आई.एस. के आतंकियों ने हजारों निर्दोष और मासूम यजीदियों की निर्मम हत्या की। पुरुषों की

हत्या से पूर्व उनकी महिलाओं और बच्चियों से ये आई.एस. के आतंकवादी सामूहिक बलात्कार करते और इस शर्मनाक दृश्य को देखने के लिए इन अबलाओं के परिवारजनों को बंदूक की नोक पर मजबूर किया जाता। सामूहिक बलात्कार के बाद मर्दों और लड़कों को गोली मार दी जाती, जबकि महिलाओं, किशोरियों और बच्चियों को गुलाम बनाकर बाजारों में भेड़-बकरियों की तरह बेचा जाता।

आई.एस. का रोंगटे खड़े कर देनेवाला क्रूर मामला तब सामने आया, जब आई.एस. के कब्जेवाले इराक के मोसुल में आतंकवादियों ने 19 यजीदी लड़कियों को जिंदा जला दिया। लड़कियों का कसूर इतना था कि उन्होंने आई.एस. आतंकियों की सेक्स गुलाम बनने से इनकार कर दिया था, जिसके बाद उन सभी लड़कियों को लोहे के पिंजड़े में बंद कर एक साथ आग के हवाले कर दिया गया। इस वारदात के चश्मदीद ने बताया कि मोसुल में आई.एस. आतंकियों ने इस वारदात को अंजाम सैकड़ों लोगों के सामने दिया। इस क्रूर सजा से उन्हें बचाने के लिए कोई कुछ नहीं कर पाया।

अगस्त, 2014 में आई.एस.आई.एस. ने नॉर्दर्न के यजीदी इलाके शिंगले पर हमला कर दिया था। इसके बाद 4 लाख से ज्यादा लोगों को दोहुक, इरबिल और कुर्दिस्तान के इलाकों में भागना पड़ा। वहीं लोकल मिलिट्री सूत्रों के मुताबिक, इन हमलों में सैकड़ों लोगों की मौत हुई और कइयों को अगवा कर लिया गया। आतंकियों ने करीब 3000 यजीदी लड़कियों को सेक्स स्लेव बनाने के लिए अगवा किया।

खास बात यह है कि इस दरिंदगी को कुरान और हदीस के अनुसार ये जिहादी उचित ठहराते हैं। उनका कहना है कि कुरान के अनुसार गैर-मुशरिक (गैर-मुसलमान) महिलाएँ और लड़कियाँ इसलाम के जिहादियों की संपत्ति होती हैं। उनसे बलात्कार करने और उन्हें दासियों के रूप में बेचने की अनुमति हदीस और कुरान ने दे रखी है। इन दरिंदों की नजर में 6-6, 7-7 वर्ष की बच्चियों के साथ सामूहिक बलात्कार करना इसलाम के अनुसार जायज है। इन बेचारी लड़कियों को अत्याचार का शिकार बनाने के मामले में भी वे कुरान और हदीस की दुहाई देते हैं। उनके अनुसार कुरान पाक की स्पष्ट शब्दों में अनुमति है कि गुलाम औरतों से उनके मालिक न सिर्फ बलात्कार कर सकते हैं, बल्कि उन्हें जो चाहे सजा दे सकते हैं और इस सजा के दौरान इन बेचारियों की मौत हो जाए तो वह भी इसलाम के अनुसार जायज है।*

आखिर कौन हैं यह यजीदी, जो इन इसलामी जिहादियों की दरिंदगी का इस तरह से शिकार हुए?

मोर-गरुड़ की पूजा, माथे पर टीका और दीप जलाने का उत्सव, यह दृश्य आपको विश्व के किसी भी कोने में दिखलाई पड़े तो आपके मुँह से यह चीख निकल पड़ना स्वाभाविक है कि यह तो सब मेरे देश भारत की सांस्कृतिक धरोहर है। यदि यह सब

हिंदुस्तान और हिंदू समाज का अंग है, तब तो उन लोगों के प्रति संवेदना प्रकट करना हमारा धर्म हो जाता है। उस क्षेत्र के सात लाख लोग, जिन्हें यजीदी कहा जाता है और वे मौत व जीवन के बीच झूल रहे हैं, उन्हें हिंदुस्तान नहीं बचाएगा तो फिर उनकी रक्षा कौन करेगा ?[1]

यज्ञ उनके जीवन का महत्त्वपूर्ण संस्कार था, इसलिए वे यज्ञ करनेवाले यज्ञदी के नाम से ही प्रसिद्ध हुए। सीरिया के इस क्षेत्र में आज जाकर देखेंगे तो हवनकुंड की भरमार दिखलाई देगी। शायद ही कोई बस्ती हो, जिसके पास यज्ञ के स्थान की व्यवस्था न हो। वे उत्तरी इराक के निवेव, जिसका शुद्ध नाम निवेवेह है, उसके राज्य सिंजर की घाटी में बसे हुए हैं। यहाँ के जिहादियों का इन पर आरोप है कि वे मूर्तिपूजक हैं, इसलिए इसलाम उनकी हत्या की आज्ञा देता है। आज भी इन यज्ञवादियों के मंदिरों की दीवारों पर इस प्रकार के दीयों का चित्र है, जो किसी स्टैंड पर लगाए गए हों। भारत के दीपस्तंभ से ये मिलते-जुलते हैं। इन पर मोर और गरुड़ के चित्र हैं। ललिश स्थित यज्ञवादियों का एक मंदिर, जो भारतीय मंदिरों के आकार का है, वह आज भी वहाँ देखा जा सकता है। त्रिकोण आकार के मंदिर नीचे से चौड़े हैं, जो ऊपर जाते हुए अंत में बिल्कुल एक हो जाते हैं। उन पर ध्वज पताका फहराई जाती होगी, यह स्पष्ट दिखलाई पड़ता है। भारत के सामान्य मंदिरों के ही आकार-प्रकार का यह मंदिर है। इनकी महिलाएँ साड़ी धारण करती हैं और सिर खुला रखती हैं। मोर और गरुड़ दोनों ही सीरिया एवं इराक की जलवायु के पक्षी नहीं हैं, इसलिए यह कल्पना करनी पड़ती है कि भारतीय जीवन पद्धति और हिंदू विचारधारा का इन पर जबरदस्त प्रभाव है।[2]

इसमें संदेह नहीं है कि उनकी कुछ परंपराएँ हिंदू पद्धति से जुड़ी हैं। भारत के विशेषज्ञों और इतिहास का अध्ययन करनेवालों को शायद यह बात मालूम भी हो, लेकिन आम पाठक शायद इन बातों को न जानते हों। यजीदी लोगों के संदर्भ में विश्व के अलग-अलग ज्ञानकोशों में भी उल्लेख है कि उनकी आध्यात्मिक परंपराएँ हिंदू आस्था से जुड़ी हैं, उनमें खासकर सूर्योपासना का महत्त्व है। उनके साहित्य में अनेक स्थानों पर पुनर्जन्म का उल्लेख है। उनके इलाके यानी उत्तरी इराक में 'मिथ्रीजम' नामक एक परंपरा है। अध्ययनकर्ताओं का मत है कि उन परंपराओं का कुछ हिस्सा वैदिक सभ्यता से जुड़ा है। यद्यपि इराक में 'मिथ्रीजम' शब्द प्रयुक्त होता है, पर उसका उद्यम संस्कृति के 'मित्र' शब्द में है। मित्र का वेद अथवा गीता में अर्थ सूर्य है। सूर्यनमस्कार में पहला शब्द ही 'मित्राय नम:' है। उस इलाके में जो शब्द प्रचलित है, उसमें 'मित्रता' का अर्थ है—पालन करनेवाला सूर्य।[3]

यजीदी धर्म प्राचीन विश्व की प्राचीनतम धार्मिक परंपराओं में से एक है। बारह सौ साल पहले यजीदी धर्म के लोग इराक, तुर्की, लेबनान में बहुसंख्यक थे। उनका ही

यहाँ राज था। फिर इसलाम का आगमन हुआ। पहले एक मुसलिम ने इबादत करने के लिए एक मसजिद बनाने के लिए जगह माँगी। यजीदी राजा ने बसरा शहर के बाहर उन्हें एक जगह दे दी, फिर वही यजीदी सिकुड़ते-सिकुड़ते मात्र एक शहर में कुछ हजार बचे और आज उन्हीं मुसलिमों के अत्याचारों से त्रस्त होकर एक पहाड़ी पर शरण के लिये हुए हैं, भूखे प्यासे, कोई पूछनेवाला नहीं।

यजीदियों पर हालाँकि अंग्रेजी में बहुत साहित्य उपलब्ध नहीं है, मगर फ्रांसीसी और जर्मन विद्वानों ने इस संप्रदाय पर काफी जानकारी संगृहीत की है। उनके बारे में दर्जनों पुस्तकें इन दोनों भाषाओं में उपलब्ध हैं। इन पुस्तकों में यह दावा किया गया है कि यजीदी मूल रूप से हिंदू हैं। इनका मूल स्थान कभी भारतभूमि था। हजारों वर्ष पूर्व विदेशी आक्रांताओं ने उन्हें मातृभूमि से पलायन करने के लिए विवश किया। इसके बाद ये लोग एशिया और यूरोप के अनेक देशों में दर-दर भटक रहे हैं। इस संप्रदाय को एशिया और यूरोप की अधिकांश सरकारें अपने नागरिक अधिकार तक प्रदान करने के लिए तैयार नहीं हैं। इस संप्रदाय के खिलाफ मुसलिम जगत् में घृणा पैदा करने के लिए शताब्दियों से इनके खिलाफ दुष्प्रचार किया जा रहा है कि ये यजीदी के वंशज हैं। इन बेचारों का खलीफा यजीदी से दूर-दूर तक कोई नाता नहीं है। यजीदी वह खलीफा है, जिसके आदेश पर करबला के मैदान में हजरत मोहम्मद के नातियों—हसन, हुसैन और अब्बास आदि के परिवारों को एक-एक बूँद पानी के लिए तड़पाकर शहीद किया था। इसलिए यजीदियों के प्रति मुसलमानों में भारी घृणा की भावना है। इसके अतिरिक्त इसलामी जिहादियों द्वारा शताब्दियों से यह झूठा प्रचार किया जा रहा है कि यह यजीदी संप्रदाय शैतान का उपासक है। हालाँकि यह सब सरासर झूठा प्रचार है और इसका लक्ष्य हर मुसलमान की नजर में इस संप्रदाय को घृणा के पात्र के रूप में पेश करना है, ताकि इसलामी दरिंदों द्वारा इन पर ढहाए जानेवाले अत्याचारों के खिलाफ कोई मुसलमान आवाज न उठाए। यजीदियों के इतिहास के अनुसार 72 बार उन्हें सामूहिक नरसंहार का सामना करना पड़ा। धर्मांतरण न करने के कारण विभिन्न विधर्मी शासकों ने उनके लाखों साथियों को मौत के घाट उतार दिया। सद्दाम हुसैन के शासनकाल में भी सद्दाम ने यजीदियों के धर्मांतरण का अभियान चलाया था। इस अभियान के तहत इसलाम धर्म स्वीकार न करनेवाले 20 हजार यजीदियों को सद्दाम के शासकाल में जहरीली गैस द्वारा मौत के घाट उतारा था और 50 हजार यजीदी इराक से अपनी जान बचाकर सीरिया चले गए थे। विश्व के समाचार-पत्रों में कुर्दों के नरसंहार की तो खूब चर्चा हुई, मगर यजीदियों के नरसंहार के बारे में मीडिया ने जान-बूझकर उपेक्षा की। उनका आरोप है कि मुसलमान हो या ईसाई, दोनों यजीदियों को पसंद नहीं करते। इन दोनों संप्रदायों के शासकों का यह प्रयास रहा है कि यजीदी अपने प्राचीन धर्म को छोड़कर ईसाई या मुसलमान बन जाएँ।[4]

बाद में आई.एस. आतंकवादियों की गिरफ्त में फँसी यजीदी लड़कियों के बारे में रोज एक दिल दहलानेवाली कहानी सामने आती रही। 17 साल की एक यजीदी लड़की ने खुलासा किया कि कैसे कुँआरी लड़कियों की नीलामी की जाती है, कैसे अलग-अलग लोग उनका बलात्कार करते हैं। वह लड़की अल रशिया नाम के आतंकवादी के बच्चे की माँ बननेवाली थी।

उस लड़की ने कहा कि उसका हर दिन 'मौत और मौत' के बीच में एक चुनाव होता था और आतंकवादी तथा उनके बॉडीगार्ड्स उसका हर रोज बलात्कार करते थे। उसने कहा कि उसका गैंगरेप किया गया, उसे चाबुक से मारा गया और यहाँ तक कि जब उसने आई.एस. आतंकवादियों की विकृत सेक्स इच्छाओं की पूर्ति में आना-कानी की तो उसकी जाँघ पर खौलता हुआ पानी डाल दिया गया। अपनी यातनाओं के बारे में उसने कहा कि उसका मालिक अल रशिया और उसका बॉडीगार्ड उसका शोषण करता था। उसने कहा, "जब भी अल रशिया उसके साथ सेक्स करता था, उसकी बुरी तरह पिटाई भी करता था और कोई-न-कोई दूसरा पुरुष जरूर उसके साथ होता था।"

उस लड़की का अपहरण कर लिया गया था और फिर दर्जनों लड़कियों के साथ उनका अमानवीय तरीके से वर्जिनिटी टेस्ट किया गया। उसके बाद उन वर्जिन लड़कियों को एक कमरे में ले जाया गया, जहाँ 40 आतंकवादी मौजूद थे। उसमें से चेचेन्या के रहनेवाले अल रशिया ने उसे, उसकी 10 साल की बहन और दो अन्य लड़कियों को दस मिनट के अंदर खरीद लिया। हर सुबह अल रशिया लड़कियों को नंगा कर देता और उसके बाद वह उनको सूँघता था। फिर वह तय करता था कि उसे उस दिन किसके साथ सेक्स करना है। बची हुई लड़कियों पर उसके बॉडीगार्ड कब्जा कर लेते थे, लेकिन उन लड़कियों को वहाँ से तब भागने का मौका मिल गया, जब इस साल अप्रैल में अल रशिया और उसके बॉडीगार्ड मारे गए।

इसलामिक स्टेट के दरिंदे किसी पर रहम नहीं करते। वे अपने हर काम की पूरी कीमत वसूलते हैं। आई.एस. के आतंकियों ने 10 महीने से बंधक बनाए गए 216 लोगों को रिहा कर दिया, लेकिन रिहाई की हकीकत अब सामने आई है। रिहाई के बाद उनके साथ वह सलूक हुआ, जो शायद नर्क में भी नहीं होता होगा। बंधकों में जितनी खूबसूरत लड़कियाँ थीं, उन्हें जिंदा लाश बनाकर वापस भेजा गया है।

इराक के अल्पसंख्यक यजीदी समुदाय के लोग जुलाई, 2014 से इसलामिक स्टेट के बंधक थे। तमाम कोशिशों के बावजूद आई.एस. आतंकियों ने यजीदी समुदाय के 216 लोगों को रिहा कर दिया, लेकिन रिहाई के बाद इन लोगों ने अपनी जो आपबीती सुनाई, उसे सुनकर सबकी रूह काँप सकती है। आई.एस. आतंकियों के 216 बंधकों में से यजीदी समुदाय की 55 लड़कियों ने पिछले 10 महीने में जो देखा है, उसे सिर्फ

और सिर्फ नर्क ही कहा जा सकता है। आई.एस. के कब्जे से आजाद हुई लड़कियों के मुताबिक उन्हें बार-बार गैंगरेप का शिकार बनाया गया। किसी कमरे में नहीं, बंद दरवाजे के भीतर नहीं, बल्कि सरेआम लड़कियों के साथ गैंगरेप किया गया। कभी दो तो कभी तीन-तीन दरिंदों ने उनके साथ बलात्कार किया। उनके अपनों के सामने, बंधकों के शिविरों में उन्हें वहशीपन का शिकार बनाया गया। आई.एस. के दरिंदों ने 10 महीने तक यजीदी लड़कियों को सेक्स गुलाम बनाकर रखा।

□

जुलाई 2014 में इन बंधकों को सिंजर इलाके से बंधक बनाया गया, इसके बाद इन बंधकों को आई.एस. के दरिंदे अपने इलाकों में ले गए। इनमें ज्यादातर बुजुर्ग और बच्चे थे। उनके साथ तो सिर्फ मारपीट की गई, उन्हें प्रताड़ित किया गया, लेकिन 55 महिलाएँ और लड़कियों के साथ इसलामिक स्टेट ने दरिंदगी की सारी हदें पार कर दीं। उनके साथ दस महीनों तक गैंगरेप किया गया। इन बंधकों को छुड़ाने में राइज फाउंडेशन नाम की संस्था ने अहम भूमिका निभाई। बंधकों को छुड़ाने के लिए एक बड़ा सौदा किया गया। इसके लिए आई.एस. को भारी रकम चुकाई गई। जिन बंधकों के बदले आतंकी दरिंदों ने भारी रकम उगाही है, उसके साथ सेक्स गुलाम जैसा व्यवहार किया गया। यजीदियों को इसलामिक स्टेट शैतान का पुजारी मानता है। इराक, सीरिया और तुर्की की सीमा पर बसनेवाले यजीदी समुदाय के साथ पहले भी कई बार दरिंदगी की गई है, लेकिन इस बार तो इन जीते-जागते शैतानों ने सारी हदें पार कर दीं। बंधक बनाई गई यजीदी लड़कियों में से कुछ को इनाम के तौर पर भी बाँटा गया। आई.एस. के जिस लड़ाके ने ज्यादा दरिंदगी दिखाई, उसे इनाम के तौर पर यजीदी लड़कियों को गिफ्ट किया जाता था, यहाँ तक कि आई.एस. की मदद करनेवाले अरब कबीलों को भी लड़कियाँ भेंट की गईं। एन.जी.ओ. के एक अधिकारी के मुताबिक बार-बार हुए बलात्कार और टॉर्चर की वजह से कुछ लड़कियाँ मानसिक संतुलन खो चुकी हैं।

आतंकी संगठन आई.एस.आई.एस. इराक के नक्शे से यजीदियों का नाम तक मिटा देना चाहता है। यजीदी का कहना है, "उनका किया गया ये 74वाँ नरसंहार है।" उन्हें आशंका है कि जल्द ही यजीदियों का मिडिल-ईस्ट से सफाया हो जाएगा। एक यजीदी का कहना है, "आई.एस.आई.एस. के आतंकी महिलाओं के साथ जबरदस्ती कर रहे थे। वे महिलाओं और लड़कियों को जबरदस्ती ले जा रहे थे। मैंने देखा, एक 60 साल का आदमी आया और 17 साल की लड़की को ले गया। आई.एस. के आतंकी दिन में 3-3 बार आते थे और जबरन लड़कियों को उठाकर ले जाते थे।" पीड़ित यजीदी लड़की कहती है, "हम पूरी रात में सिर्फ 1 घंटे ही सो पा रही थी। आई.एस. के आतंकी लड़कियों को ले जा रहे थे और उनके साथ बलात्कार कर रहे थे।" इराक के शिंजर

इलाके पर आई.एस.आई.एस. ने अगस्त में हमला कर दिया। मकसद था यजीदियों के अस्तित्व को जड़ से मिटा देना। दरअसल पहाड़ों से घिरे शिंजर इलाके में यजीदी रहते हैं और यजीदियों का होना ही आई.एस.आई.एस. को बिल्कुल पसंद नहीं आता। लिहाजा आई.एस.आई.एस. ने इस इलाके में हमला कर भयंकर मारकाट शुरू कर दी।

पेशे से शिक्षक जूली एक यजीदी हैं। जूली अपने समुदाय की मदद के लिए एक एन.जी.ओ. से जुड़ गईं। जूली कहती हैं, ‘‘क्योंकि हम किताबों में पाए जानेवाले लोग नहीं हैं और उनकी नजरों में हमें जीने का कोई हक नहीं है। हम यहूदी नहीं हैं। हम ईसाई नहीं हैं। हम मुसलिम नहीं हैं और हमारे पास कोई ऐसी किताब नहीं हैं, जो हमें हमारे धर्म के बारे में बताती है। वे सोचते हैं कि हमारा खात्मा हो जाना चाहिए या हमें धर्म-परिवर्तन कर लेना चाहिए। वे हमारे धर्म को ऐसे देखते हैं जैसे कि हमारा धर्म सच्चा धर्म नहीं है। वे हमें इसलाम में बदल देना चाहते हैं। हमें नुकसान पहुँचाना आसान है।’’[5]

ऐसी तसवीरें भी मीडिया में सामने आईं, जिसमें आई.एस.आई.एस. के आतंकी महिलाओं की बोली लगाते देखे गए। पीड़ित जूली कहती है, ‘‘दुर्भाग्य से हम वैसे लोग हैं, जिन्हें हमेशा सताया गया, नरसंहार में मारा गया, चाहे मिडिल-ईस्ट में किसी की भी सरकार रहे। यह हमारे साथ किया गया 74वाँ नरसंहार है। मुझे लगता है कि जल्द ही हमारा मिडिल-ईस्ट से सफाया हो जाएगा, सद्दाम हुसैन का एक राजनीतिक एजेंडा था कि इराक के लिए जितनी ज्यादा जमीन हो सके रखें, खासकर उस जमीन को लेकर लड़ाई थी, जहाँ यजीदी रहते थे, यानी शिंजर में वे दुनिया को दिखाना चाहते थे कि हम अरबी हैं, ताकि वे जमीन को सुरक्षित रख सकें। उन्होंने इसके लिए मुसलिमों को दक्षिण से बुलाया और जहाँ यजीदी रहते थे, वहाँ बसाया और हमारे से मिलाया। उन्होंने पहाड़ी इलाकों से यजीदियों को हटाया और कैंपों में रहने को मजबूर किया, ताकि उनका हमारे ऊपर ज्यादा जोर चल सके।’’[6]

इराक में यजीदियों की संख्या पाँच लाख है। उसके बाहर उनकी संख्या तीन लाख है। पिछले 20 वर्ष के दौरान उन्हें शहर से विस्थापित होकर शिंजर पहाड़ों में आसरा लेना पड़ा। उत्तरी इराक के मोसुल और दोहुक जिलों में उनकी बस्तियाँ हैं। इराक के अलावा जर्मनी एवं तुर्किस्तान में उनकी बस्तियाँ हैं, साथ ही विश्व के अनेक देशों में वे थोड़ी-बहुत संख्या में रह रहे हैं। फिलहाल इन यजीदियों के प्रतिनिधि पूरी दुनिया में अपने लिए समर्थन जुटाने की कोशिश कर रहे हैं।

केवल यजीदी ही नहीं, हर तरह के अल्पसंख्यक; चाहे वे ईसाई या शिया या ड्रुज, सभी आई.एस.आई.एस. की नफरत का निशाना बने हैं, वे नरसंहार के शिकार बने हैं। आश्चर्य की बात यह है कि यह नरसंहार चालू रहा और हमारा सभ्य विश्व कुछ भी नहीं कर पाया, लेकिन बातें बहुत हुईं। अमेरिकी पूर्व विदेश मंत्री जॉन केरी

ने कहा, "आई.एस.आई.एस. अपने नियंत्रणवाले इलाकों में यजीदियों, ईसाइयों और शिया मुसलमानों के नरसंहार के लिए जिम्मेदार है। वह मानवता के खिलाफ अपराध है और इन समूहों को निशाना बनाकर जातीय सफाया करता रहा तथा कुछ मामलों में वह सुन्नी मुसलमानों, कुर्दों तथा अन्य अल्पसंख्यकों के नरसंहार के लिए भी जिम्मेदार है।"

उन्होंने कहा, "तत्कालीन अमेरिकी राष्ट्रपति बराक ओबामा ने स्थिति की गंभीरता को लेकर कई अवसरों पर बात की है। इसीलिए राष्ट्रपति ने सेना को इराक और सीरिया में आई.एस.आई.एल. के खिलाफ काररवाई करने के आदेश दिए हैं। कुछ मामलों में सैन्य काररवाई का आदेश विशेष तौर पर धार्मिक अल्पसंख्यकों की रक्षा के लिए दिया गया।" ह्वाइट हाउस के प्रेस सचिव ने कहा, "माउंट शिंजर का उदाहरण लीजिए। वहाँ यजीदी फँसे थे। आई.एस.आई.एल. के लड़ाकों ने उन्हें घेर लिया था और आई.एस.आई.एस. के वे लड़ाके उनको मारना चाहते थे।"

'इंटरनेशनल बिजनेस टाइम्स' के मुताबिक आई.एस.आई.एस. के मानवता के खिलाफ अपराधों में सार्वजनिक तौर पर मौत की सजा, यातनाएँ, शरीर के अंग काटना, सलीब पर चढ़ाना, बलात्कार, अपहरण, सेक्स, पूजास्थलों को तोड़ना, बलात् धर्मांतरण, सेक्स तस्करी आदि शामिल हैं। उसके लड़ाके विवाह-बाह्य संबंध बनानेवालों को मौत की सजा देते हैं। समलैंगिकों को छत से फेंककर मौत की सजा देते हैं, बच्चों से फाँसी लगवाते हैं। शिया, ईसाई और यजीदी उनका मुख्य निशाना होते हैं।

पत्रकार एमी गोल्डमैन का दावा है कि आई.एस.आई.एस. ने बाकी धर्मों के बजाय मुसलिमों को ज्यादा मारा है। उसके बाद यजीदी मारे गए, फिर ईसाई। यह दावा बहुत हद तक सही है। संयुक्त राष्ट्र की एक रपट के मुताबिक 2014 के पहले आठ महीनों में आई.एस.आई.एस. ने 8500 नागरिकों की हत्या की। इराक में ईसाई बहुत थोड़े हैं। 2014 के मध्य से 2015 के उत्तरार्ध तक इराक और सीरिया में 10000 लोग एक्जीक्यूट के गए। इनमें सीरिया और इराक के 2000 नागरिक शामिल थे। हजारों फिदायीनी हमलों, युद्ध और हत्याकांडों में मारे गए। उदाहरणार्थ, इराक के तिरकुट के कैंप में 1700 इराकी वायुसेना के जवान मारे गए। अगस्त 2014 में 5000 यजीदी इराक के शिंजर प्रांत में मारे गए। 10000 के आँकड़े में ये आँकड़े शामिल नहीं हैं। डिफेंस ऑफ क्रिश्चियन द्वारा 9 मार्च को अमेरिका के विदेश मंत्री को भेजी गई रपट में कहा गया है कि आई.एस.आई.एस. ने 1100 ईसाइयों को मारा।

संदर्भ–

* आई.एस.आई.एस., इतिहास, विकास और समकालीन चुनौतियाँ, लेखक मनमोहन शर्मा, भारत नीति प्रतिष्ठान, कौन हैं ये यजीदी

1. पांचजन्य प्रसंगवश—बिसराए हुए बंधु तो नहीं यजीदी
   11 अक्तूबर, 2014, 14:11:02
2. वही
3. पांचजन्य, भारत नहीं तो कौन करेगा यजीदियों की चिंता!
   : 09 मई, 2015 12:47:53
4. नया इंडिया,
   कौन हैं ये यजीदी?
   विवेक सक्सेना : JUNE 2ND, 2015 1:00 AM
5. HTTP://ABPNEWS.ABPLIVE.IN/INDIA-NEWS/ISIS-SPECIAL-YAZIDI-WOMEN-AND-RAPE-37432/
6. वही
7. गल https://indiaagainstislamicstate.com/terrorism-of-isis/2

□

किसी के लिए नर्क, किसी के लिए कैद

मार्च 2016 की यू.के. मिरर के रिपोर्ट के अनुसार आई.एस.आई.एस. के लिए 31,000 गर्भवती महिलाएँ आतंकी हत्यारों की अगली पीढ़ी को जन्म देने के लिए तैयार हैं, जो निसंदेह पृथ्वी पर गंभीरतम स्थितियों में से एक है।

आतंकी संगठन इसलामिक स्टेट ने 250 लड़कियों को मौत के घाट उतारा। इस जनसंहार को इराक के उत्तरी हिस्से में अंजाम दिया गया। इन लड़कियों को आई.एस. के आतंकियों के साथ शादी करने का आदेश दिया गया था। इसके बाद जब उन्होंने इराक के दूसरे सबसे बड़े शहर मोसुल में सेक्स गुलाम बनने से इनकार कर दिया तो उन्हें गोली मार दी गई।

आई.एस.आई.एस. की महिला ब्रिगेड ने एक माँ का शरीर इसलिए टुकड़े-टुकड़े कर दिया, क्योंकि वह अपने बेटे को स्तनपान करा रही थी। महिला ने अपने बेटे को अपने बुर्के के नीचे छिपा रखा था, मगर अल-खांसा ब्रिगेड की महिला सदस्यों ने देख लिया। इसके बाद उन्होंने उस माँ को बेरहमी से मार डाला। आई.एस. की महिला सदस्य ने माँ से बच्चे को लिया और दूसरी सदस्य के हवाले कर दिया। इसके बाद उसने बच्चे की माँ की हत्या कर दी। खौफनाक बात यह है कि आई.एस. का समर्थन करनेवाली सोशल मीडिया साइट्स में बताया गया है कि महिला के मरने से पहले उसके अंग काट दिए गए थे।

आई.एस.आई.एस. ने बर्बरता की सभी हदें पार कर दी हैं, वह महिलाओं और बच्चों को भी नहीं बख्शता। आई.एस.आई.एस. का इतिहास देखने पर एक बात स्पष्ट हो जाती है कि यह संगठन महिलाओं और बच्चों के शारीरिक शोषण का समर्थन करता है। मानव अधिकार नर-नारी समानता आदि मुद्दे तो उसके खयाल में भी नहीं आते। असल में इसलामिक स्टेट पुरुषों द्वारा पुरुषों के लिए बनाया गया राज्य है। उन पुरुषों के लिए, जिन पर हथियार, हत्याएँ, यातनाएँ और बलात्कार की इच्छा, बच्चों और महिलाओं के शोषण का जुनून सवार है। गैर-सुन्नी महिलाओं के लिए तो यह खिलाफत नर्क से

भी बदतर है तो सुन्नी महिलाओं के लिए कैद। गैर-सुन्नी महिलाओं के साथ महिलाओं से बलात्कार, उन्हें सेक्स स्लैव बनाना, उन्हें मौत के घाट उतारना, मारना-काटना वहाँ आम बात है। आई.एस.आई.एस. के अनुसार इसलामी कानून के तहत ऐसा किया जा सकता है। सुन्नी महिलाओं को ये सारी यातनाएँ तो नहीं झेलनी पड़ती, मगर उन्हें घर की चारदीवारी में कैद रहना पड़ता है, सिवाय उनके, जो महिला पुलिस हैं। इसके अलावा समाज में उनकी कोई खास सहभागिता नहीं होती।

लेकिन अन्य जिहादी संगठनों और आई.एस.आई.एस. में एक फर्क भी है। बाकी जिहादी संगठनों से महिलाएँ पूरी तरह से गायब हैं। उनकी प्रचार सामग्री को देखें तो एक बात उभरकर आती है कि जहाँ तालिबान जैसे संगठनों की प्रचार सामग्री में महिलाएँ गायब हैं, वहीं आई.एस.आई.एस. की प्रचार सामग्री में उन्हें महत्त्वपूर्ण स्थान हासिल है। उनको अपने संगठन के साथ जोड़ने की कोशिश है। हालाँकि दोनों के सोचने के नजरिए में बहुत ज्यादा फर्क नहीं है। तालिबान ने महिलाओं से कहा था कि बुर्का पहनें और रक्त से संबंधित पुरुष रिश्तेदार के बगैर घर से बाहर न निकलें। समाज में महिलाओं को बिल्कुल अलग-थलग कर दिया गया था। न उन्हें पढ़ने दिया जाता, न काम करने की इजाजत थी। इसका उल्लंघन होने पर कोड़े मारे जाते थे। तालिबान ने महिलाओं की फोटोग्राफी पर भी पाबंदी लगा दी थी। कुल मिलाकर महिलाएँ समाज का दृश्य हिस्सा नहीं थीं। आई.एस. भी उन्हें शिक्षा से रोकता है और जो महिलाएँ ड्रेस कोड का पालन नहीं करतीं, उन्हें कड़ी सजा देता है, लेकिन तालिबान और उसमें तो महत्त्वपूर्ण फर्क हैं—तालिबान महिला के एक ही रोल पर जोर देता है। आई.एस.आई.एस. महिलाओं का सेक्स ऑब्जेक्ट के रूप में काफी इस्तेमाल करता है।

आई.एस.आई.एस. अपने प्रचार-प्रसार में महिलाओं का काफी उपयोग करता है, उसकी एक वजह यह है कि इससे पश्चिमी देशों में मीडिया में कवरेज और सुर्खियाँ मिलती हैं। इसके अलावा भरती के लिए भी महिलाओं की ऑन लाइन उपस्थिति जरूरी है। तभी तो आई.एस.आई.एस. की रिक्रूट सीरिया में नकाब पहने, पर हथियार लेकर खड़ी मुद्रा में अकसर फोटो पोस्ट करती हैं। सोशल मीडिया पर आई.एस.आई.एस. महिला पुलिस संगठन में अपनी भूमिका के बारे में बताती है। इस तरह के प्रचार की जरूरत होती है, ताकि विदेशी महिलाएँ आई.एस.आई.एस. की तरफ आकर्षित हों। लोगों और खासकर महिलाओं को जिहादी वधू के बारे में पता चले। सेक्सुअल जिहाद के बारे में फतवे के बारे में वे जानें।

अल कायदा से हटकर आई.एस.आई.एस. एक ऐसा समाज बनाने की कोशिश कर रहा है, जिसकी जड़ें उसकी विचारधारा में हों और वे केवल अमेरिका और यूरोप ही नहीं, सारे इसलामी विश्व से परिवार लाना चाहते हैं, यहाँ तक कि मध्य एशिया

से भी। ऐसे परिवार, जो इसलामिक स्टेट के परिवार बनें। ऑन लाइन रिक्रूटमेंट के लिए लगातार विभिन्न भाषाओं में संदेश डाले जाते हैं, जिसमें मुसलिमों से कहा जाता है कि पश्चिम के सुरक्षित, मगर द्वंद्वपूर्ण जीवन को छोड़कर खिलाफत में आएँ और आई.एस.आई.एस. की बदनामी के बावजूद इस अपील पर आनेवाली महिलाओं की संख्या लगातार बढ़ती रही। किंग्स कॉलेज लंदन के इसलामिक स्टडीज के विशेषज्ञ डॉ. कैथरीन ब्राऊन कहते हैं—वे चाहते हैं, महिलाएँ आएँ। महिलाओं को नींव बनाना चाहते हैं। मजेदार बात यह है कि लोग आई.एस.आई.एस. को मौत का कल्ट मानते हैं, मगर वे तो नया देश बनाना चाहते हैं, एक इसलामी यूटोपिया। और वे चाहते हैं कि महिलाएँ उसकी राजनीति का हिस्सा बनें।

दूसरे आतंकवादी समूहों की तरह ही आई.एस.आई.एस. आतंकवादी संगठन भी महिलाओं का बलात्कार अपने मनोरंजन और उत्साहवर्धन के लिए करता रहा है, ताकि वह युद्धकाल के दौरान बेहतर प्रदर्शन कर सके। यह आतंकी समूह बलात्कार के बाद इन महिलाओं का परित्याग नहीं करता, बल्कि उन्हें अपनी इच्छापूर्ति के लिए दास बनाकर रखता है, खासतौर पर यजीदी महिलाओं के साथ ऐसा होता रहा है। यजीदी महिलाओं की तुलना में विदेशी महिलाओं को जिहादी वधू के रूप में अधिक उच्च स्थान प्राप्त है। यजीदी महिलाएँ मूर्तिपूजक हैं, इसलिए आई.एस.आई.एस. इन महिलाओं को दंडस्वरूप सिर्फ सेक्स गुलाम का ही दर्जा देता है। यही वजह है कि बलात्कार के बाद अकसर इन्हें गर्भपात जैसे पीड़ादायक कष्टों से गुजरने के लिए मजबूर किया जाता है, वहीं दूसरी तरफ पश्चिमी महिलाएँ आई.एस.आई.एस. की विचारधारा को दो मायनों में बढ़ावा देती हैं। पहला, इनमें से कुछ महिलाएँ आई.एस.आई.एस. के काल्पनिक जीवन को बढ़ावा देने के लिए सोशल नेटवर्किंग साइट का प्रबंध करती हैं। इन तसवीरों में बहादुरी की मिसाल के तौर पर इन्हें पेश किया जाता है। दूसरा, आई.एस.आई.एस. युद्ध के दौरान शादी से पहले सेक्स संबंध रखने की इजाजत देता है, साथ ही महिलाओं को सेक्स गुलाम के रूप में रखने की भी अनुमति देता है, जो विकृत मानसिकता के पुरुषों को खासा आकर्षित करता है।

महिलाओं को फुसलाकर अपने से जोड़ने की आई.एस.आई.एस. की रणनीति के बारे में सिमरन पारिख लिखती हैं—"आई.एस.आई.एस. सोशल मीडिया के जरिए भोली-भाली किशोर लड़कियों को बहला-फुसलाकर अपने संगठन से जोड़ने का काम करता है। आई.एस.आई.एस. आदर्श इसलामिक स्टेट के रूप में खुद को और अधिक बढ़ाने के लिए अपने युवकों को इस काम पर लगाता है। ये युवक भोली-भाली लड़कियों को प्रेमजाल में फँसाकर विवाह के लिए राजी करते हैं। एक बार लड़कियाँ इनकी बातों में आ जाएँ तो ये उन्हें रिझाने का कोई मौका नहीं छोड़ते और उनकी काल्पनिक दुनिया

को जैसे पर दे दिए जाते हैं। युवतियों का ब्रेनवॉश किया जाता है कि अगर वह उनसे शादी करेंगी तो उन्हें देश-विदेश की यात्रा, आधुनिक सुविधाओं से लैस घर और दूसरी आधुनिक वस्तुओं के साथ ही आकर्षक वेतन की नौकरी आदि मिलेगी। इस तरह का झाँसा देकर युवतियों को फँसाने की कोशिश की जाती है। इन सबसे बढ़कर उसे एक जिहादी की पत्नी होने का सम्मान मिलेगा। वास्तविकता में यह कोई सम्मानीय ओहदा नहीं है, लेकिन इस छद्मवेश में वह भोली-भाली युवतियों को अपना शिकार बना पाने में जरूर सफल हो जाते हैं।''[1]

आई.एस.आई.एस. अपने साथ महिलाओं को जोड़ना चाहता है, भले ही जिहादी वधू के तौर पर ही सही। इसके लिए संगठन ने 'वूमैन इन द इसलामिक स्टेट : मैनिफेस्टो ऐंड केस स्टडी' नाम का 41 पेज का दस्तावेज जारी किया। इसे अल-खनसा ब्रिगेड (आई.एस.आई.एस. का महिला आतंकी संगठन) द्वारा तैयार किया गया था। इसमें महिलाओं की आदर्श भूमिका पर जोर दिया गया था। उन्हें अच्छी गृहिणी, पत्नी और माँ की भूमिका निभाने के लिए प्रोत्साहित किया गया था, साथ ही पश्चिमी महिलाओं और लैंगिक समानता के मानवाधिकारों की अवधारणा की कड़ी आलोचना की गई थी। इस घोषणा-पत्र में 9 साल की उम्र में महिला की शादी को न्यायसंगत करार दिया गया, जो कि सबसे ज्यादा थर्रा देने वाला बयान था। इसके साथ ही यह भी कहा गया था कि महिलाओं को पूरी तरह से बुर्के में रहना चाहिए। उन्हें बिना किसी मर्द के घर के बाहर कदम रखने के बारे में सोचना भी नहीं चाहिए। बुनियादी शिक्षा के अलावा उच्च शिक्षा के लिए नहीं जाना चाहिए, क्योंकि उसका प्राथमिक उद्देश्य उसके पति की सेवा, बच्चों की परवरिश और घरेलू गतिविधियों का संचालन करना है। यह घोषणा-पत्र आई.एस.आई.एस. की महिला ब्रिगेड की अपेक्षाओं का प्रतिनिधित्व करता है। इसके तहत पश्चिमी देशों के बजाय सऊदी अरब और खाड़ी देशों की महिलाओं को अधिक निशाना बनाया।

इस घोषणा-पत्र में खासतौर पर अरब की महिलाओं को प्रोत्साहित किया कि वे सीरिया और इराक आएँ और यहाँ आकर उनके लिए सुनिश्चित किए गए अधिकार यानी घर, परिवार और बच्चों की जिम्मेदारी के साथ अपना जीवन व्यतीत करें। ये वे अधिकार हैं, जो कि अल्लाह द्वारा उनके लिए सुनिश्चित किए गए हैं, जो शरीयत में दिए गए हैं। इन महिलाओं से आग्रह किया गया है कि वे आई.एस.आई.एस. की ओर बढ़ें और आपने जीवन को सही दिशा दें। इसके अलावा घोषणा-पत्र में दावा किया गया है कि महिलाओं के लिए तैयार किया गया पश्चिमी मॉडल नाकाम रहा है, क्योंकि ये महिलाओं को घर के बाहर जाकर काम करने की इजाजत देता है, साथ ही यह धर्म के बजाय तुच्छ दिमाग और भ्रष्ट विचारों की ओर महिलाओं को ले जा रहा है। इस

मॉडल के मुताबिक महिलाएँ अपने घरों से मुक्त रहती हैं, जिम्मेदारियों से मुक्त रहती हैं, इसलिए यह विफल है। सौंदर्य सैलूनों और फैशन की दुकानों में जो शहरीकरण, आधुनिकता और फैशन नजर आता है, जिसके प्रति महिलाओं का रुझान बढ़ता जा रहा है, वह शैतान के द्वारा तैयार किया गया जाल है।[2] यह दस्तावेज पढ़कर एक बात समझ में आती है कि महिलाओं को यही बताना है कि उनकी जगह बाहर की दुनिया में नहीं, घर के अंदर चौका-चूल्हा करने और बच्चे सँभालने में है, यहाँ तक कि इसमें बाल विवाह तक का समर्थन किया गया है। कहा गया है कि नौ साल की होने के बाद लड़की की शादी की जा सकती है, लेकिन उनके लिए उच्च शिक्षा तक को गैर-जरूरी बताया गया है। आई.एस.आई.एस. के बहादुर लड़ाकों के पास हथियार भले ही अत्याधुनिक हों, मगर वे दुनिया 1400 साल पुरानी बसाना चाहते हैं।

कुछ समय पहले इस आतंकी संगठन ने महिलाओं का यौन शोषण करने के लिए धर्म की आड़ ली है। नाम दिया गया है 'जिहाद अल-निकाह'। ट्यूनीशिया की महिलाएँ सीरिया और इराक में इस संगठन के उकसावे पर चली तो गई थीं, लेकिन उनमें से जो कुछ लौटीं है, उनमें ज्यादातर गर्भवती थीं। इस संगठन की एक शाखा अलफारूक, जो आई.एस.आई.एस. लड़ाकों को सेक्स के लिए महिलाएँ उपलब्ध कराने की जिम्मेदारी निभा रही है, उसने इसे धार्मिक रंग देने की कोशिश की। दरअसल, इसलाम को माननेवाले कुछ तबकों में मान्यता है कि यदि कोई महिला विवाहित होने के बाद भी किसी जिहादी से शारीरिक संबंध बनाती है तो भी वह जायज है। यदि वह निकाह के बिना भी ऐसा करती है तो वह जायज है, यानी जिहाद अल-निकाह। वह ऐसी मुहिलाओं को मुजाहिद कहकर आमंत्रित करता है। कई देशों की महिलाएँ इस झाँसे में आकर सीरिया पहुँची हैं। उनसे चौबीस घंटे के दौरान आई.एस.आई.एस. के कई सदस्यों से शारीरिक संबंध बनाने को कहा गया। इसके लिए एक टाइम-टेबल बनाया दिया गया कि कौन सी महिला किस आतंकी के साथ कितना समय बिताएगी। इन महिलाओं से 20 से 100-100 आतंकियों ने दुष्कर्म किए। जिन्होंने विरोध किया, उनकी हत्या कर दी। दुष्कर्म करने के बाद महिलाओं को या तो बेचा या फिर उन्हें वापस उनके देश भेज दिया गया। अब इनमें से ज्यादातर गर्भवती हैं।

आई.एस.आई.एस. ऑन लाइन या सोशल मीडिया के माध्यम से महिलाओं को बहलाता है। इसके अलावा वहाँ की कुछ महिलाएँ भी आई.एस.आई.एस. के इस काम में हाथ बँटाती हैं। वे यूनिवर्सिटी जाकर छात्राओं को जिहाद अल-निकाह के बारे में बताती हैं और उन्हें तैयार करती हैं तथा सीरिया जाने के लिए बहलाती-फुसलाती हैं, और फिर सीरिया जाने का इंतजाम भी करती हैं। आई.एस.आई.एस. के आतंकी अबु अनास अल-लिबी ने जिहाद अल-निकाह मानने से इनकार करनेवाली फालूजा की

लगभग 150 महिलाओं की हत्या कर दी थी। उन महिलाओं को एक लाइन में खड़ा करके एक-एक कर उनकी हत्या की गई थी। http://www.ichowk.in/society/isis-is-biggest-enemy-of-women/story/1/193.html

"इसलामिक स्टेट के महिला पुलिस दस्ते को अल-खांसा ब्रिगेड कहते हैं। यह एक महिला पुलिस दस्ता है, जिसे महिलाओं पर नजर बनाए रखने के लिए तैनात किया गया है। कभी-कभी पुरुष कार्यकर्ता आई.एस.आई.एस. चैक प्वाइंट पर तलाशी से बचने के लिए महिलाओं का वेश धारण कर लेते हैं। इस पर निगरानी रखने के लिए इस दस्ते को नियुक्त किया गया। इस ब्रिगेड में लगभग 60 ब्रिटिश महिलाएँ भी शामिल हैं, खासतौर पर ग्लासविजियन की 20 वर्षीया अक्सा महमूद, जिसने आई.एस.आई.एस. से जुड़ने के लिए अपने परिवार को छोड़ दिया। अक्सा को ब्रिगेड की मुख्य अधिकारियों में से एक माना जाता है।

ब्रिगेड की मुख्य जिम्मेदारी महिलाओं से संबंधित कानूनों पर सख्त नियंत्रण बनाए रखने की है। इसे महिलाओं की नई नियुक्तियाँ करने के लिए और घोषणा-पत्र में महिलाओं के लिए घोषित कानूनों का महिलाएँ ठीक से अनुसरण करें, इस बात की निगरानी के लिए किया गया है। इस काम के लिए इन्हें मासिक वेतन 100 पाउंड दिया जाता है। अगर ब्रिगेड की महिलाओं द्वारा कानून की अवज्ञा की जाती है तो यह स्वत: ही अपने लिए दंड को आमंत्रित करती हैं। कानून को तोड़नेवाली महिलाओं को सार्वजनिक तौर पर रेत में जिंदा दफन कर दंड देना एक आम तरीका है। यहाँ महिलाओं को अपनी आँखें भी बेनकाब रखने की अनुमति नहीं है, बुर्के के सिवाय किसी और चीज से आँखें ढकने की भी इजाजत नहीं है। उनकी आवाज को भी सार्वजनिक रूप से सुने जाने की इजाजत नहीं है, यानी वह सार्वजनिक स्थानों पर ऊँची आवाज में बोल भी नहीं सकती, क्योंकि वह गृहिणी है और उन्हें सेक्स की वस्तु ही समझा जाता है, अत: उनकी कोई एहमियत नहीं है। इस ब्रिगेड का दूसरा काम है कि यह विदेशी जिहादी सैनिकों के लिए बीवियों की तलाश करे और अधिक-से-अधिक विदेशी लड़कियों को भरती करे।"[4]

सीरियाई शहर रक्का में आई.एस.आई.एस. ने महिलाओं के लिए जो कानून बना रखे हैं, वे बेइंतहा सख्त और अमानवीय हैं। सबसे खास बात यह कि कानून का पालन न करनेवाली महिलाओं को सजा भी रक्का में आई.एस.आई.एस. की महिला विंग अल-खांसा निर्धारित करती है। अल-खांसा में इस वक्त 60 से ज्यादा ब्रिटिश मुसलिम महिलाएँ हैं।

अल-खांसा आई.एस.आई.एस. के लड़ाकों से भी ज्यादा बेहरमी से पेश आती हैं। अल-खांसा ने एक महिला को सिर्फ इसलिए सरेआम गोली मार दी, क्योंकि वह अपने बेटे को स्तनपान करवा रही थी। आई.एस.आई.एस. ड्रेस कोड को न मानने

वाली महिलाओं को जिंदा दफन कर दिया जाता है। आई.एस.आई.एस. के ड्रेस कोड के मुताबिक काला बुर्का शादीशुदा महिलाओं के लिए, सफेद अविवाहित लड़कियों के लिए, नीले रंग का बुर्का तलाकशुदा महिलाओं के लिए और हरा बुर्का विधवा औरतें ही पहन सकती हैं।

खुद को इसलामिक स्टेट कहनेवाले आतंकी संगठन आई.एस.आई.एस. के धर्मशास्त्रियों ने विस्तृत दिशा-निर्देश जारी किया है, जिसमें इस बात के निर्देश दिए गए हैं कि चरमपंथियों द्वारा गुलाम बनाई महिलाओं के साथ उनके 'मालिक' कब सेक्स कर सकते हैं। इस निर्देश का मकसद बंधक बनाई गई महिलाओं के साथ 'बुरे व्यवहार' पर रोक लगाना बताया जा रहा है। आई.एस.आई.एस. के एक प्रमुख विद्वान् कहते हैं, यह निर्देश या फतवा कानूनन बाध्य होगा और आई.एस.आई.एस. के पुराने फरमानों से अलग है। इससे यह पता चलता है कि यह समूह अपने कब्जेवाले इराक और सीरिया के हिस्सों में महिलाओं को यौन दासी बनाए जाने को सही ठहराने के लिए सदियों पुरानी व्यवस्था की फिर से व्याख्या कर रहा है।

क्या करें और क्या नहीं

इसलामिक स्टेट कमिटी ऑफ रिसर्च ऐंड फतवा द्वारा 29 जनवरी, 2015 को जारी फतवा संख्या 64 में आई.एस.आई.एस. लड़ाकों और बंधक बनाई गई महिलाओं के बीच यौन संबंध को संहिता में पहली बार शामिल किया गया, जो कि दासियों के साथ व्यवहार को लेकर साल 2014 में समूह द्वारा जारी पैंफलेट से आगे जाता है। यह फतवा एक सवाल से शुरू होता है, ''हमारे कुछ भाइयों ने महिला दासियों से व्यवहार के मामले में नियमों का उल्लंघन किया है। शरिया कानून में इन उल्लंघनों की जगह नहीं है, क्योंकि इन्हें लेकर अब तक कोई नियम नहीं थे। क्या इस मामले में किसी तरह की चेतवानी दी गई है?''

इसमें फिर 15 निषेधाज्ञा सूचीबद्ध की गई हैं, जिसमें से कुछ में विस्तार से बताया गया है। उदाहरण के लिए—'अगर महिला बंधक की बेटी संभोग के लिए उपयुक्त है और मालिक उस लड़की से संबंध बनाता है, तो फिर उसे उसकी माँ के साथ सेक्स करने की कभी इजाजत नहीं और अगर वह माँ के साथ सेक्स करता है तो फिर बेटी के साथ संबंध स्थापित करना उसके लिए वर्जित होगा।''

महिला बंधकों के यौन उत्पीड़न को लेकर पहले भी कई खबरें आती रही हैं। हालाँकि प्रिंस्टन विश्वविद्यालय के प्रोफेसर और आई.एस.आई.एस. मामलों के विशेषज्ञ कोल बंजेल कहते हैं कि यह फतवा महिला दासियों के साथ व्यवहार को लेकर चरमपंथियों द्वारा पहले प्रकाशित दस्तावेजों से अलग है। आई.एस.आई.एस. के कई

दस्तावेजों का अध्ययन कर चुके बंजेल ने एक इ-मेल में कहा, ''इससे गुलामों के मालिकों को लेकर आई.एस.आई.एस. की वास्तविक चिंताओं का पता चलता है।'' विश्व भर में समाज के हर क्षेत्र में जब महिलाओं की खास भूमिका देखी जा रही है और सुरक्षा के संकट के दौरान महिलाओं एवं बच्चों को बचाने के नारे दिए जा रहे हैं, उस वक्त आई.एस.आई.एस. महिलाओं और बच्चों पर हमला करने की रणनीति को प्राथमिकता दे रहा है, ताकि वह खुद को दूसरे आतंकी संगठनों के मुकाबले अधिक मजबूत और क्रूर साबित कर सके।

हाईकेल बर्नार्ड कहते हैं, ''बलात्कार गुलामी, यानी गुलामी की संस्था के साथ जुड़ा हुआ है। वे मुसलिम महिलाओं को गुलाम नहीं बनाते, वे गैर-मुसलिम महिलाओं को गुलाम बनाते हैं। उन्होंने विशेषकर यजीदी महिलाओं को गुलाम बनाया या ईसाइयों को, जो भागे नहीं और अधीनस्थ नागरिक बनने को तैयार नहीं हुए, इसलिए उन्हें दुश्मन समझा जाता है। दुश्मन लड़ाके समझे जाते हैं, इसलिए उन्हें गुलाम बनाया जा सकता है, इसलिए महिलाओं और बच्चों को गुलाम बना सकते हैं, उन्हें बेच सकते हैं, वे कहते हैं, हमारे पास इसके उदाहरण हैं। इस रिवाज को आई.एस.आई.एस. हाईलाइट करना चाहता है, यह दिखाने के लिए प्रारंभिक इसलामी रिवाज के साथ उसका रिश्ता बना हुआ है, क्योंकि प्रारंभिक मुसलिमों का यही तरीका था।''

जहाँ तक मुसलिम महिलाओं का सवाल है, उनके साथ बलात्कार नहीं हुआ, उनको बेचा नहीं गया, उनका कोई व्यापार नहीं हुआ। कुछ महिलाएँ पश्चिम और मध्य-पूर्व से आती हैं, जिहादियों से शादी करने के लिए, वे उनसे शादी करती हैं, लेकिन जिस जिहादी से वे शादी करती हैं, वह मारा जाता है। वे फिर से शादी करती हैं, मगर वह शादी जबरन नहीं होती। फिर महिलाओं, खासकर मुसलिम महिलाओं को इसलामिक स्टेट की ओर लुभाने के लिए पूरी प्रोपेगेंडा मशीनरी है।

उन्होंने एक असामान्य कानूनी सिद्धांत बनाया है। आप जानते होंगे, मुसलिम महिलाएँ पुरुष अभिभावक के बगैर—वह पिता हो, पति हो या बेटा, घर से निकल नहीं सकतीं। उनकी दलील हैं कि चूँकि वे ऐसे परिवारों के साथ रहती हैं, जो पूरी तरह मुसलिम नहीं हैं। इसलिए वे अपना परिवार छोड़कर इसलामिक स्टेट आ सकती हैं। यह इसलामी कानून और परंपरा से भटकाव है।

वे असल में एक ऐसे मुसलमान से अपील कर रहे हैं, जो असल में प्रोटेस्टेंट हैं। जो व्यक्ति पर जोर देता है। इस आंदोलन का जोर व्यक्ति की स्वायत्तता है। अपने परिवार के बगैर और परिवार के विरुद्ध निर्णय करने का व्यक्ति का निर्णय, इसलामी अरब परंपरा के खिलाफ है। यह परिघटना ही कुछ अलग है। यह कल्ट जैसी परिघटना है, जो मुसलिम महिलाओं में व्यक्तिगत स्वायत्तता पर जोर देती है।''

महिलाओं की तरह बच्चों पर भी आई.एस. कोई रहम नहीं करता। उनके साथ हर तरह के जुल्म किए जा रहे हैं। हाल ही में तुर्की में फिदायीनी हमला करनेवाला लड़का मात्र 12 से 14 साल के बीच का था, मगर आई.एस.आई.एस. अकसर बच्चों का ऐसा क्रूर उपयोग बिना झिझक करता है। संयुक्त राष्ट्र में बच्चों के अधिकारों की रक्षा करनेवाली समिति ने अपनी एक रिपोर्ट में कहा है कि आई.एस.आई.एस. अपहरण किए गए इराकी बच्चों को गुलामों की तरह बाजार में बेच रहा है और बाकी बचे बच्चों को या तो फाँसी दे देता है या उन्हें जिंदा जला देता है। 18 साल से कम उम्र के बच्चों को आत्मघाती हमलावर बनाकर सेना के हवाई हमलों को रोकने के लिए ढाल के रूप में इस्तेमाल किया जाता है। रिपोर्ट तैयार करनेवाली संयुक्त राष्ट्र अधिकारी रिनाटी वेंटर का कहना है कि संयुक्त राष्ट्र इन बच्चों को यातनाएँ दिए जाने और विशेष रूप अल्पसंख्यकों के बच्चों के नरसंहार के बारे में चिंतित है, क्योंकि आतंकवादी गिरोह आई.एस.आई.एस. के अत्याचारों के शिकार होनेवाले अधिकांश बच्चे यजीदी, ईसाई, शिया समुदाय से होते हैं। उन्होंने कहा कि हम तक ऐसी रिपोर्टें पहुँची हैं कि आई.एस.आई.एस. मानसिक रूप से कमजोर बच्चों को आत्मघाती हमलावर के रूप में इस्तेमाल करता है और हमलावर बच्चों को इसकी खबर तक नहीं होती कि वे क्या करने जा रहे हैं। उनका कहना था कि नेट पर अपलोड किए गए वीडियो को देखने के बाद यह पता चला है कि आतंकवादी समूह आठ साल या उससे कम के उम्र के बच्चों को सैन्य प्रशिक्षण दे रहे हैं।

अपनी रिपोर्ट में कहा है कि आतंकवादी समूह आई.एस.आई.एस. ने अपने अधिकार में लिये गए क्षेत्रों में अल्पसंख्यक समुदाय के बच्चों को बंदी बना रखा है और उन्हें बाजार में गुलामों की तरह बेच रहा है और उनकी गरदन में उनकी कीमतों के बोर्ड लटके हुए हैं।

इस संस्था ने अपनी रिपोर्ट में यह भी कहा है कि करीब 50 ब्रिटिश बच्चे सीरिया और इराक में उनके चाइल्ड सोल्जर्स के समूह का हिस्सा हैं, जिन्हें जिहादी बनने की ट्रेनिंग दी जा रही है। आई.एस.आई.एस. के कई प्रोपेगेंडा वीडियोज में लोगों ने चाइल्ड सोल्जर्स को देखा है। ये बच्चे अलग-अलग देश से हैं और वीडियो में कभी ये कैदियों का सिर कलम करते नजर आते हैं तो कभी नफरत भरे संदेशों को देते। आई.एस.आई.एस. के इसी तरह के एक वीडियो में एक बच्चे को तेज धारवाले चाकू से एक व्यक्ति का सिर कलम करते हुए दिखाया गया है।

एक और वीडियो में इस बात का इशारा मिला था कि आई.एस.आई.एस. ने कई ऐसे बच्चों को तैयार कर लिया है, जो उसके लिए लोगों का कत्ल एक इशारे पर करने को तैयार रहते हैं। इस संगठन के पास एक अलग विंग भी है, जिसमें सिर्फ बच्चे हैं। इस विंग का नाम है 'फितयान अल इसलाम' या 'ब्वॉयज ऑफ इसलाम'। आई.एस.आई.एस.

के प्रोपेगेंडा वीडियो और उनके संदेशों को अगर ध्यान से सुना जाए तो साफ पता लगता है कि आई.एस.आई.एस. बच्चों को संगठन में शामिल करने के लिए काफी बेचैन है। उसका मानना है कि बच्चे उसके लिए एक सुरक्षा कवच की तरह हैं। इन बच्चों को आई.एस.आई.एस. जासूस, सैनिक, सुसाइड बॉम्बर्स और हत्यारों में तब्दील कर रहा है।

बच्चों को जबरदस्ती कुरान पढ़ने और इसमें लिखी बातों को सीखने के लिए मजबूर किया जा रहा है, साथ ही इन्हें हथियारों की ट्रेनिंग भी दी जा रही है।

इराक में मौजूद यूनाइटेड नेशंस मिशन की ओर से कहा गया है कि आई.एस.आई.एस. ने 900 से ज्यादा बच्चों का अपहरण कर लिया है और उन्हें अब आई.एस.आई.एस. के कब्जेवाले स्कूलों में पढ़ने के लिए भेजा जाने लगा है। इस संस्था को इस बात का भी पता चला है कि आई.एस.आई.एस. युवा लड़कों के जरिए लोगों को डराने का काम करने लगा है। कभी-कभी तो आई.एस.आई.एस. इन लड़कों से रेप और लोगों को टॉर्चर कराने जैसा काम तक कराता है।

संदर्भ–

1. आई.एस.आई.एस. और महिलाएँ, उदय इंडिया, 8 अगस्त, 2016
2. वही
3. http://www.ichowk.in/society/isis-is-biggest-enemy-of-women/story/1/193.html
4. आई.एस.आई.एस. और महिलाएँ, उदय इंडिया, 8 अगस्त, 2016

□

दुनिया भर में फैले आई.एस.आई.एस. के हाथ

पेरिस—13 नवंबर, 2015 की शाम को फ्रांस की राजधानी पेरिस और उसके उत्तरी उपनगरीय इलाके में आतंकी हमलों की एक शृंखला को अंजाम दिया गया, जिसमें बड़े पैमाने पर गोलीबारी, आत्मघाती बम विस्फोट हुए और लोगों को बंधक बनाया गया। हमलों की शुरुआत तीन आत्मघाती हमलों, बड़े पैमाने पर शूटिंग और मध्य पेरिस के पास चार स्थानों पर एक और आत्मघाती बम विस्फोट के साथ हुई। हमलों में 129 लोग मारे गए, जिनमें से 89 की मृत्यु, बाटाक्लेन थिएटर में ही हुई। 352 लोगों में से 80 को गंभीर रूप से घायल होने के कारण अस्पताल में भरती कराया गया। पीड़ितों के अलावा, सात हमलावरों की भी मृत्यु हो गई और अधिकारियों ने बड़े पैमाने पर अभी भी अन्य साथियों की खोज करने के लिए अभियाान जारी रखा है। द्वितीय विश्वयुद्ध के बाद फ्रांस पर यह सबसे घातक हमला था।

ढाका—बँगलादेश की राजधानी ढाका में शुक्रवार की रात लगभग 8.45 बजे उच्च सुरक्षा वाले गुलशन राजनयिक क्षेत्र स्थित एक लोकप्रिय रेस्तराँ में इसलामिक स्टेट (ISIS) के आतंकवादी घुस आए। इस रेस्तराँ में अकसर राजनयिक और विदेशी नागरिकों का आना-जाना रहता है। हमले में शुक्रवार रात गोलीबारी के दौरान दो पुलिसकर्मियों की मौत हो गई, जबकि 30 घायल हो गए। इस बीच बड़ी संख्या में सुरक्षाबलों ने मोर्चा सँभाल लिया। हमले में 20 लोग मारे गए।

ऑरलैंडो (यू.एस.)—फ्लोरिडा में 'पल्स' एल.जी.बी.टी. नाइट क्लब में रविवार को हुई फायरिंग में 53 लोग मारे गए। इस आतंकी हमले में 50 से ज्यादा जख्मी हैं। 30 लोग बंधक भी बनाए गए थे। पुलिस ने बाद में हमलावर को गोली मार दी। ये अमेरिकी इतिहास में गोलीबारी की अब तक की सबसे बड़ी घटना है। इससे पहले 2007 में वर्जीनिया में गोलीबारी में 32 मौतें हुई थीं। वहीं 9/11 के वर्ल्ड ट्रेड सेंटर पर अल कायदा के अटैक के बाद यह सबसे बड़ा आतंकी हमला है। 11 सितंबर, 2001 के

इस हमले में 3000 लोगों की मौत हुई थी। आई.एस.आई.एस. ने कहा है कि हमलावर उसी का आतंकी था। गनमैन की पहचान 29 साल के उमर मतीन के रूप में हुई। वह अफगानिस्तान मूल का यू.एस. नागरिक बताया जा रहा है। एक्सप्लोसिव्स से भरी जैकेट पहन करके घुसा था हमलावर।

नीस—फ्रांस में एक बार फिर भयानक आतंकी हमला हुआ। फ्रांस के नीस में आतंकवादियों ने ट्रक से भीड़ पर हमला किया। ट्रक करीब 2 किलोमीटर तक लोगों को रौंदता गया। इसमें कम-से-कम 84 लोगों की मौत हो गई है, जबकि 120 से ज्यादा लोग घायल बताए जा रहे हैं। फ्रांस के गृह मंत्री ने हमले में 84 लोगों की मौत की पुष्टि की। हालाँकि पुलिस ने जवाबी कारवाई में हमलावर को मार गिराया।

जेद्दा—सऊदी अरब में सोमवार को तीन ब्लास्ट हुए। एक हमला मदीना मसजिद के बाहर हुआ। बाकी दो हमले जेद्दा में अमेरिकी दूतावास और अल-कातिफ में शिया पर हुए। तीनों हमलों में 36 लोगों की मौत हुई। 150 लोग घायल हैं। सऊदी सरकार की होम मिनिस्ट्री के मुताबिक, एक सुसाइड बांबर पाकिस्तानी था। सऊदी होम मिनिस्ट्री ने क्या कहा—

यह तो केवल हाल ही में हुए आई.एस. के पाँच आतंकी हमलों की कहानी है। हकीकत यह है कि इस आतंकी संगठन के हाथ दुनिया भर में फैल चुके हैं। अब तक वह 28 देशों में 130 छोटे-बड़े हमले कर चुका है, जिसमें 2000 लोग मारे गए, लेकिन कई जानकारों का कहना है कि हार रहा आतंकी संगठन आई.एस.आई.एस. दुनिया भर के कई देशों पर हमले करके अपनी बौखलाहट निकाल रहा है।

पिछले कुछ समय से बड़बोला आई.एस.आई.एस. अपने दुश्मनों से घिर गया है। दुश्मन भी, अमेरिका, रूस, पश्चिमी सैनिक गठबंधन और अरब देशों के गठबंधन जैसे। वे जमीन पर कहीं दिखते नहीं। आसमान से कहर की तरह हजारों मिसाइलें बरसाते हैं। चारों तरफ सिर्फ धुआँ ही धुआँ नजर आता है। उस पर इराक और सीरिया की फौजों के जमीनी आक्रमण ने जीना मुहाल कर दिया है। उसके हालात इतने खस्ता हो चुके हैं कि वह इराक में 45 प्रतिशत और सीरिया की 20 प्रतिशत जमीन खो चुका है, मगर उसके जीवट की तो दाद देनी पड़ेगी। ऐसे हालात में भी वह बदला चुकाने के लिए दुनिया भर में आतंकवादी वारदातों को अंजाम देकर कई देशों को दहला रहा है। पिछले दिनों वह अमेरिका, फ्रांस, बेल्जियम, ट्यूनीशिया, अफगानिस्तान, बँगलादेश, लेबनान, पश्चिमी जर्मनी जैसे कितने ही देशों पर आतंकी हमले कर चुका है। पश्चिमी देशों में तो यह आशंका बढ़ती जा रही है कि जैसे-जैसे आई.एस. हारता जाएगा, वैसे उसके विदेशों में हमले बढ़ते जाएँगे, जैसे बुझते हुए दिये की लौ भभकती है।

ये हमले इस बात का सबूत हैं कि आई.एस.आई.एस. सचमुच वैश्विक प्रभाववाला

आतंकी संगठन है। उसने दुनिया के कई देशों में अपने सेल्स स्थापित कर लिये हैं, जिनके जरिए वह आतंकी हमले करने में सक्षम है।

आई.एस. के दुनिया भर में बढ़ते प्रभाव का अंदाज इस बात से लगाया जा सकता है कि अमेरिकी खुफिया एजेंसी के निदेशक जॉन ब्रेनान ने विदेशी मामलों की काउंसिल को बताया कि आई.एस. के हजारों समर्थक मध्य-पूर्व से पश्चिमी अफ्रीका और दक्षिण पूर्वी एशिया तक फैले हुए हैं। इसके अलावा वह ऑस्ट्रेलिया, पश्चिमी यूरोप और अमेरिका में भी आतंकी वारदातें कर चुका है।

पिछले कुछ वर्षों में एशियाई देशों में उसकी ताकत बढ़ी है। इसका अंदाजा इस बात से लगाया जा सकता है कि पहले बँगलादेश सरकार आई.एस. की देश में उपस्थिति से ही इनकार करती रही, लेकिन जब देश में आतंकवाद की घटनाएँ होने लगीं, तब तो मानना ही पड़ा। जिस आतंकी संगठन जमात उल मुजाहिदीन बँगलादेश ने ढाका की घटनाओं को अंजाम दिया, वह हाल ही के समय में आई.एस. प्रेरित कई वारदातें कर चुका है। दुनिया भर में मौजूदगी के कारण इराक और सीरिया में जमीनी लड़ाई में अपनी हार का बदला आतंकवादी तरीकों से हमले करके लेता है।

ज्यादातर बड़े आतंकी हमले वह अपने सहयोगी संगठनों द्वारा कराता है। सहयोगी संगठन वे होते हैं, जो सार्वजनिक तौर पर आई.एस. के प्रति अपने वफादारी का ऐलान कर चुके हैं। अब तक दुनिया भर के 43 संगठनों ने अपनी वफादारी का ऐलान किया है। वफादारी का ऐलान करनेवाले संगठनों में अफ्रीका के अल शबाब, अल अंसार और बोको हराम जैसे दुर्दांत आतंकी संगठन हैं। इसके अलावा मिस्र, लीबिया, यमन, अल्जीरिया, पाकिस्तान, अफगानिस्तान, सीरिया, इंडोनेशिया, ट्यूनीशिया, नाइजीरिया, फिलीपीन, सूडान, सोमालिया, रूस, सऊदी अरब, उजबेकिस्तान, कॉकेशस के संगठन शामिल हैं। भारत के अंसर अल तौहीद ने तो 2014 के अक्तूबर में ही वफादारी का ऐलान कर दिया था। अब जब दुनिया के कई देशों में आई.एस.आई.एस. प्रेरित आतंकी हमले हो रहे हैं, तब यह कहा जा रहा है कि केवल आई.एस. को इराक और सीरिया में घेरने से काम नहीं चलेगा, वरन् उसके दुनिया भर में फैले सहयोगी संगठनों पर लगाम कसना जरूरी है और यह काम आसान नहीं है। इनमें कई सारे संगठन तो ऐसे हैं कि वे पहले अल कायदा से जुड़े हुए थे, मगर जब उन्होंने आई.एस. का दबदबा बढ़ते देखा तो चढ़ते सूरज को सलाम करने में ही खैरियत समझी। कुछ देशों में फ्रेंचाइजी देकर आतंकवादी घटनाएँ कराता है आई.एस.आई.एस.। इन सहयोगी संगठनों के जरिए आई.एस. के हाथ दुनिया के सुदूर हिस्सों तक पहुँच चुके हैं। रूसी विमान क्रेश, जिसमें 224 लोग मरे, उसे न तो आई.एस. ने कराया था, न ही वह लोन वोल्फ की करतूत थी, वरन् उसे मिस्र के सिनाई के सहयोगी संगठन ने अंजाम दिया था।

आई.एस.आई.एस. के इन सहयोगी संगठनों का जाल तो एशिया और अफ्रीका के कई देशों में फैला हुआ है। अब तक 43 संगठनों ने उसके प्रति वफादारी या समर्थन का ऐलान किया है। ये संगठन इस प्रकार हैं—

- अल इटिसामऑफ कुरान ऐंड सुन्नाह, सूडान
- अबू सयाफ ग्रुप, फिलीपीन
- अंसार अल खलीफाह
- अंसार अल तौहिद, भारत
- बंगसामारो इसलामिक फ्रीडम फाइटर, फिलीपीन
- बंगसामारो जस्टिस मूवमेंट, फिलीपीन
- जेमाह इसलामियाह, फिलीपीन
- अल हुड़ा बटालियन इन माघरेब, अल्जीरिया
- सोलजर ऑफ द खिलाफत इन अल्जीरिया
- अल घुरबा, अल्जीरिया
- जमात हौमत अद दावा अज सलाफिया, अल्जीरिया
- अल अंसार बटालियन, अल्जीरिया
- जुनदुल्लाब, पाकिस्तान
- इसलामिक मूवमेंट ऑफ उजबेकिस्तान, उजबेकिस्तान
- तहरीक ए-खिलाफत, पाकिस्तान
- लीडर्स ऑफ मुजाहिद इन खोरसान, पाकिस्तान
- इसलामिक यूथ शूरा काउंसिल, लीबिया
- जैशे अल सहाब इन लेवांट, सीरिया
- मारटीयर्स आफअल यारमौक ब्रिगेड, सीरिया
- खातिबात अल इमाम बुखारी का एक गुट, सीरिया
- लीवा अहरार अल सुन्ना इन बालबेक, लेबनान
- इसलामिक स्टेट लीबिया, लीबिया
- लॉयंस ऑफ लीबिया, लीबिया
- जेमाह अंशोरात तौहिद, इंडोनेशिया
- शूरा काउंसिल ऑफ शबाब अल इसलाम, लीबिया
- मुजाहिदीन इंडोनेशिया तिमोर, इंडोनेशिया
- मुजाहिदीन शूरा काउंसिल इन द इंनवीरान ऑफ जेरूसलम, मिस्र
- ओकबा इब नाफा बटालियन, ट्यूनीशिया
- जुंद अल खिलाफाह इन ट्यूनीशिया

- जुचाहिदीन ऑफ यमन, टमन
- मुजाहिदीन ऑफ ट्यूनीशिया, कैराउन, ट्यूनीशिया
- सपोर्टर्स ऑफ इसलामिक स्टेट इन यमन, यमन
- अल तौहीद ब्रिगेड इन खोरसान, अफगानिस्तान
- हीरोज ऑफ इसलाम ब्रिगेड इन खोरसान
- सपोर्टर्स ऑफ द इसलामिक स्टेट इन द लैंड ऑफ द होली मॉस्कस, सऊदी अरब
- अंसर अल इसलाम, बोको हराम, नाइजीरियाअल अंसार बडालियन, अल्जीरिया
- आल शबाब, सोमालिया

कुछ देश तो ऐसे हैं, जहाँ उसके सहयोगी संगठनों ने बड़े क्षेत्र पर कब्जा भी किया हुआ है।

इन दिनों इराक और सीरिया के बाद आई.एस. अगर सबसे ज्यादा ताकतवर है तो लीबिया में। वहाँ उसके सबसे ज्यादा यानी 6000 लड़ाके हैं। कर्नल गद्दाफी के बाद लीबिया में भी गृहयुद्ध जैसे हालात हैं। कई इसलामी चरमपंथी सरकार को उखाड़ने में जुटे हैं। उन्होंने कुछ इलाकों पर कब्जा भी कर लिया है। जहाँ उन्होंने मिनी खिलाफत बना ली है और इसलामी कानून लागू कर दिया है। इस तरह वे आई.एस. का अनुकरण कर रहे हैं। यह भी संभावना जताई जा रही है कि यदि आई.एस. को इराक और सीरिया देश छोड़ना पड़े तो लीबिया में आई.एस. के नेता डेरा जमाएँगे। पड़ोस के लीबिया में कम-से-कम तीन अलग-अलग गुटों ने आई.एस.आई.एस. से अपनी वफादारी का ऐलान किया है। एक पूर्व के बर्गा में, दूसरा दक्षिण के रेगिस्तान फेजान में और तीसरा गुट राजधानी के पास पश्चिम में त्रिपोलितानिया का है। कई जानकारों का मानना है कि ये तीनों प्रांत आई.एस.आई.एस. के लड़ाकों के अड्डे बन सकते हैं, जहाँ से वे मिस्र या उत्तरी अफ्रीका की ओर जा सकते हैं। पूर्वी लीबिया पहले ही जिहादियों के प्रशिक्षण का केंद्र बन चुका है, जहाँ से वे सीरिया या इराक में जाते हैं।

कुछ अरसे पहले आई.एस.आई.एस. ने प्रोपेगेंडा वीडियो जारी कर मिस्र के 21 ईसाइयों का सिर काटने का सनसनीखेज दावा किया था। सभी की हत्या लीबिया के समुद्री तट पर की गई थी। इस हरकत से गुस्साए मिस्र ने लीबिया में आई.एस.आई.एस. के ठिकानों पर हवाई हमले भी किए। पाँच मिनट के वीडियो में नारंगी जंपसूट पहने दर्जनों लोगों को समुद्री तट पर दिखाया गया थी। बंधकों के हाथ बँधे थे और उनकी आँखों पर भी काली पट्टी बँधी थी। वीडियो में हर एक बंधक के साथ एक आतंकी दिखाई दे रहा था। वीडियो के अंत में खून से लाल समुद्री पानी दिखाया गया था। मीडिया विंग अल-हयात द्वारा जारी इस वीडियो में नकाब पहने एक आतंकी अंग्रेजी में बोलता

है, ''जिस समुद्र में तुमने ओसामा बिन लादेन का शव छुपाया था, अल्लाह की कसम, हम तुम्हारा खून उसी समुद्र में मिलाएँगे।'' साथ ही कहा कि अल्लाह के करम से हम जल्द ही रोम पर भी कब्जा करेंगे। वीडियो में लीबियाई समुद्री तट का दिखाया जाना इस ओर इशारा करता है कि संगठन वहाँ भी सक्रिय है। मिस्र के सीनाई में आई.एस.आई.एस. के सहयोगी संगठन का नाम अंसार बैत अल मकदिस है, उसने कई आतंकी हमले किए हैं। उसने पिछले साल आई.एस.आई.एस. से आर्थिक, हथियारों और रणनीतिक मदद के लिए अपना दूत सीरिया भेजा था। इस गुट ने आई.एस.आई.एस. के साथ मिलाने के पहले ही दुश्मनों का सिर कलम करने जैसे मध्ययुगीन तरीके अपना लिये थे। सिनॉय प्रांत पर कब्जे के बाद इस गुट के ऑन लाइन वीडियो बयानों में आई.एस.आई.एस. से रिश्तों का खुलकर इजहार किया जाने लगा।

आई.एस.आई.एस. ने अफगानिस्तान के नंगरहार प्रॉविंस के ईस्टर्न बॉर्डर आचिन में कई अहम इलाकों पर कब्जा कर लिया है। अफगानिस्तान में जैसे-जैसे आतंकी संगठन आई.एस.आई.एस. का दबदबा बढ़ रहा है, वैसे-ही-वैसे तालिबान के साथ पाकिस्तान की खुफिया एजेंसी आई.एस.आई की भी चिंताएँ बढ़ती जा रही हैं। अफगानिस्तान में आई.एस.आई.एस. की लड़ाई की खबरों ने आई.एस.आई. को परेशान कर दिया है। उसने अब इस परेशानी से निकलने का तरीका निकाला है। एक ऐसा तरीका, जिसके बाद शायद भारत की मुश्किलें और चिंताएँ बढ़ सकती हैं।

पाकिस्तानी खुफिया एजेंसी आई.एस.आई. ने अपने ऑफिसर्स की एक टीम बनाई है, जिसे तालिबान के पूर्व नेताओं के साथ बात करने का जिम्मा सौंपा गया है। अफगानिस्तान में संघर्ष के दौरान तालिबान को आई.एस.आई.एस. के हाथों मुँह की खानी पड़ी है। इराक और सीरिया के बाद अब आई.एस.आई.एस. का अगला ठिकाना अफगानिस्तान है। हाल ही में उसने अफगानिस्तान में जाकर एक व्यक्ति का सिर कलम करने का वीडियो भी जारी किया है। बताया जा रहा है कि यह वीडियो तालिबान के कमांडर का है।

आई.एस.आई.एस. अफगानिस्तान में अपने वर्चस्व की लड़ाई के लिए यहाँ के युवाओं को शामिल करना चाहता है। इसके लिए वह पूरी तरह से तालिबान में हो रही टूट पर निर्भर है। वहाँ आई.एस.आई.एस. के अफगानिस्तान में जारी संघर्ष में 60 प्रतिशत लड़ाके तालिबान के पूर्व सदस्य हैं। आई.एस.आई के बेस्ट ऑफिसर्स की एक टीम तालिबान के पूर्व सदस्यों के साथ बातचीत कर रही है। ये वही सदस्य हैं, जो अफगानिस्तान में आई.एस.आई.एस. में शामिल हो गए हैं। टीम से कहा गया है कि वे सदस्यों से तालिबान की ओर वापस लौटने को कहें। अभी तक आई.एस.आई. को इस काम में कोई भी सफलता नहीं मिल सकी है। तालिबान के कई पूर्व नेता अब संगठन में

शामिल नहीं होना चाहते। फिलहाल वे आई.एस.आई.एस. के साथ खुश हैं।

अफगानिस्तान की राजधानी काबुल में पिछले दिनों हुए आत्मघाती हमले में कम से कम 80 लोगों की मौत हो गई। धमाके जिस जगह पर हुए, वहाँ हजारा शिया समुदाय के हजारों लोग प्रदर्शन कर रहे थे। यह हमला अफगानिस्तान के आई.एस.आई.एस. ने करवाया था।

वैसे इस संगठन की वैश्विक पहचान तभी स्पष्ट हो गई थी, जब खिलाफत बनने के बाद हजारों विदेशी नागरिक इस संगठन की तरफ से लड़ने के लिए इराक और सीरिया आए। संयुक्त राष्ट्र की रिपोर्ट के अनुसार नवंबर, 2014 तक 80 से अधिक देशों से हजारों लोग युद्ध और उससे जुड़े कामों में शामिल होने के लिए आए। 2015 में आए विदेशियों में से 3400 पश्चिमी देशों से भी थे।

रूस से 1,700, जॉर्डन से 1,500, मोरक्को से 1,500, फ्रांस से 1,200, तुर्की से 1,000, लेबनान से 900, जर्मनी से 650, 600 से 3,000, ट्यूनीशिया से 2500 एकत्र किए गए आँकड़े अप करने के लिए संकेत मिलता है। 600 लीबिया, 500 उजबेकिस्तान से, 500 पाकिस्तान से, बेल्जियम से 440, तुर्कमेनिस्तान से 360, मिस्र से 360, सर्बिया से 350, बोस्निया से 330, चीन से 300, कोसोवो से 300, स्वीडन से 300, ऑस्ट्रेलिया से 250, 250 कजाकिस्तान से, 250 नीदरलैंड से, आस्ट्रिया से 200, अल्जीरिया से 200, ताजिकिस्तान से 190, 180 से संयुक्त राज्य अमेरिका, 150 नॉर्वे से, 150 डेनमार्क से, 140 अल्बानिया से, कनाडा से 130, 120 इजराइल/फिलिस्तीन, 110 से यमन, सूडान से 100, किर्गिजस्तान, स्पेन से 100, इटली से 80, सोमालिया से 70, कुवैत से 70, फिनलैंड से 70, यूक्रेन से 50, स्विट्जरलैंड से 40, 30 आयरलैंड से, से 100 और 18 भारत से। दरअसल तब इस बात की आशंका प्रकट की जा रही थीं कि जब ये विदेशी लड़ाके अपने देशों में लौटेंगे तब अपने देशों की सुरक्षा के लिए खतरा साबित हो सकते हैं। वैसे बहुत से विदेशी वापस अपने देश लौटने भी लगे हैं और आई.एस.आई.एस. की सरकार उन्हें रोकने के लिए कई तरह की बंदिशें भी लगा रही है। आई.एस.आई.एस. के कई विदेशी तो काफी चर्चा में भी रहे, खासकर जिहादी जॉन का नाम खासा चर्चा का विषय बना था। वह एक 27 वर्षीय आतंकवादी था, जो आई.एस.आई.एस. द्वारा बनाए गए कई वीडियो में बंदियों का सिर काटते नजर आता था। बाद में इसलामिक स्टेट की पत्रिका ने इस बात की पुष्टि कर दी है, जिहादी जॉन के रूप में चर्चित ब्रितानी चरमपंथी की नवंबर में एक ड्रोन हमले में मौत हो गई थी।

जिहादी जॉन का असली नाम मोहम्मद एमवाजी था। नवंबर में अमरीकी सेना ने कहा था कि वह इस बात को लेकर करीब-करीब आश्वस्त है कि उसने रक्का में जिहादी जॉन को मार गिराया है। रक्का को इसलामिक स्टेट का गढ़ माना जाता है।

पत्रिका के मुताबिक एमवाजी की मौत 12 नवंबर को हुई, जब उसकी कार ड्रोन हमले के निशाने पर आई। हमले में कार पूरी तरह नष्ट हो गई और जिहादी जॉन की मौके पर ही मौत हो गई। एमवाजी को सबसे पहले अगस्त, 2014 में एक वीडियो में नकाब पहने देखा गया था, माना जाता है कि इस वीडियो में अमरीकी पत्रकार जेम्स फोली की हत्या दिखाई गई थी। लंदन में पले-बढ़े कंप्यूटर प्रोग्रामिंग ग्रेजुएट एमवाजी के रूप में जिहादी जॉन की पहचान फरवरी, 2015 में हुई। अमरीकी पत्रकार स्टीवेन सोटलॉफ, हेंस, हेनिंग और अमरीकी सहायताकर्मी अब्दुल रहमान कासिग की हत्या वाले वीडियो में जिहादी जॉन को देखा गया। इसके बाद से ही जिहादी जॉन अमरीकी और ब्रितानी खुफिया एजेंसियों के निशाने पर था।

आई.एस.आई.एस. की तरफ विदेशी महिलाएँ भी काफी तादाद में आकर्षित हुईं। कुछ समय पहले इस आतंकी संगठन ने धर्म के नाम पर महिलाओं का यौन शोषण करने का तरीका ढूँढ़ निकाला—जिहाद अल-निकाह। ट्यूनीशिया की बहुत सी महिलाएँ सीरिया और इराक में इस संगठन के उकसावे पर चली तो गई थीं, लेकिन जो कुछ लौटी हैं, उनमें ज्यादातर गर्भवती हैं। आई.एस.आई.एस. की एक शाखा है अलफारूक, जो आई.एस.आई.एस. लड़ाकों को सेक्स के लिए महिलाएँ उपलब्ध कराने की जिम्मेदारी निभा रहा है। दरअसल, इसलाम को माननेवाले कुछ तबकों में मान्यता है कि यदि कोई महिला विवाहित होने के बाद भी किसी जिहादी से शारीरिक संबंध बनाती है तो भी वह जायज है। यदि वह निकाह के बिना भी ऐसा करती है तो वह जायज है, यानी जिहाद अल-निकाह। वह ऐसी मुहिलाओं को मुजाहिद कहकर आमंत्रित करता है। ट्यूनीशिया समेत कई अफ्रीकी देशों, एशिया और यूरोपीय देशों से कई महिलाएँ इस झाँसे में आकर सीरिया पहुँची हैं। उनसे चौबीस घंटे के दौरान आई.एस.आई.एस. के कई सदस्यों से शारीरिक संबंध बनाने को कहा गया। इसके लिए एक टाइम-टेबल बनाया दिया गया कि कौन सी महिला किस आतंकी के साथ कितना समय बिताएगी। इन महिलाओं से 20 से 100-100 आतंकियों ने दुष्कर्म किए, जिन्होंने विरोध किया, उनकी हत्या कर दी गई। दुष्कर्म करने के बाद महिलाओं को या तो बेचा या फिर उन्हें वापस उनके देश भेज दिया गया। अब इनमें से ज्यादातर गर्भवती हैं। इस जिहाद अल-निकाह का कुछ सलाफी सुन्नी मुसलिम संगठन समर्थन करते हैं।

आई.एस.आई.एस. ऑन लाइन या सोशल मीडिया के माध्यम से महिलाओं को बहलाता है। इसके अलावा विदेशों की कुछ महिलाएँ भी आई.एस.आई.एस. के इस काम में हाथ बँटाती हैं। वे यूनिवर्सिटी जाकर छात्राओं को जिहाद अल-निकाह के बारे में बताती हैं और उन्हें तैयार करती हैं और सीरिया जाने के लिए बहलाती-फुसलाती हैं, फिर सीरिया जाने का इंतजाम भी करती हैं। आई.एस.आई.एस. के आतंकी अबु अनास

अल-लिबी ने जिहाद अल-निकाह मानने से इनकार करनेवाली फालूजा की लगभग 150 महिलाओं की हत्या कर दी थी। उन महिलाओं को एक लाइन में खड़ा करके एक-एक कर उनकी हत्या की गई थी।

ऐसे बहुत से मामले सामने आए हैं, जिनमें युवतियाँ चोरी-छिपे अपने घर से जिहादी वधू बनने के लिए भाग गईं और आई.एस.आई.एस. से जुड़ गईं। 15 साल की एक फ्रांसीसी किशोरी नोरा अल-वेथी फेसबुक के माध्यम से एक जिहादी के संपर्क में आई, जिसके बाद वह घर से चुपचाप भाग गई और सीरिया के लिए उड़ान भरी और अंत में वहाँ पहुँचकर एक आतंकवादी के साथ शादी कर ली। हालाँकि वह जल्द ही अपने परिवार के संपर्क में आई और उसने अपनी जिंदगी की सबसे बड़ी गलती के लिए रोते हुए पश्चात्ताप भी किया, लेकिन दुर्भाग्यवश वह फिर कभी अपनों के बीच वापस नहीं लौट सकी। फ्रांसीसी किशोरी की तरह ही वियना की दो युवतियाँ सामरा क्सिनोविक 16 वर्षीय और सबीना सेलिमोविक 15 वर्षीय सीरिया में जिहादियों से जुड़ने के लिए अपने घर को छोड़कर निकल गईं। 16 वर्षीय जहरा और सलमा हलान दो जुड़वा बहनें अपने परिजनों को जानकारी दिए बिना ही चार्लटन मैनचेस्टर से सीरिया के लिए निकल गईं।

यह सारा घटनाक्रम बताता है कि आई.एस.आई.एस. भले ही दुनिया भर में अपनी हैवानियत के लिए बदनाम हो, मगर विदेशी बड़े पैमाने में उसकी तरफ अकर्षित हो रहे हैं। वह तालिबान, अलशबाब और बोको हराम जैसा क्षेत्रीय संगठन नहीं है, वह ग्लोबल संगठन है।

□

डिजिटल खिलाफत

एक सूक्ति है—विचारों के युद्ध में किताबें हथियार होती हैं, लेकिन नए जमाने के हिसाब से इसे बदलना पड़ेगा। नई सूक्ति होगी—विचारों के युद्ध में सोशल मीडिया से ज्यादा मारक हथियार कोई नहीं होता। आई.एस. ने इस हकीकत को बखूबी समझा। आई.एस. जिहादी समूह अन्य इसलामी आतंकवादी संगठनों से न सिर्फ ज्यादा क्रूर है, बल्कि सोशल मीडिया का चैंपियन भी है। वह बहुत पेशेवर ढंग से सोशल मीडिया का इस्तेमाल करता है कि उसका लोहा मानना ही पड़ता है। एक लेखक अब्दल बारी अटवान ने तो अपनी पुस्तक का नाम ही रखा है 'इसलामिक स्टेट—डिजिटल खिलाफत'।

इसमें वे कहते हैं कि डार्क नेट का बड़े पैमाने पर उपयोग, हैकिंग और अंतरराष्ट्रीय साइबर हमले, जिहादी कंप्यूटर गेम्स, इसलामिक मैच मेकिंग एप्स विकसित करके आई.एस.आई.एस. के सदस्यों ने यह साबित कर दिया कि वे डिजिटल दुनिया के उस्ताद हैं। ऐसा कहते हुए वे आई.एस.आई.एस. के चरित्र के सबसे बड़े अंतर्विरोध को उजागर करते हैं कि वह मध्ययुगीन मूल्यों पर आधारित समाज के निर्माण के लिए 21वीं सदी की टेक्नोलॉजी का उपयोग कर रहा है। यह खासियत खासकर तब उभरकर आती है, जब हम देखते हैं कि यह संगठन केवल प्रचार-प्रसार के लिए न केवल साइबर दुनिया का बखूबी इस्तेमाल करता है वरन् नए रंगरूटों को भरती करने, दुनिया भर के समर्थकों तक अपने निर्देश, संदेश और सोच को पहुँचाने के लिए साइबर संसार का उपयोग करता है। केवल इंटरनेट के जरिए अपनी विचारधारा फैलाकर उसने दुनिया भर के 30 हजार विदेशियों को भरती किया। एटवान कहता है—डिजिटल टेक्नोलॉजी के बिना इसलामिक स्टेट का अस्तित्व में आना ही संभव नहीं था, टिके रहने और विस्तरित होने की तो बात जाने ही दीजिए। उसके ज्यादातर नेता और सदस्य बीसवीं सदी के मनुष्य है, जिन्होंने इंटरनेट, मोबाइल फोन और सोशल नेटवर्किंग साइट्स के बगैर दुनिया देखी ही नहीं थी।

उसके सदस्य यू ट्यूब, ट्विटर, जस्ट पेस्ट, इंस्टाग्राम और स्काइप का अपनी प्रचार सामग्री, अपनी उच्च गुणवत्तावाली फिल्मों, फोटो और बातचीत में शामिल होने का

इस्तेमाल करते हैं। वे अपनी वेबसाइट और कंप्यूटर गेम्स विकसित करते हैं। गोपनीय डिस्कशन कराते हैं, बम बनाने के तरीके बताते हैं। सरकारों के साथ कुत्ते-बिल्लीवाला खेल खेलते हैं। 2014 में अमेरिका ने इंटरनेट से जिहाद से जुड़ी पोस्ट हटा दीं तो ब्रिटेन में हर हफ्ते 1100 ऐसी पोस्ट हटाई जाती हैं।

कुल मिलाकर सोशल मीडिया आई.एस.आई.एस. की ताकत है। उसका तुरूप का इक्का है। कुछ लोग तो कहते हैं उसकी सैनिक ताकत से उसकी साइबर ताकत ज्यादा मारक है। उसकी यह ताकत इराक में उसकी जीत के समय से ही दिखाई देने लगी थी। मोसुल की जीत के समय से ही ऑन लाइन मीडिया में उसकी महारत नजर आने लगी थी। तब आई.एस.आई.एल. के एकाउंट में—ब्रूटल एक्जीक्यूशन ऑफ गवर्मेंट एलाइड फाइटर्स—शीर्षक से फोटो पोस्ट किए गए थे। ये फोटो उसके ऑन लाइन प्रचार अभियान का हिस्सा थे, जिससे स्पष्ट होता था कि इस संगठन ने युद्धक्षेत्र में ही नहीं, वरन् इंटरनेट पर भी महत्त्वपूर्ण सफलता हासिल की है। देखते-देखते वह ऑन लाइन पर भी ताकतवर तरीके से अपनी बात कहनेवाला ब्रांड बन गया। उसकी यह रणनीति काम कर कर गई और दुनिया भर के हजारों युवाओं के आई.एस.आई.एस. में शामिल होने की वजह बन गई। 'एटलांटिक' पत्रिका ने तो लिखा था—यह सही है कि ऑन लाइन मीडिया में आई.एस. का काफी जोर है, मगर इसमें से काफी समर्थन उसके मीडिया अभियान का है, जो कई अमेरिकी सोशल मीडिया गुरुओं को लज्जित कर देगा। ऑन लाइन मीडिया के सोशल नेटवर्क से आई.एस.आई.एस. अपने रक्तरंजित फोटो, नृशंसता के दृश्यों से डराने का मौका भी नहीं छोड़ता, लेकिन उसके साथ धार्मिक और समकालीन छवियाँ संभावित लड़ाकों को लुभाती हैं। इसके साथ जेंडर बैलेंस बनाकर रखा गया है, जो इस तथ्य की तरफ इंगित करता है कि उनका पवित्र युद्ध पहले धर्मद्रोही मुसलमानों के खिलाफ, फिर काफिरों के खिलाफ है। जो लोग इस संगठन में शामिल होंगे, उनको बार-बार याद आएगी खिलाफत की फैंटेसी या इसलाम की भूमि। यह बहुत से आशाहीन लोगों को जीने का उद्देश्य देगी।

इसलिए आई.एस.आई.एस. ने मीडिया में अच्छा-खासा पैसा लगाया है, लेकिन बहुत सोच-समझकर सुनियोजित तरीके से। फिर उसके पास बिना थके जुटे रहनेवाले समर्थकों की ऑन लाइन फौज भी है। इसके साथ ही मीडिया समूह भी हैं, जो उसकी विचारधारा और उसकी खबरों का बखूबी प्रचार करते हैं। यह कहना अतिशयोक्ति नहीं होगा कि सोशल मीडिया का बखूबी इस्तेमाल और विश्व मीडिया का ध्यान अपनी तरफ खींचना भी खासियत बन गई है। आई.एस. की ऑन लाइन मीडिया रणनीति के केंद्र में एक अनुशासित, चुस्त और कई परतवाला संगठन है, जिसने अन्य जिहादी गुटों को बहुत पीछे छोड़ दिया है। जितनी भी रिसर्च इस विषय पर की गई हैं, उनसे साफ होता

है कि आई.एस.आई.एस. अपने मीडिया ऑपरेशंस के लिए जरूरी हाइटेक उपकरणों को खरीदने में सबसे ज्यादा पैसा खर्च करता है।

मीना अल लामी व पीटर किंग की बी.बी.सी. मॉनीटरिंग में छपी रिपोर्ट के मुताबिक कई भाषाओं में चलनेवाले रेडियो स्टेशन और पत्रिकाओं के अलावा रोज जारी होनेवाले वीडियो और फोटो दरशाते हैं कि इसलामिक स्टेट पूरी तरह पेशेवराना अंदाज में अपनी मीडिया मुहिम चला रहा है। यह उसके पूर्ण रूप से अलग राज्य के दावे को बल देता है। यह आतंकवादी समूह अपनी गतिविधियों से सुर्खियाँ बटोरता रहा है। एक से एक दिल दहलानेवाले वीडियो, जो प्रोडक्शन के लिहाज से भी उच्च गुणवत्तावाले होते हैं, उनके जरिए इसलामिक स्टेट चर्चा में बना रहता है। मीडिया मैनेजमेंट के जरिए इसलामिक स्टेट अपने शासन और सैन्य क्षमता के बारे में बताता रहता है, जिससे नए लड़ाकों की भरती में उसे मदद मिलती है। यह संगठन इसके जरिए अपने नुकसान और कुछ हद तक हार से भी लोगों का ध्यान हटाने की कोशिश करता है। इसलामिक स्टेट ने अपनी मीडिया गतिविधियों को 2014 के मध्य में जमीनी कब्जे के बाद बढ़ाया और कई भाषाओं में प्रकाशन और प्रसारण शुरू किए, ताकि उनकी पहुँच सही मायने में ग्लोबल हो सके। आई.एस. के रेडियो स्टेशन का नाम अल-बायान है, जो इराक और सीरिया में प्रसारण करता है। यह इसलामिक स्टेट की ताकत को प्रदर्शित करने का मंच भी है। इसलामिक स्टेट के टेलीविजन प्रसारण की कोशिशों को अब तक कामयाबी नहीं मिली है, लेकिन संगठन के समर्थकों ने इंटरनेट टी.वी. चैनल शुरू किया है। अल बायान व्यवस्थित रूप से अपने रोजाना प्रसारित होनेवाले न्यूज बुलेटिन को छह भाषाओं में ऑन लाइन पेश करता है, जो पहली नजर में ही अपनी साज-सज्जा से आकर्षित करते हैं।[1]

आई.एस.आई.एस. की ऑन लाइन मैगजीन 'दबिक' संगठन की सबसे पॉपुलर मीडिया विंग है। इस वेबसाइट पर संगठन ने 500 मिलियन डॉलर की रकम इनवेस्ट की है। आई.एस.आई.एस. दबिक को अपने एजेंडे को आगे बढ़ाने के लिए बखूबी प्रयोग करता है। कुछ दिनों पहले खबर छपी थी कि 'दबिक' यूरोप के कई देशों और अमेरिका में इ-कॉमर्स कंपनी एमेजॉन की वेबसाइट पर ऑन लाइन बेची जा रही है। यह मैगजीन ब्रिटेन, फ्रांस, स्पेन, जर्मनी और इटली में बेची जा रही है। वेबसाइट पर इस मैगजीन की कीमत 27 पाउंड रखी गई है। पत्रिका के प्रकाशक के तौर पर आई.एस.आई.एस. की मीडिया शाखा अल-हयात मीडिया सेंटर का नाम दिया गया है।

हालाँकि अब मैगजीन की बिक्री के विज्ञापन को एमेजॉन ने साइट से हटा दिया है। एमेजॉन ने बयान जारी कर कहा है, ''मैगजीन अब बिक्री के लिए वेबसाइट पर उपलब्ध नहीं है।'' बता दें कि 'दबिक' मैगजीन में जिहाद, फोटो रिपोर्ट, करेंट इवेंट और आई.एस.आई.एस. से जुड़ी खबरें प्रकाशित की जाती हैं। इस मैगजीन में महिलाओं

को गुलाम बनाने और उनसे रेप करने को जायज ठहराया गया है।

बी.बी.सी. की एक अन्य रपट के मुताबिक आई.एस. की ऑन लाइन मीडिया रणनीति में सबसे ऊपर आई.एस. की मीडिया शाखा है, जो वीडियो, बयान और ताजा खबरें तैयार करती है। फिर इसे ऑन लाइन टीम की मदद से फैला दिया जाता है। संगठन के मुख्य मीडिया प्रोडक्शन हाउस अल-आइटिज्म, अल-फुरकान और अल-हयात मीडिया सेंटर (एच.एम.सी.) हैं। इसके अलावा आई.एस. के कई प्रादेशिक 'मीडिया कार्यालय' भी हैं, जो इराक और सीरिया को कवर करते हैं। इनका गठन 2014 में किया गया, ताकि आई.एस. के 'इलाकों' के विस्तृत खबरें आ सकें और आई.एस. का मीडिया, आउटपुट बढ़ सके। साफ है कि इसका लक्ष्य न सिर्फ संभावित लड़ाकों की भरती करना है, बल्कि कुछ और करना भी है।

आई.एस. अपने संदेश को फैलाने के लिए ऑन लाइन समर्थकों पर काफी निर्भर रहा है, लेकिन पिछले कुछ महीनों में कई सोशल मीडिया प्लेटफॉर्म पर या तो इसे बंद कर दिया गया है या फिर वे भूमिगत हो गए हैं। 2014, जुलाई तक अन्य जिहादी गुटों की तरह आई.एस. की भी ट्विटर पर अच्छी खासी मौजूदगी थी और इसके सभी मीडिया केंद्र इसमें आधिकारिक रूप से सक्रिय थे। हालाँकि सीरिया और इराक में सैन्य सफलता के बाद संगठन के इन अकाउंट्स को लेकर सख्ती दिखाई जाने लगी। आई.एस. ने पहले तो जल्दी-जल्दी इन अकाउंट्स को बदल दिया, जो ट्विटर एडमिनिस्ट्रेशन और संगठन के बीच चूहा-बिल्ली के खेल जैसा लग रहा था।

एमाक नामक न्यूज एजेंसी चौबीसौ घंटे आई.एस.आई.एस. के लिए काम करती है। इसी एजेंसी के जरिए सोशल मीडिया आदि पर अपनी विचारधारा का प्रसार करने के लिए आई.एस.आई.एस. ने हर जगह लोग तैनात किए हैं और फेसबुक, ट्विटर आदि पर भिन्न-भिन्न नामों से उसके तमाम एकाउंट्स चल रहे हैं। वह भी इस तरह कि किसी को खबर न हो और वे अपना काम भी करते रहें। भारत में डेढ़ साल पहले बेंगलुरु के बहुराष्ट्रीय कंपनी में काम करनेवाले मेहँदी मसरूर विस्वास ने आई.एस.आई.एस. का ट्विटर अकाउंट चलाने की बात कबूल की थी। वह बेंगलुरु की एक बहुराष्ट्रीय कंपनी में काम करता था। दिन में वह ऑफिस में काम करता था और रात में आई.एस.आई.एस. के लिए ट्विट करता था। वह आई.एस.आई.एस. के लिए भरती के लिए भी मदद करता था।

ब्रिटेन के एक चैनल ने खुलासा किया था कि इसलामिक स्टेट (आई.एस.आई.एस.) के शीर्ष ट्विटर अकाउंट को एक भारतीय ऑपरेट करता है। इस खुलासे के बाद खुफिया एजेंसियाँ काफी सतर्क हो गईं। जानकारी के अनुसार इस सनसनीखेज खुलासे के बाद पुलिस ने मामले की जाँच शुरू की, उसके बाद मेहँदी मसरूर विस्वास नाम के व्यक्ति को इस आरोप में गिरफ्तार किया। ब्रिटेन के चैनल 4 के दावे के अनुसार ट्विटर पर

आई.एस.आई.एस. के इस अकाउंट को एक भारतीय चलाता है। ट्विटर हैंडल चलानेवाले का नाम मेहँदी है। चैनल के अनुसार, मेहँदी बेंगलुरु में एक एम.एन.सी. में काम करता है और वह एक्जीक्यूटिव है। यह भी दावा किया गया है कि मेहँदी आई.एस.आई.एस. में शामिल होना चाहता है। इस खुलासे के बाद ट्विटर पर @shamiwitness अकाउंट को बंद कर दिया गया है। अकाउंट पर 17 हजार से ज्यादा फॉलोवर्स हैं। इसे हर महीने 20 लाख लोग देखते हैं। चैनल के हवाले से यह खबर भी सामने आई है कि इस ट्विटर हैंडल से सीरियाई सैनिकों की हत्या का वीडियो अपलोड किया गया।

इन माध्यमों के जरिए दूर-दूर बैठे समुदाय विशेष के लोगों से संपर्क कर उन्हें आई.एस.आई.एस. की विचारधारा से जोड़कर आई.एस.आई.एस. के लिए काम करने को प्रेरित किया जाता है। अनेक लोग सोशल मीडिया के जरिए ही आई.एस.आई.एस. से जुड़कर व उसकी विचारधारा से प्रभावित होकर उसके लिए काम भी करने लगते हैं। ऐसे में यह जरूरी हो गया है कि आई.एस.आई.एस. की सैन्य शक्ति से मुकाबला जितना जरूरी है, उतना ही जरूरी है कि साइबर संसार में भी उसे समाप्त किया जाए। इसके माध्यम से ही तो वह इराक और सीरिया में बैठे-बैठे हजारों मील दूर देश में अपने आदमी तैयार कर हमला करवाने में सक्षम हो पा रहा है।

ब्रूकिंग इंस्टीट्यूट द्वारा जारी रिपोर्ट के मुताबिक आइएस समर्थकों द्वारा तकरीबन 46 हजार ट्विटर एकाउंट साल 2014 में सितंबर से दिसंबर के बीच प्रयोग किए गए। आई.एस.आई.एस. ने वर्ष 2014 में जैसे-जैसे अपनी गतिविधियों को बढ़ाना शुरू किया, वैसे-वैसे उसने कई भाषाओं में अपने पब्लिकेशन और जानकारी को ब्रॉडकास्ट करना शुरू किया। इसके जरिए आई.एस.आई.एस. दुनिया भर में अपनी पहुँच को मजबूत करना चाहता था।

जिप्ट के एक रिसर्चर सबरा-अल-कासिम की मानें तो आई.एस.आई.एस. ने करीब तीन बिलियन डॉलर का बजट अपने मीडिया एक्टिविटीज के लिए रखा है। कासिम के मुताबिक आई.एस.आई.एस. के पास सात मीडिया आउटलेट्स हैं, जिनके जरिए लोगों को चरमपंथी धारा की ओर मोड़ने की कोशिशें की जाती हैं। आई.एस.आई.एस. के पास इस समय अजनाद, अल-फुकरान, अल-इतिसाम, अल हयात, माकातिब अल-वेलायात, अल बायान रेडिया, दबिक मैगजीन के साथ ही इराक और सीरिया के हर प्रांत में मीडिया ऑफिस मौजूद हैं।

आई.एस.आई.एस. के पास इस समय अपना एक हाइटेक अजनाद स्टूडियो है। हाई क्वालिटी साउंड रिकॉर्डिंग टेक्नोलॉजीवाले इस स्टूडियो को एक बिलियन डॉलर से तैयार किया गया है। आई.एस.आई.एस. के पास इस समय इतने एडवांस कैमरा हैं कि उन्हें किसी कार या गाड़ियों पर इंस्टाल करके कुछ भी शूट किया जा सकता है।

आजकल लोन वुल्फ के आतंकवादी बहु चर्चा में है, मगर यह ये लोन वोल्फ वे लोग हैं, जो आई.एस.आई.एस. के सोशल मीडिया पर प्रचार को पढ़कर खुद-ब-खुद रेडिकलाइज है। उन्हें किसी मुल्ला-मौलवी या इसलामी प्रचारक ने रेडिकलाइज नहीं किया है। लोन वुल्फ टेररिज्म : अंडरस्टैंडिंग द ग्रोविंग थ्रेट पुस्तक के लेखक जेफ्री सिमोन कहते हैं—

'बुनियादी तौर पर लोन वोल्फ एक व्यक्ति होता है, वे दो व्यक्ति भी हो सकते हैं, वे बाहरी लॉजिस्टीक और आर्थिक सहायता के बिना काम करते हैं। दरअसल वे अपने लिए काम कर रहे होते हैं। उनकी पहचान कर पाना या उन्हें पकड़ पाना मुश्किल होता है, क्योंकि उनकी किसी से बातचीत नहीं होती, न ग्रुप के कोर सदस्य पकड़े जाते हैं।'

दरअसल इंटरनेट ने इस खेल को बदल दिया है। इंटरनेट ने इन आतंकवादियों को यह अवसर दिया है कि आतंकवादी संगठन के वेब पेजेज, ट्वीट्स और ब्लॉग पढ़कर स्वयमेव उग्रवादी बन सकते हैं, लेकिन इससे अधिकारियों को लोन वोल्फ के बारे में जानने का मौका मिल सकता है, क्योंकि कई वोल्फ हमले से पहले ब्लॉग या संदेश भेजते हैं। परंपरागत आतंकवादी और लोन वोल्फ आतंकवादियों में एक फर्क यह है कि लोन वोल्फ आतंकवादी नए-नए तरीके अपनाते हैं।

दरअसल आई.एस. ने सोशल मीडिया का इतने अलग तरीकों से प्रयोग किया है कि उसको दिया गया डिजिटल खिलाफत नाम सार्थक लगता है।

□

बरगलानेवाला भरती-तंत्र

मेरी बात सुनो! मैं तुम्हें बेहद प्यार करता हूँ, उन सबसे ज्यादा, जिनको मैंने प्यार किया है। तुम्हें यहाँ मेरे साथ होना चाहिए। मैं सोच भी नहीं पाता कि तुम उस भ्रष्ट देश में रहती हो। मैं तुम्हारी रक्षा करूँगा। मैं तुम्हें दुनिया की बुराइयों से बचाऊँगा। जब तुम मेरे साथ रहने आओगी, तब तुम देखोगी, मैंने और मेरे रहनेवाले लोगों ने कैसा स्वर्ग बनाया है। तुम चकित हो जाओगी। यहाँ लोग एक-दूसरे की फिक्र करते हैं। वे एक-दूसरे का आदर करते हैं। हम सब एक बड़ा परिवार हैं और हमने पहले से ही तुम्हारे लिए जगह बनाई है। हर कोई तुम्हारा इंतजार कर रहा है। तुम्हें देखना चाहिए कि यहाँ की औरतें कितनी खुश हैं। मेरे एक दोस्त की बीवी ने तुम्हारे आने की खुशी में एक कार्यक्रम आयोजित किया है। तुम्हारी शूटिंग की ट्रेनिंग के बाद वह तुम्हें इस देश के एकमात्र खूबसूरत स्टोर में ले जाएगी, जहाँ बहुत खूबसूरत कपड़े बिकते हैं। बिल मैं ही चुकाऊँगा। तुम अपने मित्र के साथ अपना छोटा सा संसार खुद ही बनाओगी। मैं तुम्हारे यहाँ आने की बात से खुशी के मारे फूला नहीं समा रहा हूँ। मेलोडी, मेरी बीवी जल्दी करो। जल्दी करो। मैं इंतजार नहीं कर सकता। मेलोडी ने कंप्यूटर को देखा, उस अपने से 18 साल बड़े आदमी को। वह उससे प्यार करने लगी थी, हालाँकि उसने उसे केवल स्काइप पर देखा था।

तुम सचमुच मुझे प्यार करते हो, 'मेलोडी फुसफुसाई', अपनी बचकानी और धीमी आवाज में।

मैं अल्लाह के लिए तुमसे प्यार करता हूँ। तुम मेरा खजाना हो। इसलामिक स्टेट तुम्हारा घर है। एक-एक ईंट से हम बेहतर दुनिया बनाएँगे, जिसमें काफिरों के लिए कोई जगह नहीं होगी। हम इतिहास में अपना नाम लिखेंगे। मैंने तुम्हारे लिए अपार्टमेंट देखा है। अगर तुम अपने साथ अपनी सहेलियों को लाओगी तो हम और बड़ा अपार्टमेंट खोज लेंगे। जब मैं दिन में लड़ने जाऊँगा, तब तुम घायलों और बेसहारा लोगों का खयाल रखना। हम लोग शाम साथ-साथ में बिताएँगे।—इंशा अल्लाह।

यह मैसेज था आई.एस. के एक नेता का एना एर्ले के लिए, जिसने मेलोडी के नाम से फेसबुक पर फेक अकाउंट बनाया था। यह जानने के लिए कि आज के सबसे खतरनाक आतंकवादी सोशल मीडिया का उपयोग करके कैसे युवा लड़कियों को भरती करते हैं, लेकिन उसकी यह जाँच उसका दुस्वप्न बन गई।

पिछले कुछ समय से पेरिस में रह रही अन्ना एर्ले एक साप्ताहिक मैगजीन में आई.एस.आई.एस. के प्रोपेगेंडा के बारे में लिख रही थीं। एर्ले ने इस आतंकी संगठन के बारे में कई खुलासे किए। फ्रांस की इस पत्रकार ने फेसबुक पर मेलोडी नाम से एक फेक अकाउंट बनाया, जिसके बाद 38 साल के अबु बिलेल नाम के आतंकी ने इस पत्रकार को फेसबुक पर फ्रेंड रिक्वेस्ट भेजी, जिसमें लिखा था कि तुम जिहादी की पत्नी बन जाओ, मैं तुमसे बहुत प्यार करूँगा, तुमसे शादी करना चाहता हूँ और तुम अपने माता-पिता को भूल जाओ।

आतंकी बिलेल और ये महिला स्काइप के जरिए भी बात करने लगे। आतंकी के कहने पर इस महिला को यह साबित करना पड़ा, वह मुसलिम बन गई, इसके लिए उसने अपनी एक दोस्त से हिजाब खरीदा और अपने शरीर पर बने टैटू को भी हटवाया। जब यह आतंकी से बात करती तो स्काइप के कैमरे को इस तरह से सैट करती, जिससे पूरा फ्लैट खाली दिखे और उसके रहन-सहन से मुसलिम होने का पूरा अहसास हो सके।

एक दिन आतंकी ने इस महिला को प्रपोज कर दिया और सीरिया आने के लिए कहा। आतंकी ने यह भी बताया कि आर्मी (आई.एस.आई.एस. को उसने आर्मी संगठन बताया) में युवाओं की भरती चल रही है, इस संगठन में हमें अरबी और आध्यात्मिक चीजों के बारे में बताया जाता है। उसने यह भी कहा कि हमारे ग्रुप कमांडर अबु बकर अल बगदादी हैं, वे पिछले 15 सालों से जिहादियों के लिए काम कर रहे हैं।

महिला पत्रकार को आतंकी ने यह भी बताया कि वे कैसे काफिरों की क्रूर तरीके से हत्या करते हैं, जिस पर उन्हें गर्व है। इतनी बात होने के बाद मेलोडी (पत्रकार का बदला हुआ नाम) ने उसे बताया कि वे अपनी दोस्त के साथ सीरिया आएँगी, मेरी दोस्त फोटोग्राफर है। आतंकी ने उससे कहा कि वह पहले एम्सटरडम तक प्लेन का टिकट ले, वहाँ उसे आई.एस.आई.एस. की ममान नाम की एक महिला मिलेगी, जो उसे सीरिया लेकर आएगी। आतंकी ने फिर प्लान बदलते हुए कहा कि आप सीधे ही सीरिया आ जाओ।

एक दिन महिला ने सीरिया जाने का सोचा और वह एम्सटरडम एयरपोर्ट पर पहुँच गई। आतंकी बिलेल का फोन आया और उसने महिला से एम्सटरडम एयरपोर्ट से कुछ लग्जरी डिजाइनर्स सामान खरीदने को कहा, जो आई.एस.आई.एस. फाइटर्स को पसंद आ जाएँ। उसने यह भी कहा कि वह सबसे पहले उर्फा (टर्की) पहुँचे, फिर वहाँ मेरे

अगले निर्देश का इंतजार करे।

मेलोडी ने आतंकी से कहा—उसे सीरिया अकेले आने में डर लग रहा है, क्योंकि वह वार जोन (युद्ध क्षेत्र) है, इस बात से आतंकी नाराज हो गया और महिला ने इसी वक्त सीरिया यात्रा रद्द करने का फैसला किया।

मेलोडी ने अपने कदम पीछे हटाए और पेरिस लौटकर इस पूरी स्टोरी को एक मैगजीन के लिए लिखा। इसलामिक आतंकवाद के बारे में एन्ना अर्ले (मेलोडी) ने एक किताब भी लिखी है, जिसका नाम है 'इन द स्किन ऑफ ए जिहादिस्ट' (In the Skin of a Jihadist)।

वहीं एन्ना को तीन अलग-अलग रिपोटर्स से जानकारी मिली कि आतंकी बिलेल की मौत हो गई, लेकिन इस बात के कोई पुख्ता सबूत नहीं हैं कि मौत हुई या नहीं।

पेरिस लौटकर इस पत्रकार ने अपने टेलीफोन नंबर, घर का पता बदल दिया, लेकिन स्काइप अकाउंट पर इसको जान से मारने की धमकी भरे मैसेज मिलते रहते। सुरक्षा अधिकारियों ने पत्रकार से इन संदेशों को डिलीट करने के लिए मना किया, ताकि आतंकी के बारे में जानकारी मिलती रहे।

वहीं आई.एस.आई.एस. ने महिला पत्रकार की फोटो के साथ एक वीडियो भी जारी किया है, जिसमें कहा गया है कि यह महिला कहीं भी आपको दिखे, इसे मार देना।[1]

फेसबुक, ट्विटर, इ-मेल सहित तमाम सोशल मीडिया के मंचों के जरिए आई.एस.आई.एस. विशेष तौर पर महिलाओं और लड़कियों को उज्ज्वल भविष्य के झूठे सपने दिखाकर बहकावे में लेकर पश्चिमी देशों से अपनी ओर आकर्षित करने में लगा है।

आतंक के इस बड़े संगठन के बारे में फ्रांस की एन्ना एर्ले नाम की पत्रकार ने कई चौंकानेवाले खुलासे किए हैं। इस महिला पत्रकार ने उन तीन लड़कियों के बारे में भी पता लगाया कि क्यों ये आई.एस.आई.एस. में शामिल हुईं और क्यों आई.एस.आई.एस. आतंकियों से इन्होंने शादी की।

फ्रांस की पत्रकार की स्टोरी के मुताबिक इस दुनिया में आई.एस.आई.एस. को लेकर महिलाओं में दो तरह की धारणाएँ सामने आ रही हैं, एक प्रकार की महिलाएँ ये जानना चाहती हैं मिडिल ईस्ट में क्या हो रहा है और आई.एस.आई.एस. क्या है ? वहीं दूसरी तरह की महिलाएँ ये सोचती हैं कि आई.एस.आई.एस. में बहादुर सैनिक होते हैं, जो रोमांटिक होते हैं, इनसे शादी करके हमारी जिंदगी बेहतर हो जाएगी।

पिछले साल आई.एस.आई.एस. ने लोगों को भरती करने के लिए सोशल मीडिया अभियान भी शुरू कर दिया है। तमाम रिपोटर्स के मुताबिक महिलाओं के साथ रेप, शोषण, महिलाओं को पत्थरों से मारना जैसी क्रूर वारदातें होने के बाद भी महिलाएँ इस आतंकी संगठन के प्रति आकर्षित होती जा रही हैं।

एक चौंकानेवाली रिपोर्ट के मुताबिक पश्चिमी देशों की लगभग 550 लड़कियाँ और महिलाएँ मिडिल ईस्ट आकर आई.एस.आई.एस. में शामिल हो चुकी हैं। ये महिलाएँ केवल मुसलिम नहीं हैं, दूसरे धर्म की महिलाएँ भी इसलाम कबूल करके इस आतंकी संगठन के लिए समर्पित हो रही हैं। ये समस्या विश्व के लिए बड़ी चुनौती बनती जा रही है। आपको बता दें कि महिला पत्रकार का असली नाम एन्ना एर्ले नहीं है।[2]

आई.एस.आई.एस. ज्यादा-से-ज्यादा देशों में विस्तार करने के लिए नए-नए तरीके अपना रहा है। युवा लड़के-लड़कियों और महिलाओं को आकर्षित करने के लिए वह जमीन से लेकर सोशल मीडिया पर मुहिम चला रहा है। उन्हें आकर्षित करने के लिए हर तरह भौतिक और आध्यात्मिक लालच दे रहा है। एक तरफ बड़े आलीशान फ्लैट का लालच दे रहा है तो जिहाद करके सीधे जन्नत जाने का भी। लड़कियों के लिए जिहादी बहू बनकर सम्मान पाने का प्रलोभन भी शामिल है।

ऐसे बहुत से मामले सामने आए हैं, जिनमें युवतियाँ चोरी-छिपे अपने घर से जिहादी वधू बनने के लिए भाग गईं और आई.एस.आई.एस. से जुड़ गईं। 15 साल की एक फ्रांसीसी किशोरी नोरा अल-वेथी फेसबुक के माध्यम से एक जिहादी के संपर्क में आई, जिसके बाद वह घर से चुपचाप भाग गई, सीरिया के लिए उड़ान भरी और अंत में वहाँ पहुँचकर एक आतंकवादी के साथ शादी कर ली। हालाँकि वह जल्द ही अपने परिवार के संपर्क में आई और उसने अपनी जिंदगी की सबसे बड़ी गलती के लिए रोते हुए पश्चात्ताप भी किया, लेकिन दुर्भाग्यवश वह फिर कभी अपनों के बीच वापस नहीं लौट सकी। फ्रांसीसी किशोरी की तरह ही वियना की दो युवतियाँ सामरा क्सिनोविक 16 वर्षीय और सबीना सेलिमोविक 15 वर्षीय सीरिया में जिहादियों से जुड़ने के लिए अपने घर को छोड़ गईं। 16 वर्षीय जहरा और सलमा हलान, ये दो जुड़वा बहनें अपने परिजनों को जानकारी दिए बिना ही चार्लटन मैनचेस्टर से सीरिया चली गईं।[3]

एक तरफ सारी दुनिया आई.एस.आई.एस. की हत्यारी राजनीति से खौफजदा है, दूसरी तरफ ऐसे युवाओं और युवतियों की तादाद भी बढ़ती जा रही है, जो पलायन कर इसलामिक स्टेट में जाकर बस रहे हैं। आखिर क्या है इसका राज? इसका राज है, उसका भरती-तंत्र, जो लोगों का ऑनलाइन ही ब्रेनवॉश करता है और जो जरा भी दिलचस्पी दिखाता है, उससे संपर्क करता है, उसे अपने साथ जोड़ता है और उसे दुनिया के झगड़े-झंझटों से दूर अपने इसलामिक स्टेट में आने का निमंत्रण देता है, साथ में यह भी लालच देता है कि यहाँ आकर जिहाद करोगे तो सीधे जन्नत जाओगे, 72 हूरों के पास। बड़े दिलवाले लोग हैं, इस धरती पर, जो काल्पनिक हूरों को पाने के लिए मरने को तैयार हो जाते हैं। यह भी भूल जाते हैं, चचा गालिब ने कहा था—'ऐसी जन्नत का क्या करे कोई, जिसमें लाखों बरस की हूरे हों।'

भारत से जिहाद के नाम पर नौजवान कैसे जाते हैं, इसकी हकीकत जानकर आप हैरान रह जाएँगे। इस बात का खुलासा हिंदुस्तान से आई.एस.आई.एस. में भरती होने जा रहे युवाओं ने पकड़े जाने के बाद किया। उन्होंने पूछताछ में बताया कि दुनिया भर से सीरिया पहुँच रहे आतंकियों को सिर्फ मुँहमाँगा पैसा ही नहीं, शादी के लिए एक हूर का लालच भी दिया जाता है। दरअसल, ये वही युवक हैं, जो हिंदुस्तान से सीरिया तक पहुँचने की कोशिश में यू.ए.ई. में पहचाने गए थे और उन्हें हिंदुस्तान डिपोर्ट किया गया था।

डिपोर्ट किए गए तीन युवकों में महाराष्ट्र से मोहम्मद फरहान, कर्नाटक से अदनान हुसैन और कश्मीर से शेख अजहर शामिल हैं। एन.आई.ए. ने जब इन तीनों से पूछताछ की और इनके बैंक अकाउंट और सोशल मीडिया अकाउंट को खँगाला तो यह साफ हो गया कि आई.एस.आई.एस. ने इन्हें खूबसूरत हूरें दुलहन की शक्ल में देने का वादा किया था। बगदादी की बिग्रेड में शामिल होने के लिए रास्ते का खर्चा भी आई.एस.आई.एस. की तरफ से दिया जा रहा है। इन तीनों नौजवानों को भी आई.एस. की ओर से दिरहम की शक्ल में पैसा दिया गया था।

पूछताछ के दौरान इन युवकों ने एन.आई.ए. को बताया कि भारत से जानेवाले युवाओं पर दूसरे देशों की एजेंसी कोई शक न करें, इसके चलते विदेशों में बैठी महिलाओं के साथ उनकी शादी कराई जाती है और फिर दुलहन के साथ उनको सीरिया भेजा जाता है। सीरिया पहुँचने पर महिलाओं को लड़कों से अलग कर दिया जाता है और फिर उस महिला को वापस नए शिकार की तलाश में भेज दिया जाता है, जबकि वहाँ पहुँचे नौजवानों को आई.एस.आई.एस. की सेना में शामिल कर लिया जाता है।

एन.आई.ए. को अंदेशा है कि भारतीयों को आकर्षित करने के लिए आई.एस. आई.एस. अलग-अलग तरीके के वीडियो जारी कर सकता है। खुफिया एजेंसियों ने एक सोशल वेबसाइट की पहचान की है, जिसकी मदद से आई.एस. अपने प्रोपेगेंडा वीडियो जारी कर सकता है। इस खतरे को देखते हुए केंद्र सरकार सभी राज्यों को जल्द ही एक एडवाइजरी जारी कर सकती है। कुछ दिन पहले आए वीडियो को एन.आई.ए. ने CERT-IN की लैब में जाँच के लिए भेजा था। आतंकियों की पहचान कर ली गई है। एन.आई.ए. के मुताबिक इस वीडियो का मकसद भारतीय युवाओं को मोटीवेट करना है। आपको यह भी बता दें कि जिन छह आतंकियों की पहचान हुई है, वे पहले इंडियन मुजाहिदीन से जुड़े हुए थे और किसी-न-किसी रूप में भारत के खिलाफ गतिविधियाँ करते रहे हैं। इनमें से कुछ आई.एस. से जुड़कर लड़ते हुए मारे गए, जिनमें कल्याण का एक युवक शहीम टांकी और आजमगढ़ का युवक बड़ा साजिद भी शामिल हैं।

चैटिंग एप के जरिए निशाना

खुफिया सूत्रों के हवाले से खबर है कि मल्टी एजेंसी और मल्टी सेल एक खास ऑपरेशन के जरिए आई.एस.आई.एस. की ऑन लाइन हरकतों पर नजर रख रहे हैं। आई.एस. के खतरे को देखते हुए खुफिया एजेंसियों ने चैटिंग पर निगरानी रखने के लिए अपना सर्विलांस बड़े स्तर पर बढ़ा दिया है। सूत्र बताते हैं कि ऐसे दो दर्जन से ज्यादा चैटिंग app की पहचान की गई है, जिनके माध्यम से भारत के युवाओं को आकर्षित करने के लिए अलग-अलग तरीके के मैसेज भेजे जा रहे हैं। सूत्रों के अनुसार आई.एस.आई.एस. के आतंकी Viber, Live, Tango, OOVOO, KaKas Talk, Voxer, KIK, Chaton, Hike, Nimbuzz, IM+, Talk Ray, Group me और Face time जैसे चैटिंग app में सक्रिय होकर काम कर रहे हैं। आतंकी संगठन के लोग चैटिंग ऐप की मदद से सीरिया, इराक, ऑस्ट्रेलिया, फिलीपींस, अर्जेंटीना, सूडान और केन्या जैसे देशों में बैठकर आई.एस.आई.एस. में शामिल होने के लिए नौजवानों को आकर्षित कर रहे हैं।[4]

आई.एस.आई.एस. के साइबर जिहादी अपनी टीम बढ़ाने के लिए दुनिया भर के नौजवानों को ही बरगलाने में लगे हैं। फ्रांस हमले के बाद आई खुफिया रिपोर्ट के मुताबिक आई.एस.आई.एस. अब गेमिंग प्लेटफॉर्म प्लेस्टेशन 4 का इस्तेमाल कर रहा है। आई.एस.आई.एस. के आतंकियों को लगता है कि वाट्सएप जैसे सोशल एप के जरिए अब हमले की योजना बनाना खतरे से खाली नहीं, क्योंकि वाट्सएप भी सुरक्षा एजेंसियों की लगातार निगरानी में है। सुरक्षा एजेंसियों के मुताबिक प्लेस्टेशन 4 के जरिए ही आई.एस.आई.एस. युवाओं की भरती भी कर रहा है। प्लेस्टेशन सॉफ्टवेयर की कोडिंग को तोड़ पाना आसान नहीं है। इसलिए साइबर जिहाद में प्लेस्टेशन 4 आतंकियों का मददगार साबित हो रहा है।

नौजवानों को भड़काने के लिए आतंकी फेसबुक, ट्विटर और यू-ट्यूब का भी सहारा ले रहे हैं। इन सोशल नेटवर्किंग वेबसाइटों की मदद से आतंकी संदेश एक-दूसरे को भेजे जा रहे हैं। कुछ दिनों आई.एस.आई.एस. के ऐसे ही नौजवानों ने एक वीडियो भी जारी किया था। इस वीडियो में आई.एस.आई.एस. के नौजवान लड़ाकों ने अपने दोस्तों को आई.एस.आई.एस. में शामिल होने के लिए कहा था।

ब्रिटेन और यूरोप के ऐसे ही नौजवान आई.एस.आई.एस. की साइबर आर्मी का हिस्सा हैं। जानकारों के मुताबिक ब्रिटेन से कुल 760 लोग आई.एस.आई.एस. की तरफ से लड़ने के लिए सीरिया गए थे। इनमें से 450 लोग सीरिया से ब्रिटेन वापस आ चुके हैं।[5] लगता है, वे ज्यादा समय स्वर्ग का आनंद झेल नहीं पाए और अपने नर्क में लौट आए।

संदर्भ–

1. http://hindi.eenaduindia.com/News/Most/2015/08/23190517/What-draws-western-women-to-Islamic-States-violent.vpf
2. वही
3. http://www.udayindia.in/hindi/?p=9452
4. http://aajtak.intoday.in/crime/story/isis-adopting-these-tactics-to-entrap-youth-for-his-terror-plan-1-873471.html
5. अब http://khabar.ibnlive.com/news/duniya/isis-social-media-whats-app-twitter-game-playsation-khabaron-main-khas-432224.html

□

हारते आई.एस.आई.एस. को लोन वुल्फ का सहारा

उसके आतंक से फ्रांस एक बार फिर दहल उठा। वह केवल 30 साल का नौजवान था, ट्यूनीशिया से आकर फ्रांस में बसे समुदाय का। पुलिस उसे शातिर अपराधी के तौर पर जानती थी, वह अकसर हथियारों का इस्तेमाल किया करता था। पुलिस की उस पर नजर रहती थी, लेकिन कभी भी उसके बारे में ये शुबहा तक नहीं हुआ कि वह किसी कट्टरपंथी इसलामी संगठन से जुड़ा हुआ है।

जब वह फ्रांस के राष्ट्रीय दिवस का उत्सव मना रहे लोगों की भीड़ में ट्रक लेकर उन्हें कुचलता हुआ बढ़ा तो उसके पास एक पिस्टल और एक अन्य गन थी। उसने इसी गन से फायरिंग भी की। उसके ट्रक से कुछ हथगोले और अन्य हथियार मिले, लेकिन जाँच में पता चला कि वे नकली थे, लेकिन इतना क्रूर कदम उठाने की उसे प्रेरणा या ट्रेनिंग कहाँ से मिली, यह पता लगाया जाना अभी बाकी है।

फ्रांस में पिछले आठ महीनों में यह दूसरा बड़ा हमला था। हमले के तुरंत बाद पुलिस ने ट्रक के ड्राइवर को मार गिराया। राष्ट्रपति फ्रांसवा ओलांद ने इसे 'फ्रांस की आत्मा' पर हमला बताया। पिछले साल 13 नवंबर को हुए हमले से उभर ही रहा था फ्रांस, जिसमें करीब 130 लोग मारे गए थे। हालाँकि फ्रांस में आतंकी हमलों की सूची लंबी रही है।

अमेरिका के ओरलैंडो के गे क्लब में ऐसा ही खौफनाक वाकया हुआ था। अंधाधुंध फायरिंग करके 50 से ज्यादा लोगों की जान लेनेवाले उमर मतीन के बारे में अभी तक इतना ही पता चल सका है कि वह इसलामिक स्टेट (आई.एस.) से प्रभावित था, हालाँकि यह हत्याकांड उसने इसलामिक स्टेट के किसी निर्देश पर नहीं किया था, लेकिन कई अमेरिकी अधिकारियों के अनुसार मतीन ने हमले से पहले और हमले के दौरान इमरजेंसी सर्विस को फोन करके यह स्वीकार किया था कि वह इसलामिक स्टेट, यानी आई.एस. के लिए प्रतिबद्ध है।

इस घटना से 2015 में कैलीफोर्निया के सैन ब्रैंडिनों में हुई शूटिंग याद आती है, जहाँ हमलावर ने एक क्लीनिक में गोलीबारी करके 14 लोगों की जान ले ली थी और हमले से पहले सोशल मीडिया में स्वीकार किया था कि वह आई.एस.आई.एस. के प्रति आस्था रखता है। इसके बाद आई.एस. ने भी न सिर्फ उसकी प्रतिबद्धता को स्वीकार किया, बल्कि हमले की जिम्मेदारी भी ली।

यह भी एक तरह से आई.एस. की रणनीति का ही हिस्सा है। वह लगातार ऐसे समर्थक तैयार करने की कोशिश करता रहता है, जो जहाँ कहीं भी हैं, जैसे भी हैं, अपनी तरह से उसके लिए कुछ करते रहें। खासतौर से अगर वे खिलाफत वाले क्षेत्र में जा बसने की हिजरत की अपनी जिम्मेदारी निभाने की स्थिति में नहीं हैं। पिछले कुछ समय से इसलामिक स्टेट अपने दुश्मनों से घिर गया है। रूस, पश्चिमी सैनिक गठबंधन और अरब देशों के आसमान से बरसती हजारों मिसाइलों के कारण इराक और सीरिया की अपनी जमीन पर उसकी हालत खस्ता है। वह इराक में 45 प्रतिशत और सीरिया में 20 प्रतिशत जमीन खो चुका है, मगर इसका बदला चुकाने के लिए वह दुनिया भर में आतंकवादी वारदातों को अंजाम देकर कई देशों को दहला रहा है।

आई.एस. ने ओरलैंडो के हमले की जिम्मेदारी ली और कहा कि इस काम को 'इसलामिक स्टेट के एक लड़ाके' ने अंजाम दिया, लेकिन यह बयान जिस तरह संक्षिप्त है, उससे यही लगता है कि संगठन को इस हमले की पहले से कोई जानकारी नहीं थी, और यह किसी अकेले सिरफिरे की हरकत है। इसके विपरीत पेरिस हमले के दौरान जो जिम्मेदारी ली गई थी, उसमें जिस तरह का ब्योरा दिया गया था, वह बता रहा था कि बयान देनेवाला हमले की साजिश में शामिल था।

ये तो थे लोन वुल्फ के बड़े हमले, मगर कभी उनके हमले बहुत छोटे स्तर के भी होते हैं। दक्षिण जर्मनी में एक सिरफिरे शख्स ने चार लोगों को ट्रेन में कुल्हाड़ी मारकर जख्मी कर दिया। हमलावर की कुल्हाड़ी का शिकार हुए तीन लोग गंभीर रूप से घायल हुए, जबकि एक को हलकी चोट आई। यह घटना बवेरिया में वुर्जबर्ग और ट्रेचलिंगन के बीच एक लोकल ट्रेन में हुई। हमलावर को पुलिस ने ढेर कर दिया। चाकू और कुल्हाड़ी से लैस इस हमलावर की पहचान 17 साल के अफगानी युवक के रूप में हुई है।

ये सभी ऐसे आतंकी थे, जिन्हें आज की भाषा में लोन वुल्फ, यानी अकेला भेड़िया, आवारा कुत्ता या अकेला हमलावर कहा जाता है। ये आई.एस.आई.एस. की रणनीति थी, जो जहाँ है, वहीं रहे और हमले का मौका तलाशता रहे, जब मौका मिले, अपने निशाने पर हमला बोल दे। पहली बार किसी आतंकवादी संगठन ने लोन वुल्फ का फंडा अपनाया है। यह बेहद खतरनाक है, क्योंकि इसके लिए न किसी खास ट्रेनिंग या पैसे की जरूरत पड़ती है, सिर्फ ब्रेनवॉश होना चाहिए।

ये लोन वुल्फ की आतंकी घटनाएँ इस तथ्य की ओर संकेत करती हैं कि इसलामिक स्टेट एक स्थायी मानसिक अवस्था बन चुका है। दरअसल इस मामले में आई.एस.आई.एस. अल कायदा से बहुत आगे है, अलकायदा महज आतंक फैलाने का काम कर रहा था तो आई.एस.आई.एस. वैचारिक आतंकवाद का एक ऐसा विचार फैलाने में लगा है, जो आम से दिखनेवाले साधारण लोगों को हिंसक तरीके अपनाने के लिए उकसाता है।

जिस तरह देसी उत्पाद ग्लोबल ब्रांड का ठप्पा लगते ही आकर्षण का केंद्र बन जाता है, उसी प्रकार किसी भी तरह की हिंसा में आई.एस.आई.एस. का ठप्पा लगते ही वह वैश्विक घटना में बदल जाती है। आई.एस.आई.एस. के पीछे बड़ी संगठित ताकत सक्रिय रहती है, लेकिन अब इस नए आतंकवाद को किसी संगठन की लंबे अरसे तक योजना बनाकर, उस पर करोड़ों रुपए खर्च कर हमले करवाने की जरूरत नहीं। कोई भी अकेला इनसान इन्हें अंजाम देकर दुनिया भर में दहशत फैला सकता है। अब दुनिया भर में ऐसी ही दहशत पैदा करने के लिए एक या दो लोग ही काफी होंगे। वह किसी एक जीप या कार पर सवार हो, किसी भीड़ को कुचलता हुआ निकल सकता है या फिर रसोई में काम आनेवाले चाकू की मदद से ही किसी भीड़वाले इलाके में एक साथ दसों लोगों का कत्ल कर सकता है। ऐसी हरकत चीन के शिन्च्यांग में देखी गई है। ऐसे इनसान के लिए कोई धार्मिक आतंकवादी या अलगाववादी संगठन प्रेरणा का स्रोत बनता है। उसे संगठन से मदद की कोई जरूरत नहीं होती और न ही उसके निर्देशों की जरूरत होती है। ऐसे लोग कई देशों के लिए एक बड़ी परेशानी बने हुए हैं। बहरहाल, अकेला भेड़िया या आवारा कुत्ता जिस तरह पनप रहे हैं, उनसे निबटने के लिए सैन्य या पुलिस ताकत से काम नहीं चलेगा। ऐसे तत्त्व अब हर समाज में नजर आ रहे हैं।

इस सिलसिले में जो शोध हुए हैं, वे बताते हैं कि ऐसे 'लोन वुल्फ' अकसर किसी छोटे से नेटवर्क का हिस्सा होते हैं। कुछ तो सिर्फ परिवार के सदस्यों और दोस्तों से मदद लेते हैं या उनकी असलियत बहुत नजदीकी लोगों को ही पता होती है। बोस्टन में बम धमाका करनेवाले दोनों लोग भाई थे, जबकि सैन बैरंडिनो में हमला बोलनेवाले पति-पत्नी थे। यूरोप में पिछले नौ महीनों में इस तरह के जो हमले हुए हैं, वे नौजवानों के छोटे से नेटवर्क का काम था। वे एक-दूसरे को जानते थे, दोस्त थे या पास-पड़ोस के ही लड़के थे। खुफिया एजेंसी के लिए इस तरह के हमलावरों को ढूँढ़ना टेढ़ी खीर होती है, क्योंकि वे अपवाद होते हैं, नियम नहीं।

आधुनिक युग में आतंकवाद का चेहरा कोई खास अलग नहीं है, लेकिन जैसे ही इस पर आई.एस.आई.एस. की मुहर लगती है, हमारी रीढ़ की हड्डी में कँपकँपी छूट जाती है, यह हमें ज्यादा डराता है। आई.एस.आई.एस. महज हत्याएँ नहीं कराता, बल्कि

सभ्य समाज और बर्बरता के बीच का फासला कम करता हुआ ऐसे कृत्य को न्यायसंगत और सही ठहराता है। यह भी समझाता है कि ऐसे हमलों में अगर उनकी जान जाती है तो वह दरअसल शौर्य का प्रतीक है। आई.एस.आई.एस. एक ऐसी फ्रेंचाइज है, जो कोई भी हथिया सकता है, बिना उसकी इजाजत के। सिर्फ इतना भर करना होता है कि हमला करो, हिंसा फैलाओ, बेगुनाह और मासूम लोगों की जान लो और हमले से ठीक पहले एक संदेश जारी कर दो कि इस हमले का रिश्ता आई.एस.आई.एस. से है। आई.एस.आई.एस. को बुरा नहीं लगता, वह भी तुरत-फुरत ऐसे हमलों की जिम्मेदारी या कहें कि श्रेय लेने में पीछे नहीं रहता।

जब आतंक का रूप ऐसा हो जाए तो चुनौती यही है कि इससे निपटा कैसे जाए। तमाम देशों की सुरक्षा एजेंसियाँ कैसे रोकें इस तरह के हमलों को, जहाँ न तो कोई गुट काम कर रहा है, न कोई ट्रेनिंग या उकसावे के कैंप चल रहे हैं, न कोई हथियारों का बड़ा जखीरा जमा किया जा रहा है। अल कायदा के जमाने में तो यही होता रहा है कि एजेंसियाँ ऐसे लोगों पर नजर रखती थीं, जो अपने देश से बाहर जाते थे।

फ्रांस के आतंकी और मतीन में काफी समानताएँ हैं। फ्रांस का हमलावर भी पुलिस की नजर में था, मतीन भी। दोनों ही के बारे में पुलिस को लगता था कि वे नाराज युवक हैं और हिंसा की इस पराकाष्ठा तक नहीं पहुँच सकते। दोनों ही मामलों में पुलिस और एजेंसियाँ गलत साबित हुईं।

फ्रांस के एक शिक्षाविद् के मुताबिक ये वे लोग हैं, जो किसी भी समाज में एडजस्ट नहीं हो सकते। ये लोग एक काल्पनिक दुनिया में रहते हैं और इसलाम के कट्टरपंथ से नहीं, बल्कि अपने ही मन के कट्टरपंथ से प्रभावित हैं। हमलों में आई.एस.आई.एस. का नाम लेना इन्हें अच्छा लगता है, क्योंकि आई.एस.आई.एस. एकमात्र समाज विरोधी और विश्व विरोधी संस्था है। आई.एस.आई.एस. आधुनिकता के खिलाफ है और दुनिया को इसलाम के शुरुआती दौर में ले जाना चाहता है। दरअसल इसलाम का कट्टरपंथी रूप नहीं है, वास्तविकता यह है कि ये कट्टरपंथ का इसलामीकरण है।

'लोन वुल्फ टेररिज्म : अंडरस्टैंडिंग द ग्रोविंग थ्रेट' पुस्तक के लेखक जेफ्री सिमोन आतंकवाद की इस नई प्रवृत्ति के बारे में कहते हैं—

"यह पुस्तक लोन वुल्फ टेररिज्म की बढ़ती समस्या के बारे में है, जो संगठित आतंकवाद से अलग तरह की है, जिसके उदाहरण हम सातवें, आठवें और नौवें दशक और इक्कीसवीं सदी के पहले पाँच सालों में देख चुके हैं। बुनियादी तौर पर लोन वुल्फ एक व्यक्ति होता है, वह दो व्यक्ति भी हो सकते हैं, वे बाहरी लॉजिस्टिक और आर्थिक सहायता के बिना काम करते हैं। दरअसल वे अपने लिए काम कर रहे होते हैं। उनकी पहचान कर पाना या उन्हें पकड़ पाना मुश्किल होता है, क्योंकि उनकी किसी से बातचीत

नहीं होती, न ग्रुप के कोर सदस्य पकड़े जाते हैं।''

वे बताते हैं, ''अपनी पुस्तक में मैंने कहा है कि इंटरनेट ने इस खेल को बदल दिया है। इंटरनेट ने इन आतंकवादियों को यह अवसर दिया है कि आतंकवादी संगठनों के वेब पेजेस, ट्वीट्स और ब्लॉग पढ़कर स्वयमेव उग्रवादी बन सकते हैं। इससे अधिकारियों को लोन वुल्फ के बारे में जानने का मौका मिल सकता है, क्योंकि कई वुल्फ हमले से पहले ब्लॉग या संदेश भेजते हैं। लोन वुल्फ की संख्या भी बढ़ती जा रही है और उनके द्वारा की जानेवाली तबाही भी।

परंपरागत आतंकवादी और लोन वुल्फ आतंकवादियों में एक फर्क यह है कि लोन वुल्फ आतंकवादी नए-नए तरीके अपनाते हैं। बुनियादी तौर पर लोन वुल्फ बहुत खतरनाक होते हैं और बहुत रचनात्मक भी। चूँकि उनके पीछे कोई सामूहिक निर्णय प्रक्रिया नहीं होती, इसलिए वे अपनी पसंद का तरीका या रणनीति चुन सकते हैं। इस कारण लोन वुल्फ की संख्या बढ़ती जा रही है। यह एक ट्रेंड बन सकता है।

आई.एस.आई.एस. आतंकवाद के इतिहास में सबसे ज्यादा तकनीक और मीडिया पसंद गुट है। उन्होंने इंटरनेट के इस्तेमाल में महारत हासिल की हुई है। अल कायदा ने भी उसका इस्तेमाल किया, मगर आई.एस.आई.एस. और ऊँचे स्तर तक ले गया। इसलिए यह कह पाना मुश्किल है कि आनेवाले दिनों में क्या नई बात निकलकर आती है।

हमें यह जानना चाहिए कि आई.एस.आई.एस. इराक और सीरिया में घिर चुका है। हो सकता है, निकट भविष्य में हम देखें कि वह हार चुका है, मगर विकेंद्रित वैश्विक ताकत के रूप में वह बना रहेगा। इंटरनेट और सोशल मीडिया का उपयोग कर लोगों को आत्मघाती हमले करने को प्रेरित करता रहेगा।

2015

- On May 3, 2015, two men fired assault rifles outside an exhibit featuring cartoon images of Muhammad in the Curtis Culwell Center attack in Garland, Texas. A security officer was injured and the men were killed by police.
- On November 4, 2015, Faisal Mohammed stabbed and injured four people with a hunting knife on the campus of the University of California, Merced in Merced, California. He was then shot dead by university police. Mohammad's history was put under investigation by federal authorities due to questions raised about possible Islamism inspired lone wolf terrorism.[82] The Federal Bureau of Investigation eventually concluded that Mohammad was inspired to commit the attack

by the Islamic State of Iraq and the Levant.[83]

- On December 2, 2015, in the 2015 San Bernardino attack, 14 people were killed and 22 injured in an Islamic extremism-inspired mass shooting at San Bernardino, California, United States. A married couple, Rizwan Farook and Tashfeen Malik, attacked the San Bernardino County Department of Public Health training event and holiday party with assault rifles. [citation needed]

2016

- On June 12, 2016, in the 2016 Orlando nightclub shooting, Omar Mateen, a 29-year-old Muslim American of Afghan descent, opened fire at the Pulse gay nightclub, killing 49 people and wounding 53 others. He pledged allegiance to ISIL before the attack

□

आई.एस. का खात्मा दूर नहीं

पिछले करीब दो साल से एक सवाल का जवाब हर कोई जानना चाहता है और वह यह कि हाल के वक्त का सबसे खूँखार आंतकवादी संगठन आई.एस.आई.एस. का खात्मा कब होगा? तो बस यह समझ लीजिए कि उसके खात्मे की शुरुआत हो चुकी है। जिस इराक से उसने आतंक की शुरुआत की थी, उसी इराक में अब उसका आखिरी किला बस ढहने ही वाला है। 'पोलिटीको' पत्रिका में छपी खबर के मुताबिक अक्तूबर में अमेरिकी जनता को अमेरिकी सेना के नेतृत्व में चल रहे संयुक्त अभियान की तरफ से जल्दी ही इराक में जीत का तोहफा मिलनेवाला है। अमेरिका के लोग नवंबर में अपने राष्ट्रपति का चुनाव करनेवाले हैं, उससे पहले उन्हें इराक की जीत का तोहफा मिल सकता है। हालाँकि सेना के सूत्रों का कहना है कि इस अभियान का राष्ट्रपति चुनाव से कोई लेना-देना नहीं है। जल्दी ही इराकी सेना और कुर्द लड़ाके अक्तूबर में मोसुल को घेरने का अभियान शुरू करेंगे और अक्तूबर के अंत तक अभियान पूरा हो जाएगा। मोसुल की जीत के साथ खिलाफत की शुरुआत हुई थी, उसको हारने के बाद खिलाफत का अंत भी हो जाएगा।

उल्लेखनीय है कि पिछले एक साल से अमेरिका के नेतृत्व में आई.एस.आई.एस. के खिलाफ 60 देशों का संयुक्त सैनिक अभियान चल रहा है। इसके तहत ही इराक और सीरिया की सेनाएँ जमीनी हमला कर रही हैं, अब तक इराक की 40 प्रतिशत और सीरिया की 15 प्रतिशत जमीन वापस ली जा चुकी है। रमादी और तिकरित तो आई.एस.आई.एस. के हाथों से पहले ही निकल चुके हैं और अब फालूजा में भी उसके पाँव उखड़ने लगे हैं। उधर इराक के फालूजा से दूर सीरिया के रक्का शहर का हाल भी कुछ ऐसा ही है। आई.एस.आई.एस. के कब्जेवाले इस शहर में आम लोग सबसे बड़ी मुसीबत में हैं। वहाँ से भी लोगों को शहर छोड़कर भागने की मनाही है, लेकिन रहने से कभी भी जान जा सकती है। ऐसे में स्मगलरों की चाँदी हो गई है। वे हर शख्स को शहर से निकालने के लिए मोटी रकम वसूल रहे हैं।

अमेरिकी लेफ्टिनेंट जनरल सीन मैकफारलैंड ने दावा किया है कि पिछले दो साल में आई.एस.आई.एस. के 45000 लड़ाके मारे गए। 20000 संयुक्त अभियान शुरू होने से पहले और 25000 शुरू होने के बाद। उन्होंने दावा किया कि लड़ाई में आई.एस.आई.एस. के लड़ाकों की तादाद कम होती जा रही है। उनका हौसला भी टूट रहा है। इस युद्ध में इसलामिक स्टेट ने 25000 वर्ग किमी. जमीन खोई है। इराक में उसकी 50 प्रतिशत जमीन पर कब्जा किया जा चुका है और सीरिया में 20 प्रतिशत जमीन पर।[1]

दो साल पहले आई.एस.आई.एस. के एक देश के रूप में उदय से सारी दुनिया हतप्रभ थी, मगर उससे ज्यादा सदमा लगा था कि उसने बर्बरता की सारी हदें तोड़ दी थीं। सिर कलम करना, लोगों को जिंदा जलाना, अल्पसंख्यकों का नरसंहार, गुलामी की वापसी, औरतों को सेक्स स्लैव बना देना, बंदियों को यातनाएँ, आतंकवाद को प्रोत्साहन आदि ऐसी तमाम बातें हो रही थीं, जिनसे लगने लगा था कि मानव अधिकार नाम की कोई चीज बची ही नहीं है। आई.एस.आई.एस. की इन हरकतों से दुनिया के देशों में असंतोष घुमड़ने लगा, जिसका नतीजा आई.एस.आई.एस. के खिलाफ गठबंधन के रूप में सामने आया। अगस्त, 2014 में इस गठबंधन ने इराक के खिलाफ हवाई हमले किए। बाद में आई.एस. के खिलाफ ज्यादा व्यापक गठबंधन बना, लेकिन कई महाशक्तियाँ मिलकर भी अपने पिछले अनुभव के कारण आई.एस.आई.एस. के खिलाफ जमीनी लड़ाई लड़ने के लिए तैयार नहीं हो पाईं, मगर उन्होंने आई.एस.आई.एस. से मुक्ति पाने के लिए हवाई हमले का अभियान शुरू किया। वह आज भी जारी है। खरामा-खरामा युद्ध जारी है। उससे आई.एस. के हौसले पस्त हुए हैं। जमीनी लड़ाई लड़नेवाले इराक और सीरिया को उसका लाभ भी हुआ।

आई.एस.आई.एस. के खिलाफ ग्लोबल गठबंधन बना, जिसे आई.ए.आई.एल. विरोधी गठबंधन या डाऐश विरोधी गठबंधन भी कहा जाता है। वह अमेरिका के नेतृत्ववाले देशों का समूह है, जो आई.एस.आई.एल. को हराने के लिए सामूहिक, बहुस्तरीय और दीर्घकालिक रणनीति बनाने के लिए प्रतिबद्ध हैं। आई.एस.आई.एल. विरोधी गठबंधन के सदस्य 59 देशों और यूरोपीय संघ द्वारा 3 दिसंबर, 2014 को जारी किए वक्तव्य के अनुसार गठबंधन इस दिशा में कोशिश करेगा।

1. सैनिक कारवाई को सहयोग करने के लिए क्षमता का निर्माण और ट्रेनिंग;
2. विदेशी आतंकवादियों के आई.एस.आई.एस. की ओर बहाव को रोकने की कोशिश की जाएगी;
3. आई.एस.आई.एल. की आर्थिक मदद को रोकना;
4. आई.एस.आई.एल. के असली चरित्र का पर्दाफाश करना।

अमेरिका ने आई.एस.आई.एल. और सीरिया की अल कायदा के सहयोगी संगठनों

के खिलाफ सैनिक अभियान को 'ऑपरेशन इनहेरंट रिजोल्व' नाम दिया था।

ये बहुराष्ट्रीय संगठन आई.एस.आई.एल. विरोधी गठबंधन के सदस्य हैं—अरब लीग, यूरोपीय संघ और नाटो।

इराक और सीरिया में आई.एस.आई.एस. के खिलाफ जारी लड़ाई अब निर्णायक मोड़ पर पहुँच गई है। इसे आतंकी संगठन आई.एस.आई.एस. के खात्मे की शुरुआत कहा जा सकता है, क्योंकि दुनिया की दो सबसे बड़ी महाशक्तियों—अमेरिका और रूस ने अपने मतभेद को भुलाते हुए आम सहमति बना ली। यह मुद्दा था सीरियाई राष्ट्रपति बशर अल असद की विदाई का। रूस हमेशा से असद को सत्ता से बेदखल किए जाने का विरोध करता रहा है, जबकि अमेरिका 2011 से ही यह कहता आ रहा है कि सीरिया में नरसंहार के दोषी असद को हर हाल में सत्ता छोड़नी होगी।

दरअसल अमेरिका और सोवियत संघ असद के मुद्दे पर विरोधी खेमे में रहे हैं। अमेरिका जहाँ असद के विद्रोहियों को हथियार और आर्थिक मदद उपलब्ध करवाता था तो वहीं रूस असद के विद्रोहियों पर बम बरसाकर खुलेआम अमेरिका को चुनौती देता था। दो महाशक्तियों के इस तरह आमने-सामने आ खड़े होने से दुनिया पर तीसरे विश्व युद्ध तक का खतरा मँडरा रहा था, लेकिन बाद में रूसी राष्ट्रपति ब्लादिमीर पुतिन और अमेरिकी सेक्रेटरी ऑफ स्टेट जॉन केरी के बीच मास्को में हुई बातचीत के बाद अमेरिका फिलहाल असद की तुरंत विदाई की अपनी जिद से पीछे हटने पर सहमत हो गया है।

अमेरिका और रूस ने इस बात पर सहमति जताई कि सीरिया में फिलहाल इन दोनों का उद्देश्य शांति स्थापना और आतंकी संगठन आई.एस.आई.एस. का खात्मा है। असद के भविष्य पर फिलहाल फैसला करने की जरूरत नहीं है। अमेरिका की इस घोषणा से सीरिया में रूस और अमेरिका के आई.एस.आई.एस. के खिलाफ लड़ाई में एक साथ आने से निश्चित तौर पर इस आतंकी संगठन की मुश्किलें बढ़ीं और इसके जल्द खात्मे की उम्मीदें बढ़ गईं। नवंबर में पेरिस और बाद में कैलीफोर्निया में हुए हमले ने आई.एस.आई.एस. के प्रति अमेरिका जैसे ताकतवर देश की चिंता बढ़ा दी। उसे अनुभव हुआ कि सीरिया में असद को सत्ता से बेदखल करने से ज्यादा जरूरी आई.एस. का खात्मा है, लेकिन अमेरिका यह जंग रूस को अपने खिलाफ करके कभी नहीं जीत पाता। इसलिए आई.एस. के खिलाफ जीत के लिए रूसी सहयोग अमेरिका के लिए अनिवार्य सा बन गया था। इन दोनों देशों के साथ आने की जो भी वजह हो, लेकिन अब तक एक-दूसरे के विरोध के कारण सीरिया में बिखरी हुई, इन दोनों की ताकत के एकजुट होने से आई.एस.आई.एस. का अंत आसान हो जाएगा।

इसके बाद रूस ने एक बार फिर सीरिया में आई.एस.आई.एस. के ठिकानों पर हमले शुरू कर दिए हैं। मैडेटेरियन सागर से इसलामिक स्टेट के गढ़ रक्का को टारगेट

कर एक बार फिर मिसाइल हमले किए हैं। रूस ने सीरिया में सी लॉच्ड क्रूज मिसाइल और लाँग रेंज बॉम्बर्स से हमला किया। पेरिस हमले के बाद फ्रांस आई.एस.आई.एस. हेडक्वार्टर्स रक्का में लगातार बम बरसाने लगा। बता दें कि इससे पहले पुतिन ने माना था कि मिस्र में क्रैश हुआ रूसी प्लेन आतंकियों का निशाना बना था।

इससे पहले यू.एस. प्रेसीडेंट बराक ओबामा ने तुर्की के अंताल्या में जी-20 समिट में कहा कि पेरिस पर बड़े हमले के बावजूद हम आतंकियों के खिलाफ जमीनी फौज न उतारने की रणनीति पर कायम हैं। ओबामा ने अमेरिकी सरकार के इस रुख का फिर बचाव किया। उन्होंने कहा कि अमेरिका की अगुआई में आई.एस. के ठिकानों पर हो रहे हवाई हमले कारगर साबित हो रहे हैं। ऐसे में सीरिया की जमीन पर जमीनी फौज उतारना एक गलती होगी।

पेरिस हमले के बाद अमेरिका सवालों के घेरे में था। उस पर आरोप लग रहे हैं कि वह आई.एस.आई.एस. से निपटने के लिए असरदार कदम नहीं उठा रहा। आलोचनाओं के बावजूद ओबामा आई.एस.आई.एस. के खिलाफ जमीनी काररवाई करने को तैयार नहीं हैं। माना जा रहा है कि 2003 में इराक में जमीनी सेना उतारने के बाद आई दिक्कतों के मद्देनजर ओबामा अब मिडल ईस्ट के देशों में जारी संघर्ष में अपनी जमीनी सेना को नहीं झोंकना चाहते। इराक में काफी अमेरिकी सैनिक मारे गए थे।

कुछ आलोचक मानते हैं कि अमेरिका सीरिया में बशर सरकार के खिलाफ लड़ रहे विद्रोहियों को लगातार मदद करता रहा है। इस वजह से भी वह इस लड़ाई का सीधा हिस्सा नहीं बनकर सिलेक्टिव अप्रोच अपना रहा है।

ओलांद ने फ्रेंच पार्लियामेंट में कहा, ''फ्रांस ने इस संकट की शुरुआत में ही कहा था कि सीरिया मामले पर यूनिटी होनी चाहिए, जो आतंकवादियों के खिलाफ काररवाई करने के लिए बहुत जरूरी है। सीरिया आतंकवादियों की सबसे बड़ी फैक्टरी बन चुका है और अंतरराष्ट्रीय समुदाय ने इसे लगातार देखा है।''

तमाम मौजूदा कूटनयिक विरोधों और आई.एस.आई. के खिलाफ बढ़ते हवाई हमलों के बीच अहम सवाल यही है कि क्या बिना जमीनी लड़ाई लड़े आई.एस.आई.एस. को खत्म करना संभव है अथवा नहीं? यूरोप, अमेरिका और रूस तीनों में से कोई जमीनी लड़ाई का इच्छुक नहीं दिखता। जमीनी काररवाई के बिना अनुमान यही है कि केवल आई.एस.आई.एस. नेताओं, उसके लड़ाकों, सैन्य डिपो और तेल कुओं को निशाना बनाकर किए जानेवाले हवाई हमले इस समस्या से पूरी निजात दिलाने में सक्षम नहीं हैं। वैसे अभी तो यही रणनीति है कि अमेरिका के नेतृत्ववाला गठबंधन हवाई हमले करेगा और जमीनी लड़ाई इराक और सीरिया की फौजें लड़ेंगी। यह रणनीति कछुआ चाल से अपना असर दिखा रही है। अब तक अमेरिका के नेतृत्ववाले सैनिक गठबंधन

ने कुल 14301 हमले किए हैं। इनमें तुर्की, संयुक्त अरब अमीरात और अमेरिका हैं। इराक पर 9514 और सीरिया में 4787 हमले किए हैं। इन हमलों में 55 नागरिक मारे गए। अभी ऑस्ट्रेलिया, बहरीन, बेल्जियम, कनाडा, ब्रिटेन, डेनमार्क, फ्रांस, जोर्डन, नीदरलैंड, सऊदी अरब और अमेरिका आदि 13 देशों द्वारा हमले किए जा रहे हैं। सीरिया में अमेरिका समर्थित अरब और कुर्द फौजों ने आई.एस. की फौजों को कोबाने में हराया और ताल अबियाद तथा मनबिज पर कब्जा कर लिया। अब उनका निशाना आई.एस. की राजधानी रक्का है। इराकी फौजों ने किरकित, रामादी और पालुजा पर कब्जा कर लिया है। उनकी नजर निनेवेह प्रांत और मोसुल शहर पर है। शुरुआत से इस वर्ष 31 मई तक इस आई.एस. विरोधी अभियान पर 7.7 अरब डॉलर खर्च हो चुके हैं। उम्मीद है कि ये कोशिशें रंग लाएँगी। वैसे आई.एस. के जानकार का कहना है कि आई.एस.आई.एस. इराक और सीरिया में भले ही हार जाए, मगर वह पूरी तरह खत्म होनेवाला नहीं है। वह अपनी जगह बदलकर अपनी गतिविधियाँ जारी रख सकता है। हो सकता है, वह लीबिया को अपना नया अड्डा बना ले, जहाँ आई.एस.आई.एस. काफी मजबूत है और काफी इलाके पर उसका कब्जा है। यों भी वह विभिन्न देशों में अपनी आतंकी कारवाइयाँ जारी रख सकता है। अब तो वह लोन वोल्फ के जरिए भी कई देशों में आतंक फैला सकता है। कुल बात यह है कि आई.एस. सीरिया और इराक में हार भी जाए, लेकिन इस दुनिया को इतनी आसानी से मुक्ति मिलनेवाली नहीं।[1]

संदर्भ–

1. द हिंदू, 11 अगस्त, 2016

□

खलीफा और भारत

खिलाफत बनने के बाद इराक और सीरिया का शिया-सुन्नी युद्ध भारत के लिए सुदूर मध्य-पूर्व का युद्ध नहीं रहा। जल्दी ही वह हमारी देहरी तक आ पहुँचा। अब तक लोगों की यही धारणा थी भारत के मुसलमान अपनी स्थानीय समस्याओं में इस कदर उलझे हुए हैं कि उन्हें हजारों मील दूर हो रहे शिया-सुन्नी युद्ध में कोई दिलचस्पी नहीं होगी, लेकिन ऐसा नहीं हुआ। पहले खबर आई कि हमारे देश के 18 सुन्नी नौजवान इराक या सीरिया में सुन्नी जिहादियों की तरफ से लड़ रहे हैं। फिर खबर आई कि मुंबई के पास के कल्याण शहर के चार मुसलिम युवा इराक में आतंकी संगठन आई.एस.आई.एस. की तरफ से लड़ने पहुँच गए, तो दूसरी तरफ हजारों शिया अपने इराक स्थित करबला और नजफ की रक्षा के लिए इराक जाने के लिए हस्ताक्षर कर रहे थे। इस तरह शिया और सुन्नी, जो भारत में शांति के साथ रहते हैं, वे इराक में शिया जिहादियों और सुन्नी जिहादियों की तरफ से युद्ध करना चाहते थे, लेकिन सीरिया और इराक के शिया-सुन्नी युद्ध में तेजी के साथ उभरा ग्लोबल जिहाद भारत में अपना कुछ असर दिखाने लगा। कुछ दिनों बाद लखनऊ में सपा सरकार के पूर्व अल्पसंख्यक मंत्री आजम खाँ और शिया समुदाय के लोगों के बीच जो टकराव हुआ, उसे लोग इराक की झलक मानते लगे। अलविदा की नमाज के बाद शियाओं ने न केवल खान के सरकारी आवास को घेरने की कोशिश की, जिस पर पुलिस की प्रदर्शनकारियों पर लाठियाँ चलीं और शिया धर्मगुरुओं समेत कई लोग जख्मी हुए। इसके बाद तो शियाओं ने आजम खाँ के खिलाफ मोर्चा खोल दिया। उनके इस्तीफे की माँग की जाने लगी। यों तो लखनऊ में हमेशा से ही शिया-सुन्नी तनाव रहा है, लेकिन शियाओं में ऐसी उग्रता पहली बार दिखाई दी। मध्य-पूर्व के इराक और सीरिया के युद्ध से यह तनाव और बढ़ा है। सुन्नी नेताओं का यह भी मानना है कि इराक युद्ध ने शियाओं और सुन्नियों में नफरत इतनी बढ़ा दी है कि शियाओं ने इस बार बड़े पैमाने पर भाजपा को वोट डाले।

इसके बाद सुन्नी मौलाना सलमान नदवी भी इस विवाद में कूद पड़े। उन्होंने इराक

में नरसंहार करनेवाले और स्वयं को खलीफा करार देनेवाले आई.एस.आई.एस. के नेता अल बगदादी को न केवल शुभकामनाएँ भेजीं, वरन् पाँच लाख सशस्त्र लड़ाकों को इराक भेजने की बात कहकर सांप्रदायिक उन्माद फैलाने की कोशिश की। उन्होंने सात जुलाई को यह बयान दिया था, लेकिन बाद में वे बयान से मुकर गए और सारा दोष मीडिया पर मढ़ दिया। इतना ही नहीं, उन्होंने भारतीय नौजवानों की फौज बनाने की अपील सऊदी अरब से की और सऊदी अरब सरकार को इस बारे में खत लिख डाला। नदवी कोई छोटी-मोटी हस्ती नहीं हैं। वे दारुल उलूम नदवा लखनऊ के शरीयत विभाग के डीन हैं, जिसकी ख्याति भी दारुल उलूम देवबंद की तरह ही है। इसके अलावा वे आल इंडिया पर्सनल ला बोर्ड और अलीगढ़ मुसलिम विश्वविद्यालय के कोर्ट के सदस्य हैं। दरअसल नदवी सऊदी अरब सरकार को लिखे पत्र में चाहते थे कि वह मुसलिम उम्माह के लिए खिलाफत को संगठित करे। उसके पास एक वैश्विक इसलामी सेना भी हो, जिसके लिए वे पाँच लाख सैनिकों का योगदान देंगे। उन्होंने लिखा कि इराक के शिया उग्रवादियों से लड़ने के लिए अन्य देशों के मुसलिमों से मदद की जरूरत होगी। यह सेना खिलाफत का हिस्सा बन जाएगी, जिसके गठन की उन्होंने सऊदी अरब से अपील की है।

उन्होंने यह भी लिखा कि इन आतंकवादियों को आतंकवादी न कहा जाए, क्योंकि वे महान् कार्य में लगे हुए हैं। उन्होंने सभी जिहादी संगठनों का महासंघ बनाने की अपील की, ताकि वे अपने को एक शक्तिशाली वैश्विक शक्ति में तब्दील कर सकें। इसके अलावा नदवी स्वयंभू खलीफा और आई.एस.आई.एस. के नेता अबू बक्रअल बगदादी को शुभकामनाएँ भेज चुके हैं। इस तरह नदवी सारे एशिया के इकलौते मौलाना हैं, जिन्होंने बगदादी की खिलाफत को मान्यता दी, लेकिन उनके जिस बयान से मुसलिम समुदाय में भी खलबली मची है, वह उनके भारतीय लड़ाकुओं की विदेशों में लड़ने के लिए सेना खड़ी करने की बात से। यह मुसलिम युवाओं को उग्रवादी बनाने की कोशिश थी, जो अब तक तो ग्लोबल जिहाद से दूर ही थे। ऐसे भड़काऊ और सांप्रदायिक उन्माद फैलानेवाले बयानों के बावजूद सरकार या खुफिया एजेंसियों ने सलमान नदवी के खिलाफ कोई काररवाई नहीं की।

इसके बाद खबर आई कि महाराष्ट्र के चार नौजवानों आरिफ फैयाज माजिद, फहद तनवीर शेख, अमन तांडेल और साहीन फारूखी तनकी की आई.एस.आई.एस. के साथ लड़ने की पुष्टि हो चुकी है। इसके अलावा तमिलनाडु, कर्नाटक और आंध्र के कुछ सुन्नी युवकों के मोसुल और तिकरित में आई.एस.आई.एस. के साथ शियाओं के खिलाफ चल रहे युद्ध में शामिल होने की बात भी सामने आई। जब तक कल्याण के अभिभावकों ने अपने बच्चों के बारे में पुलिस को नहीं बताया था, तब तक यही समझा

जा रहा था कि कि भारत के मुसलिम युवा मध्य-पूर्व के शिया-सुन्नी संघर्ष से अछूते हैं। वैसे सीरिया के भारत में राजदूत ने जरूर एक बार टिप्पणी की थी कि भारतीय लड़ाके सीरिया में असद के खिलाफ जारी जिहाद में शामिल हैं और तब विदेश मंत्रालय ने उन्हें बुलाया था, बयान के लिए लताड़ा। वैसे बाद में कुछ समय तक कश्मीर और तमिलनाडु में कई आई.एस.आई.एस. के प्रशंसक उसकी टी-शर्ट पहनकर घूमते देखे गए। पिछले महीने आई.एस.आई.एस. के मुखिया और स्वयंभू खलीफ बगदादी ने मोसुल की ग्रांड मसजिद में अपने पहले भाषण में कहा कि खिलाफत ने कोकेशियन, भारतीय, शामी, चीनी, इराकी, यमनी, मिस्री, मगरिबी, मेरिकी, फ्रेंच, जर्मन और ऑस्ट्रेलियाइयों को इसलाम के दुश्मनों से बदला लेने के लिए एक झंडे तले इकट्ठा किया है।

एक तरफ कुछ सुन्नी इराक जाकर आई.एस.आई.एस. की तरफ से लड़ना चाहते थे तो दूसरी तरफ शिया अपने इराक स्थित धर्मस्थलों-कर्बला और नजफ को सुन्नी हमलों से बचाने के लिए इराक जाना चाहते हैं। दिल्ली स्थित शिया संगठन अंजुमन ए-हैदरी ने उर्दू अखबारों में विज्ञापन दिया है कि इराक के शियाओं को मदद करनेवाले लोग डॉक्टर, नर्स या इंजीनियर के तौर पर इराक जाने के लिए अपने नाम दर्ज कराएँ। विज्ञापन में भले ही इराक के शियाओं की मदद करने के लिए जाने की बात कही गई थी, मगर असल में वे शिया धर्मस्थलों की रक्षा करने जाना चाहते थे। संगठन के नेताओं ने पहले दावा किया था कि बीस हजार लोगों ने अपना नाम दर्ज कराया है। इसमें पच्चीस प्रतिशत महिलाएँ हैं।

इसके बाद आई.एस.आई.एस. की भारत में बढ़ती घुसपैठ का अंदाजा तब आया, जब गुप्तजर एजेंसियों ने बेंगलुरु से आई.एस.आई.एस. के संदेशों को प्रसारित करने के आरोपों में पश्चिमी बंगाल के एक नौजवान मेहीदी मशरूर विस्वास को गिरफ्तार किया। ये युवा दो साल से सोशल मीडिया पर आई.एस. का प्रचार कर रहा था, लेकिन सुरक्षा एजेंसियाँ को कोई खबर नहीं थी। तब ब्रिटेन के एक चैनल ने खबर दी कि इसलामिक स्टेट के ट्वीटर अकाउंट को एक भारतीय चलाता है। आई.एस.आई.एस. के बारे में इस खुलासे के बाद खुफिया एजेंसियाँ काफी सतर्क हो गईं।

यही नहीं, चैनल का दावा था कि अकाउंट हैंडल करनेवाला युवक बेंगलुरु की एक बहूद्देशीय कंपनी में काम भी करता है। चैनल 4 न्यूज के अनुसार शामी विटनेस के नाम से यह अकाउंट चल रहा था। मेहँदी नामक युवक इसे चला रहा था। इसके 17 हजार से ज्यादा फालोअर्स भी हो गए थे। दुनिया के कई आतंकी संगठनों से जुड़े लोग इसे फॉलो कर रहे थे। इसकी वॉल पर हर रोज आई.एस. और उसके मकसद के समर्थन में संदेश प्रकाशित किए जाते थे।

चैनल 4 से कथित बातचीत में युवक ने स्वीकारा है कि वह आई.एस. का समर्थक

है और उसका सदस्य बनने को भी तैयार है, लेकिन उसका परिवार उसी पर निर्भर है, ऐसे में वह जा नहीं पाया। बताया जा रहा है कि वह मोबाइल से ही यह अकाउंट चला रहा था।

कल्याण शहर से चार युवक आरिफ मजीद, शाहीन टांकी, फहद शेख और अमन टांडेल की कहानी भी चर्चा में रही। पुलिस के मुताबिक इंजीनियरिंग के ये चारों विद्यार्थी इराक में धार्मिक स्थलों की यात्रा के लिए 22 तीर्थयात्रियों के एक समूह का हिस्सा बनकर बगदाद गए थे। अगले दिन आरिफ ने बगदाद से अपने परिवार को फोन किया और उन्हें बगैर बताए चले जाने के लिए माफी माँगी। अन्य यात्रियों ने भारत लौटने पर बताया कि आरिफ मजीद, शाहिन टांकी, फहद शेख और अमन टांडेल किराए पर टैक्सी लेकर बगदाद से पश्चिम में स्थित शहर फलुजाह चले गए, जो इराक के चरमपंथ के केंद्र के रूप में उभरा था। एक पारिवारिक मित्र अतीक खान ने संवाददाताओं से कहा कि 26 अगस्त को टांकी ने आरिफ के परिवार को फोन किया था और उससे कहा था कि उनका बेटा सीरिया में आई.एस.आई.एस. के पक्ष में लड़ते हुए शहीद हो गया। अगले दिन आरिफ के परिवार ने कल्याण में जनाजा-ए-गयाबाना (शव की अनुपस्थिति में दिवंगत आत्मा के लिए की जानेवाली रस्म) पढ़ा। बाद में में आरिफ के पिता एजाज मजीद ने कथित रूप से एन.आई.ए. से भेंट की थी और उससे कहा था कि उनका बेटा तीन महीने तक आई.एस.आई.एस. के पक्ष में लड़ाई करने के बाद उसके नियंत्रण वाले क्षेत्र से भागकर तुर्की चला गया और फिर वह भारत लौटना चाहता है। इस तरह भारत के कुछ मुसलिमों ने आई.एस.आई.एस. के साथ जुड़ने की कोशिश की, लेकिन ऐसे लोगों की तादाद भारत जैसे विशाल मुसलिम आबादी को देखते हुए अत्यल्प थी।

जम्मू-कश्मीर में लंबे समय से आई.एस.आई.एस. के बढ़ते प्रभाव के निशाँ मिलते रहे, मगर कोई आतंकी घटना उसकी तरफ से नहीं हुई, पर हर शुक्रवार को पुराने शहर में जुमे की नमाज के बाद कुछ प्रदर्शनकारी आई.एस.आई.एस. के काले झंडे लेकर प्रदर्शन करते हैं। आई.एस.आई.एस. के मुखपत्र 'दबिक' में कहा गया है, ''आई.एस. कश्मीर पर कब्जा करेगा और गाय की पूजा करनेवाले हिंदुओं को खत्म कर देगा।'' मैगजीन के 13वें एडिशन में आई.एस.आई.एस. के अफगानिस्तान-पाकिस्तान रीजन के कमांडर हाफिज सईद खान ने कहा, ''इतिहास गवाह है कि इस रीजन में मुसलमानों का शासन रह चुका है; मगर अब यहाँ गाय की पूजा करनेवाले हिंदू और नास्तिक चीनी रहने लगे हैं; हिंदुओं और काफिर मुसलिमों को खत्म करने और खलीफा के शासन को बढ़ाने के लिए आई.एस. तैयारी कर रहा है।'' सईद ने कहा, ''अफगानिस्तान और पाकिस्तान रीजन (अफ-पाक) पर आई.एस. का कंट्रोल होना बहुत जरूरी है; यह खलीफा और मुसलमानों के शासन को बढ़ाने का गेटवे है; इराक और सीरिया की तरह शरिया कानून

के तहत सिविल गवर्नेंस लागू किया जा चुका है; हम पाकिस्तान और अफगानिस्तान सरकार, तालिबान और लश्कर-ए-तैयबा को चेतावनी देते हैं कि वे खलीफा और जिहाद के बीच में न आएँ।'' आतंकी हाफिज सईद खान को मुल्ला सईद ओरकजई के नाम से भी जाना जाता है। वह पहले तहरीक-ए-तालिबान (टी.टी.पी.) से जुड़ा था, बाद में आई.एस. से जुड़ गया। बता दें कि आई.एस. ने सईद खान को खुरासान का अमीर बनाया है। उसे रीजन के कमांडर की जिम्मेदारी दी गई है। यह भी बता दें कि इससे पहले भी आई.एस.आई.एस. ने भारत और पी.एम. मोदी को इसलाम का दुश्मन बताते हुए कहा था कि मोदी मुसलिमों के खिलाफ जंग की तैयारी कर रहे हैं।

ये सारे दावे अपनी जगह हैं, लेकिन देखना यह है कि कश्मीर में आई.एस.आई.एस. की रणनीति क्या होगी। वह लश्कर-ए-तैयबा और जैशे मोहम्मद की तरह का केवल भारत सरकार के खिलाफ लड़नेवाला आतंकी संगठन नहीं है। वह इसलाम के धर्मद्रोहियों या धर्मत्यागियों के खिलाफ लड़नेवाला संगठन है। यह सही है कि कश्मीर की आजादी का आंदोलन धार्मिक रूप ले चुका है, वह कश्मीरियत के बजाय मुसलिम आंदोलन बन चुका है, लेकिन वह प्रमुख रूप से सुन्नी आंदोलन है, मगर कश्मीर में शिया और सूफी सुन्नी भी हैं। आई.एस.आई.एस. उन्हें धर्मद्रोही मानता है और इसकी सजा मौत या सफाया है। ऐसी कोशिश वह कश्मीर में कर सकता है। अब तक कई देशों में उसने ऐसा किया है। कश्मीर घाटी में तो अब हिंदू नहीं हैं, उस पर सेना लगी हुई है, ऐसी हालत में वह बहुत कुछ नहीं कर पाएगा, लेकिन अगर उसे कुछ करना होगा तो वह इन दो समुदायों को निशाना बना सकता है। ऐसा उसने कई देशों में किया है। इराक में वह हमेशा शिया आबादी पर ही हमले करता है। हाल ही में अफगानिस्तान में हाजरा शियाओं के प्रदर्शन के दौरान हमले किए, जिसमें 80 लोग मारे गए। यमन में उसने शिया मसजिदों पर दो बार हमले किए। दमिश्क में भी उसने शिया मसजिद पर हमले किए। बँगलादेश में ज्यादा हिंदुओं, ईसाइयों, शिया, सूफी, समलैंगिक और सेकुलर ब्लॉगरों की हत्या की गई है। वैसे आई.एस.आई.एस. हजरत बल जैसी मसजिद का भी विरोध कर सकता है, क्योंकि अल्लाह के अलावा किसी की भी इबादत करने के खिलाफ है। इसलिए यदि आई.एस.आई.एस. कश्मीर में पाँव जमाएगा तो कश्मीर के मुसलिम समाज में फूट डालेगा, क्योंकि वह मुसलिम एकता के नाम पर शिया, सुन्नी, सूफी के मेल-जोल को पसंद नहीं करेगा। वैसे कश्मीर को सूफी कश्मीर कहा जाता है। सूफियों ने कश्मीर के इसलामीकरण में महत्त्वपूर्ण भूमिका निभाई, लेकिन आई.एस.आई.एस. का अगर प्रभाव बढ़ा तो कश्मीरियों को तय करना पड़ेगा कि वे सूफी रहेंगे या वहाबी। वैसे पिछले कुछ समय में कश्मीर में वहाबियत का प्रभाव काफी बढ़ा है। वैसे आई.एस.आई.एस. गिलानी जैसे लोगों का भी विरोध करेगा, जो कश्मीर को पाकिस्तान में शामिल करना चाहते हैं।

वह उनका भी विरोध करेगा, जो उसे भारत में बनाए रखना चाहते हैं। वह अलग कश्मीर राज्य का भी विरोध करेगा, क्योंकि वह किसी भी तरह के राष्ट्रवाद का विरोधी है। वह चाहेगा कि कश्मीर खिलाफत का हिस्सा बनने के बाद भारत सरकार के खिलाफ जिहाद करे। इसलिए उसके किसी भी वक्तव्य में अलग कश्मीरी राज्य की बात नहीं मिलेगी। वह चाहेगा कि जिहाद हो, मगर खलीफा के यानी आई.एस.आई.एस. के नेतृत्व में।

राष्ट्रीय जाँच एजेंसी और खुफिया विभाग की तत्परता के चलते आई.एस.आई.एस. का हैदराबाद में बड़ा हमला टल गया। एन.आई.ए. की टीम ने हैदराबाद से 11 संदिग्ध आतंकियों को गिरफ्तार किया। आतंकियों के पास से भारी मात्रा में हथियार और गोला बारूद बरामद हुआ। गिरफ्तार किए गए आतंकी ने प्राथमिक पूछताछ में कबूल किया कि रमजान में हैदराबाद में ये लोग बड़ा हमला करनेवाले थे। आई.एस.आई.एस. आतंकी संगठन भारत में दाखिल हो चुका है और कभी भी बड़ा हमला कर सकता है। बड़े शहरों में हमलों की आशंका ज्यादा है। उसकी बात में दम था, क्योंकि कुछ ही दिनों बाद हैदराबाद में एक दो नहीं, पूरे के पूरे 11 आतंकी धरे गए। ये लोग स्लीपिंग सेल के साथ मिलकर यहाँ आतंकी मॉड्यूल चला रहे थे। जनवरी में चार लोगों को गिरफ्तार किया गया था, जिनके आई.एस.आई.एस. से संबंध थे। उनसे जुड़ी जानकारी खोजते समय इस मॉड्यूल के बारे में पता चला। इन संदिग्ध आतंकियों के पास से विस्फोटक सामग्री व हथियारों के अलावा 15 लाख रुपए नकद बरामद हुए हैं। ऐसा माना जा रहा है कि ये 15 लाख रुपए इस समूह के सभी सदस्यों के वेतन के रूप में बाँटा जाना था। एन.आई.ए. के अधिकारी ने बताया कि फौरी तौर पर हुई पूछताछ में पता चला है कि ये लोग केवल हैदराबाद ही नहीं, देश के कई अन्य शहरों में भी हमले की तैयारी में थे।

अब तक पकड़े गए लोगों से पता चलता है कि भारत में आई.एस.आई.एस. का तामझाम कश्मीर से लेकर केरल तक फैला हुआ है। केरल के कासरगोड और पलक्कड जिलों के 21 मुसलिम युवक एक साथ लापता हैं। ये युवक अपने परिजनों को 6 जून को पश्चिम एशिया में धार्मिक अध्ययन की बात कहकर निकले थे, उसके बाद से परिजनों से इनका कोई संपर्क नहीं हो पा रहा है। इनकी आयु 20-25 वर्ष है। लापता हुए सभी उच्च शिक्षा प्राप्त हैं। इनमें से एक लड़के के परिवारवालों को कुछ दिन पहले एक वाट्सएप मैसेज मिला है, जिसमें लिखा था कि हम अपनी आखिरी मंजिल तक पहुँच गए हैं। परिजनों के अनुसार, ये सभी इलाके के एक कल्चरल सेंटर में अकसर मीटिंग करते थे। यहाँ पहले से किसी संगठन की कोई एक्टिविटी नहीं रही। कुछ दिन पहले कतर में नौकरी के लिए गया इलाके का एक पत्रकार भी आई.एस. ज्वॉइन कर चुका है, जो फिलहाल सीरिया में जंग लड़ रहा है। परिजनों को संदेह है कि सभी युवा उसी की मदद से आई.एस.आई.एस. के लिए लड़ने सीरिया पहुँचे हैं। स्मरण रहे कि

पिछले वर्ष भी केरल से आई.एस.आई.एस. में शामिल होने के लिए जा रहे 4 लड़कों को सऊदी से वापस भारत भेज दिया गया था।

कासरगोड जिला पंचायत के सदस्य वी.पी.पी. मुस्तफा ने बताया कि ईद के दौरान लापता हुए इन युवकों में से दो के माता-पिता के पास वॉट्सएप पर संदेश आए थे, जिनमें लिखा था, हम वापस नहीं आएँगे। यहाँ रूहानी माहौल है। आपको भी यहाँ आ जाना चाहिए। एक अन्य संदेश में लिखा था, हम आई.एस. में शामिल हो गए हैं, ताकि मुसलमानों पर हमला करनेवाले अमेरिका से लड़ सकें। मुस्तफा ने लापता लोगों की जानकारी देते हुए बताया कि लापता लोगों में डॉ. इजाज और उनकी दंत चिकित्सक पत्नी भी शामिल हैं। दोनों घर से यह कहकर गए थे कि वे लक्षद्वीप जा रहे हैं। इंजीनियरिंग में स्नातक अब्दुल रशीद अपनी पत्नी और एक बेटी के साथ यह कहकर घर से गया था कि वे नौकरी के लिए मुंबई जा रहे हैं। सभी युवक मध्यवर्गीय परिवार के हैं और पिछले दो साल से मजहबी मामलों में गहरी दिलचस्पी दिखा रहे थे। वहीं एक हिंदू युवती, जिसने इस ईसाई युवक से प्रेम विवाह किया था और बाद में इस दंपती ने इसलाम अपनाया था, वे भी लापता हैं।

पिछले दिनों खबर आई. थी कि केरल के कुछ युगल को ईरान में देखा गया।

केरल में बड़े पैमाने पर लोग खाड़ी के देशों में काम करते हैं। वहाँ की जीवन पद्धति भी कई लोग अपने साथ ले आते हैं। अरब देशों में सलफीवाद का भी प्रचार तेजी से चल रहा है, जिसे भी कई केरलवासियों ने अपनाया है। ऐसे कुछ लोगों पर आई.एस.आई.एस. का सलफीवाद असर कर सकता है। मशहूर धर्म प्रचारक डॉ. जाकिर नाईक के दो सहयोगी आर्शी कुरैशी और रिजवान खान ने केरल के कुछ लोगों को आई.एस. में शामिल कराने के लिए धर्मांतरण कराया था।

"आज सारा विश्व आई.एस.आई.एस. के हमलों से परेशान है, मगर अभी तक आई.एस.आई.एस. के निशाने पर भारत नहीं आ पाया है, क्योंकि हमारी सुरक्षा एजेंसियों ने बीते 2 वर्षों में देश के 11 राज्यों से लगभग 44 आई.एस.आई.एस. के संदिग्धों को पकड़ा है। आई.एस.आई.एस. भारतीय युवाओं को जिहाद के साथ-साथ पैसे का भी खूब लालच दे रहा है। अगर एन.आई.ए. इन संदिग्धों के पकड़ने में कामयाब नहीं हो पाती तो सोचिए…भारत में भी कोई आतंकी हमला हो सकता था। आई.एस.आई.एस. के आतंकी पिछले 2 साल में भारत के कई अलग-अलग राज्यों से पकड़े गए हैं।

आपको एक सूची के जरिए बताते हैं कि कितने आई.एस.आई.एस. संदिग्ध पकड़े गए हैं—

- **29 जून, 2016 को हैदराबाद से 11 संदिग्धों को हिरासत में लिया गया।**
- **5 अप्रैल, 2016 को पुणे एयरपोर्ट से अहमद नाम के आई.एस.आई.एस.**

संदिग्ध को हिरासत में लिया।

- **5 फरवरी, 2016 को 28 साल के इब्राहीम सईद को दिल्ली से गिरफ्तार किया गया।**
- **3 फरवरी, 2016 को सेना के पूर्व मेजर जनरल के बेटे समीर सरदाना को गोवा से गिरफ्तार किया गया।**
- **1 फरवरी, 2016 को भोपाल से अजहर इकबाल नाम के शख्स को गिरफ्तार किया गया।**
- **जनवरी, 2016 में हरिद्वार से आई.एस.आई.एस. के 4 संदिग्ध को गिरफ्तार किया गया।**
- **22 जनवरी, 2016 को कर्नाटक के अलग-अलग शहरों से 6 आई.एस.आई.एस. संदिग्धों को गिरफ्तार किया गया।**
- **जनवरी, 2016 में ही हैदराबाद से 4 लोगों को अरेस्ट किया गया।**
- **अक्तूबर, 2014 में गूगल के पूर्व कर्मचारी को तमिलनाडु से गिरफ्तार किया गया।**
- **मुंबई, केरल और दिल्ली में कई आई.एस.आई.एस. संदिग्धों को हिरासत में लिया जा चुका है।**[1]

पिछले दिनों दुनिया का सबसे खतरनाक आतंकी संगठन माने जानेवाले आई.एस.आई.एस. को लेकर एक चौंका देने वाला खुलासा हुआ। आई.एस.आई.एस. की मैगजीन 'दबिक' के ताजा अंक में बँगलादेश में आई.एस.आई.एस. आतंकियों के मुखिया शेख अबू इब्राहिम अल-हनीफ का इंटरव्यू प्रकाशित किया है, जिसने भारत पर दोतरफा हमले की बात कही गई है। आई.एस.आई.एस. की मैगजीन को दिए इंटरव्यू में आतंकी सरगना ने कहा कि बंगाल और भारत में रहनेवाले हिंदुओं ने हमेशा से मुसलमानों और इसलाम के खिलाफ काम किया है। उसने कहा कि आई.एस.आई.एस. के आतंकी भारत पर पाकिस्तान और बँगलादेश दोनों सीमाओं से हमले की योजना बना रहे हैं।

आई.एस.आई.एस. ने भारत को धमकी देनेवाले कई वीडियो जारी किए हैं। इसके तहत उसने भारत पर हमले की धमकी देते हुए एक और वीडियो जारी किया। 22 मिनट के इस वीडियो में भारत से जुड़ी सांप्रदायिक हिंसा की घटनाओं का बदला लेने की धमकी दी गई है। अंग्रेजी अखबार इंडियन एक्सप्रेस के मुताबिक अरबी भाषा में जारी इस वीडियो में आई.एस. में भरती हुए भारतीय इंजीनियरिंग छात्र ने कहा है कि आतंकी संगठन भारत से कश्मीर, बाबरी मसजिद, गुजरात और मुजफ्फरनगर का बदला लेगा। 2014 में अपने तीन साथियों के साथ भारत से सीरिया जाकर यह छात्र इसलामिक स्टेट के आतंकियों के साथ जा मिला। धमकी भरे वीडियो में कहा गया है कि भारत में

आई.एस.आई.एस. स्थानीय जेहादियों से ही हमले करवाएगा।

एक अन्य वीडियो में इसलामिक स्टेट ने भारत के पी.एम. नरेंद्र मोदी का नाम लेते हुए कहा है कि मोदी हिंदूपरस्त नेता हैं और मुसलमानों के दुश्मन। सूत्रों के हवाले से खबर है कि इसलामिक स्टेट ने पहली बार मोदी का जिक्र किया है। इस आतंकी समूह ने अपनी किताब 'फ्यूचर इसलामिक स्टेट बैटल्स' में इस बात का जिक्र किया है। अपनी किताब में मोदी को राष्ट्रवादी करार देते हुए इसलामिक स्टेट ने कहा है कि उनके लड़ाके अब सीरिया और इराक से निकलकर भारत, पाकिस्तान, बँगलादेश और अफगानिस्तान जैसे देशों में सीधा दखल करेंगे। अपने वक्तव्य में इस आतंकी संगठन ने दादरी कांड का भी जिक्र किया है। आई.एस.आई.एस. के मुताबिक भारत में गाय का मांस खानेवाले मुसलमानों को सरेआम मार दिया जा रहा है। इस आतंकी संगठन ने कहा है कि भारत में हिंदू सेनाएँ मुकाबले के लिए तैयार हैं। भारत में हिंदूवाद अपने चरम पर पहुँच चुका है।

रिपोर्ट के मुताबिक इसलामिक स्टेट ने दावा किया है कि मोदी हिंदू सेना तैयार कर रहे हैं और उन्हें मुसलामानों से लड़ाई के लिए तैयार किया जा रहा है।

आई.एस.आई.एस. द्वारा भारत को दी जानेवाली धमकियों और साजिशों के बारे में अकसर खबरें छपती रहती हैं। हमें उन्हें सही भी मान लेते हैं, लेकिन इनमें से कुछ धमकियाँ तो नए खलीफा के खयाली पुलाव ज्यादा होती हैं। वह धमकियाँ देकर यह साबित करना चाहता है कि वह कितना ताकतवर है और उसके जरिए आतंक का माहौल पैदा करना चाहता है। यह सही है कि उसने दुनिया के कई देशों में आतंकी हमले करने की क्षमता साबित की है, मगर वह इससे ज्यादा कुछ कर पाने की हालत में नहीं है। अभी तो उसके अपने अस्तित्व पर खतरा मँडरा रहा है।

अभी तक भारत पर कोई आई.एस.आई.एस. का आतंकी हमला नहीं हुआ है, लेकिन भविष्य में इस तरह के किसी हमले से इनकार नहीं किया जा सकता। चाहे आई.एस.आई.एस. का नियोजित हमला हो या लोन वोल्फ हमला, किसी भी तरह का आतंकी हमला हो सकता है, लेकिन इस बात से भी इनकार नहीं किया जा सकता कि भारत में इंडोनेशिया और पाकिस्तान की बराबरी की मुसलिम आबादी होने के बावजूद यहाँ आई.एस. का बहुत असर नहीं दिखता। ज्यादातर मुसलिम राजनीतिक दल और धार्मिक संगठन उसके खिलाफ हैं। इसकी एक वजह यह भी हो सकती है कि भारत पाकिस्तान और बँगलादेश की बहुसंख्या आबादी बरेलवी है या सूफी और शियाओं की भी काफी तादाद है। आई.एस.आई.एस. उन दोनों समुदायों को धर्मद्रोही या गैर-मुसलिम मानता है और उनका सफाया करने के लिए वह प्रतिबद्ध है। ये बहुसंख्यक मुसलिम भारतीय अपने को दुश्मन माननेवाले आई.एस.आई.एस. के साथ कैसे जाएँगे।

जो आई.एस.आई.एस. को जानते हैं, वे यह भी जानते हैं कि वह हिंदुओं के मुकाबले उनका ज्यादा बड़ा दुश्मन है। वैसे आई.एस.आई.एस. का आतंकी हमला कहीं भी हो सकता है, क्योंकि बहुत कुछ इस बात पर निर्भर है कि कहाँ कर पाना संभव है, मगर उसकी प्राथमिकता शियाबहुल आबादीवाले इलाके हो सकते हैं। इस नजरिए से शिया बहुल आबादीवाले इलाके संवेदनशील हैं। वैसे भारत के साथ आई.एस.आई.एस. की दुविधा यह है कि यहाँ बहुसंख्या मुसलिम सूफी सुन्नी हैं। आई.एस.आई.एस. उनका भी विरोधी है। भारत तो अजूबा देश है, जहाँ इसलाम के सभी 72 फिरके मौजूद हैं और आई.एस.आई.एस. वहाबी को छोड़कर सबको गलत मानता है, लेकिन अब उसकी उलटी गिनती शुरू हो गई है।

संदर्भ–

1. http://www.ichowk.in/politics/isis-footprint-in-eleven-indian-states-is-alarming/story/1/3747.html

□

इसलामिक स्टेट का दर्शन

आई.एस. की हैवानियत भरी हरकतों की मुसलिम-जगत् में ही तीखी आलोचना हो रही है। कुछ अरसे पहले दुनिया के 126 मुसलिम धर्मशास्त्रियों और बुद्धिजीवियों ने कथित खलीफा बगदादी को खुली चिट्ठी लिखकर इसलामिक राज्य की करतूतों की कड़ी निंदा की थी। इससे पहले मिस्र की एक प्रमुख मसजिद के इमाम भी इसलामिक राज्य को मुसलिम विरोधी बता चुके हैं। कुछ लोग मानते हैं कि यह केवल मनोविक्षिप्तों और दुस्साहसी लोगों का संगठन मात्र है। असलियत यह है कि लोग अभी तक आई.एस. या इसलामिक राज्य की सोच और विचारधारा को समझ नहीं पाए हैं। तत्कालीन अमेरिकी राष्ट्रपति ओबामा ने कहा था कि इसलामिक राज्य गैर-इसलामिक है, यह अल कायदा का नया संस्करण है। यह कहने की जरूरत नहीं है कि ओबामा इस आंदोलन को लेकर अनजान हैं या वही बात बोल रहे हैं, जो राजनीतिक तौर पर सुविधाजनक हो। इस संगठन की सोच और रणनीति को न समझ पाने के कारण ही तमाम देश मिलकर भी इस संगठन को हरा नहीं पाए, लेकिन पिछले कुछ समय से पश्चिमी देशों में उसका गंभीरता से अध्ययन हो रहा है। आखिरकार दुनिया भर के देशों से हजारों लड़ाकों को आकर्षित करनेवाले आई.एस. में कोई तो बात है।

आई.एस.आई.एस. के पीछे मध्यकालीन धार्मिक सोच काम कर रही है। उसका नेता और खलीफा अल बगदादी सलफी या वहाबी विचारधारा को माननेवाला है। वह युद्धशास्त्र का ही नहीं, धर्मशास्त्र का भी ज्ञाता है। वह बगदाद विश्वविद्यालय से धर्मशास्त्र का पी-एच.डी. है। आई.एस. द्वारा जारी वीडियो और उसकी पत्रिका दबिक और अन्य प्रचार साहित्य को पढ़ने पर एक बात उभरकर आती है कि आई.एस. एक वहाबी आंदोलन है, जो इसलाम के मूल रूप पर विश्वास करता है। उसका मानना है कि इसलाम के चौदह सौ साल पहले की पहली पीढ़ी के यानी मोहम्मद और उनके साथियों का सोच और तरीके ही शुद्ध इसलाम हैं। इसमें किसी तरह का संशोधन करने का मतलब है कि आप इसलाम के मूल रूप की शुद्धता पर विश्वास नहीं करते। यह धर्मद्रोह है और

धर्मद्रोह की इसलाम में एक ही सजा है मौत। उसका मानना है कि इसलाम की पहली पीढ़ी ने जो व्यवस्थाएँ पैदा कीं, वे ईश्वरीय व्यवस्थाएँ हैं, जबकि अन्य व्यवस्थाएँ मानव निर्मित हैं। वह इन मानव निर्मित व्यवस्थाओं को पूरी तरह से नकारता है। यही वजह है कि वह उन इसलामवादी दलों को भी गुनहगार मानता है, जो चुनाव में हिस्सा लेते हैं। उसके मुताबिक इसलाम के दो स्तंभ हैं—खिलाफत और ईश्वरीय कानून शरिया, जिसे वह ठीक उस तरह लागू करना चाहते हैं, जैसे मोहम्मद और उनके साथियों ने अपने समय में लागू किया था। वैसे आई.एस. बाकी मुसलमानों के विपरीत इस धारणा को खत्म करना चाहता है कि इसलाम शांतिपूर्ण धर्म है। उसका कहना है कि यह युद्ध का धर्म है। इसलाम से शांति आएगी, मगर इस दुनिया के दारुल इसलाम बन जाने के बाद, जब बाकी सारे धर्मों को खत्म किया जा चुका होगा।

जानी-मानी पत्रिका 'एटलांटिक' में अमेरिकी प्रोफेसर ग्राइम वुड का इसलामिक राज्य पर लिखा लेख बौद्धिक हलकों में बहुत चर्चा में रहा। वे कहते हैं, हमने इसलामी आतंकवाद या जिहादवाद को समझने में दो गलतियाँ की हैं। हम इसे एकरस या एकरूप मानते हैं, हम अल कायदा पर जो तर्क शास्त्र लागू करते हैं, वही उसे चुनौती देनेवाले आई.एस. पर भी लागू करते हैं। बिन लादेन अपने आतंकवाद को खिलाफत की प्रस्तावना मानता था। उसका संगठन लचीला, भौगोलिक आधार पर स्वायत्त संगठनों के जरिए काम करता था। इसके विपरीत आई.एस. को वैध रहने के लिए एक क्षेत्र की जरूरत है और उस पर शासन करने के लिए ऊपर से नीचे तक शासन करने के लिए संरचना चाहिए। दूसरी हमारी गलतफहमी यह है कि हम यह मानने को तैयार नहीं हैं कि आधुनिक समय में जन्मने के बावजूद आई.एस. का चरित्र मध्यकालीन है। हम यह मानते हैं कि जिहादी आधुनिक सेकुलर लोग हैं, जिनकी राजनीतिक चिंताएँ आधुनिक हैं; लेकिन उन्होंने मध्ययुगीन धार्मिक नकाब पहन रखा है। इसी को हम आई.एस. पर लागू करना चाहते हैं, जबकि हकीकत है कि यह सातवीं सदी के कानूनी माहौल और भविष्यसूचक ग्रंथों की तरफ लौटने की कोशिश है।

इसलामिक स्टेट सही मायनों में इसलामिक है। यह सही है कि इसमें मध्य-पूर्व और यूरोप के बहुत से मनोविक्षिप्त और दुस्साहसी लोग शामिल हो गए हैं, लेकिन इसके ज्यादातर अनुयायी इसलाम के एकात्म और गहन अध्ययन पर आधारित भाष्यों को मानते हैं। इसलामिक राज्य द्वारा किए गए हर फैसले और कानून में वह पैगंबर के तौर-तरीकों को अपनाते हैं, यानी मोहम्मद की भविष्यवाणियों और उदाहरणों का पूरी तरह से पालन करते हैं।

इसलाम में तकफीर यानी बहिष्कार की अवधारणा है। अल कायदा इराक के नेता इसलामिक राज्य के पूर्वज यानी अल कायदा इराक के नेता जरकावी ने इस धारणा को

बहुत विस्तार दे दिया था। कुरान या मोहम्मद के कथनों को नकारना पूरी तरह से धर्मद्रोह माना जाता है, लेकिन जरकावी और इसलामिक राज्य ने कई और मुद्दों पर भी मुसलमानों को इसलाम से बाहर निकालना शुरू कर दिया है। इसमें शराब, ड्रग बेचना, पश्चिमी कपड़े पहनना, दाढ़ी बनाना, चुनाव में वोट देना और मुसलिमों को धर्मद्रोही कहने में आलस बरतना आदि शामिल हैं। इस आधार पर शिया और ज्यादातर अरब धर्मद्रोह के निष्कर्ष पर खरे उतरते हैं, क्योंकि शिया होने का मतलब है इसलाम में संशोधन करना और आई.एस. के अनुसार कुरान में कुछ नया जोड़ने का मतलब है, उसकी पूर्णता को नकारना। शियाओं में जो इमामों की कब्र की पूजा करने और अपने को कोड़े मारने तथा ताजिए निकालने की परंपरा है, उसकी कुरान या मोहम्मद के व्यवहार में कोई मिसाल नहीं मिलती। इसलिए धर्मद्रोही होने के कारण करोड़ों शियाओं की हत्या की जा सकती है। आई.एस. ने अपने देश में सबसे ज्यादा हत्याएँ शियाओं की ही की हैं। यही बात सूफियों पर भी लागू होती है। इसी तरह राज्यों के प्रमुख भी धर्मद्रोही हैं, जिन्होंने शरिया के ऊपर मनुष्य निर्मित कानून बनाया और उसे लागू किया। इस तरह इसलामिक राज्य या आई.एस. इस विश्व को शुद्ध करने के लिए बड़े पैमाने पर लोगों की हत्या करने के लिए प्रतिबद्ध है। उसके नजरिए से जो भी मूल इसलाम में संशोधन करता है, वह धर्मद्रोही है, इसलिए हत्या ही उसका दंड है। यदि आई.एस. के नजरिए से देखा जाए तो बहुसंख्य मुसलमान संशोधनवादी हैं, इसलिए आई.एस. की नजर में काफिर या धर्मद्रोही।

मुख्यधारा के कई मुसलिम संगठन कहते हैं कि इसलामिक राज्य गैर-इसलामिक है। इस बारे में आई.एस. के धर्मशास्त्र के विद्वान् बर्नार्ड हाइकेल कहते हैं, यह उनका अपने धर्म के बारे में राजनीतिक दृष्टि से सही रुख अपनानेवाला नजरिया है, क्योंकि उन्हें आज के जमाने में अपने मूल धर्म को मानने में झिझक या शर्मिंदगी होती है, लेकिन वे इस बात को नकार रहे हैं कि उनका धर्म उनसे ऐतिहासिक और कानूनी तौर पर क्या चाहता है। इसलामिक राज्य के धार्मिक चरित्र के बारे में बहुत सारे नकार ईसाई धर्म से प्रभावित हैं।

सभी मुसलिम मानते हैं कि मोहम्मद की शुरुआती विजय कोई बहुत सुव्यवस्थित नहीं थी और कुरान में जो युद्ध के नियम बताए गए और पैगंबर के राज का जो वर्णन है, वह उथल-पुथल भरे और हिंसक समय के अनुकूल है, लेकिन इसलामिक राज्य के लड़ाके इन युद्धों के नियमों का पूरी ईमानदारी और श्रद्धा से पालन कर रहे हैं। इनमें से बहुत सी बातें ऐसी हैं, जिनके बारे में आधुनिक मुसलमान मानना चाहते हैं कि यह उनके धर्म का अपरिहार्य अंग नहीं है। गुलामी, सूली चढ़ाना, सिर कलम करना आदि मध्ययुगीन बाते हैं, जिन्हें इसलामी राज्य के लड़ाके थोक के भाव में आज के जमाने में ले आए हैं। कुरान में साफ तौर पर इसलाम के शत्रुओं के लिए सूली पर चढ़ाना एकमात्र

दंड बताया गया है। ईसाइयों के लिए जजिया और इसलाम के वर्चस्व को स्वीकार करने का प्रावधान किया गया है। यह नियम पैगंबर ने लागू किए हैं। इसलामिक राज्य के नेता, जो पैगंबर का अनुसरण करना अपना कर्तव्य मानते हैं, उन्होंने इन दंडों को फिर लागू किया, जिनकी कोई परवाह नहीं कर रहा था। हाईकेल कहते हैं कि इसलामिक राज्य के समर्थकों ने केवल उनके शाब्दिक अर्थ को ही ग्रहण नहीं किया, वरन् उसे बहुत गंभीरता से पढ़ा। आम मुसलमान में आमतौर पर ऐसी गंभीरता नहीं होती।

इसलामिक राज्य और अल कायदा में फर्क यह था कि अल कायदा ने कभी नहीं कहा कि गुलामी को स्थापित करना चाहता था, जो तब इसलाम का हिस्सा थी। गुलामी पर चुप्पी उसका रणनीतिगत फैसला था, जबकि इसलामिक राज्य ने लोगों को गुलाम बनाना शुरू किया तो कुछ लोगों ने विरोध जताया, लेकिन इसलामिक राज्य ने कोई अफसोस जताए बगैर गुलामी और सूली पर चढ़ाना जारी रखा। इसलामिक राज्य के प्रवक्ता अदनानी ने कहा—हम तुम्हारे रोम को जीतेंगे, तुम्हारे सलीब तोड़ेंगे, तुम्हारी औरतों को गुलाम बनाएँगे। अगर हम नहीं कर सके तो हमारे बेटे-पोते यह करके दिखाएँगे। वे तुहारे बेटों को गुलाम बनाकर गुलाम बाजार में बेचेंगे। इसलामिक स्टेट की ऑन लाइन पत्रिका 'दबिक' में तो गुलामी की पुनर्स्थापना पर एक पूरा लेख लिखा है। इस लेख में लिखा गया था—'यजदी महिलाओं और बच्चों को शरिया के मुताबिक शिंजर में भाग लेनेवाले लड़ाकों के बीच बाँट दिया गया है। काफिरों के परिवारों को गुलाम बनाकर उनकी महिलाओं को रखैल बनाना शरिया का स्थापित हिस्सा है। अगर कोई कुरान की इन आयतों और मोहम्मद की बातों को नकारेगा या उनका मजाक उड़ाएगा तो इसलाम का द्रोही होगा।'

बाकी इसलामी संगठनों और इसलामी राज्य संगठन में एक बहुत बड़ा फर्क यह है कि उसने खिलाफत की स्थापना की। ब्रिटेन से भी ज्यादा क्षेत्रफलवाला स्वतंत्र देश स्थापित किया। खिलाफत की स्थापना के लिए यह जरूरी है। इस कारण दुनिया भर के खिलाफत की स्थापना चाहनेवालों को बगदादी द्वारा अपने को खलीफा घोषित करने पर खुशी हुई। कारण यह था आखिरी खिलाफत आटोमान साम्राज्य थी, जो 16वीं शताब्दी में अपनी कीर्ति के शिखर पर पहुँची। 1924 में तुर्की के तानाशाह कमाल अता तुर्क ने उसे खत्म कर दिया, लेकिन इसलामी राज्य के समर्थक उसे वैध खिलाफत नहीं मानते, क्योंकि उसने पूरी तरह से शरिया कानून लागू नहीं किया था, जिसमें गुलामी, पत्थर मारकर हत्या करना और शरीर के अंग काटना आदि भी शामिल है। इसके अलावा इसके खलीफा पैगंबर के कुरैश कबीले के नहीं थे, जो खलीफा बनने के लिए एक आवश्यक योग्यता मानी गई है। बगदादी के रूप में एक ऐसा खलीफा मिला है, जो मोहम्मद पैगंबर के कुरैश कबीले का है।

बगदादी ने मोसुल में दिए अपने भाषण में खिलाफत के महत्त्व पर प्रकाश डाला

था। उसने कहा कि संस्था ने पिछले एक हजार साल से कोई काम नहीं किया। इसलामी राज्य के समर्थकों का कहना है कि खिलाफत केवल राजनीतिक इकाई नहीं है। यह मुक्ति का साधन है। इसलामी राज्य का प्रचार-तंत्र लगातार मुसलिम विश्व के संगठनों द्वारा खिलाफत के प्रति आस्था के इजहार की खबरें छापता रहा है। मोम्मद पैगंबर ने कहा था कि आस्था प्रगट किए बगैर मरना जाहिली या अज्ञान में मरना है। इसलिए खिलाफत की स्थापना से इसलाम पुनर्स्थापित हुआ है।

खलीफा का एक दायित्व शरिया को लागू करना है। इसलामी राज्य के कुछ समर्थक मानते हैं कि शरिया को गलत समझा गया है, क्योंकि उसे आधे-अधूरे तरीके से लागू किया गया। जैसे सऊदी अरब में सिर कलम कर दिया जाता और चोर के हाथ काट दिए जाते हैं। इस तरह से पीनल कोड लागू किया जाता है, लेकिन शरिया के सामाजिक-आर्थिक न्याय को लागू नहीं किया जाता। शरिया एक पूरा पैकेज है। उसे पूरा लागू न करने से उसके प्रति नफरत फैलती है।

खलीफा के बारे में उनका कहना है कि खलीफा का एक काम है—हमलावर जिहाद शुरू करना। इसका मतलब है गैर-मुसलिमों द्वारा शासित देशों में जिहाद को फैलाना। खिलाफत का विस्तार करना खलीफा का कर्तव्य है और यही काम आज आई.एस. कर रहा है। खलीफा के बगैर हमलावर जिहाद की अवधारणा काम नहीं करती। उनका यह भी कहना है कि जिन नियमों के तहत इसलामिक स्टेट काम करता है, वे क्रूरता पर नहीं, दया पर आधारित हैं। खलीफा राज का दायित्व दुश्मनों को आतंकित करना है। दरअसल फाँसी लगाना, सिर कलम करना, महिलाओं और बच्चों को गुलाम बनाने से विजय जल्दी मिलती है और संघर्ष लंबा नहीं होता।

इसलामिक राज्य के समर्थक अकसर उसकी तुलना कंबोडिया के खमेर रुज या कम्युनिस्ट पोलपोट की सरकार से करते हैं, जिसने अपने देश की एक-तिहाई जनता की हत्या कर दी थी, पर वे यह कहने से भी नहीं चूकते कि खमेर रुज ने कंबोडिया की संयुक्त राष्ट्र संघ वाली सीट ली थी, हमारे यहाँ इसकी भी इजाजत नहीं है। संयुक्त राज्य में राजदूत भेजना यानी अल्लाह के अलावा किसी और की प्रभुसत्ता को मान्यता देना है। इस तरह का राजनय शिर्क या बहुदेववाद यानी अल्लाह के अलावा किसी और संप्रभुता को मान्यता देनेवाला माना जाएगा। इसके आधार पर बगदादी को हटाया जा सकता है।

इस तरह इसलामी राज्य के समर्थक लोगों को इसलाम की चौदह सौ साल पुरानी दुनिया में ले जाना चाहते हैं, जहाँ ईश्वरीय कानून शरिया पूरी तरह से लागू होगा। इस सपने की भी दुनिया के मुसलमानों के बड़े तबके में अपील है। एक इसलामी राज्य के समर्थक का बयान अखबार में छपा था कि ईश्वरीय कानून, यानी शरिया में जीने का अपना आनंद है। इसी आनंद का आस्वाद लेने दुनिया कई देशों के लाखों मुसलमान वहाँ पहुँच रहे हैं।

यह बात अलग है कि बाकी लोग इसलामी राज्य की करतूतों को हैवानियत मानते हैं।

वैसे वहाब के अलावा आई.एस.आई.एस. का आंदोलन दो और इसलामी विचारकों से प्रभावित रहा है, वे थे—सईद कुत्ब और इब्ने तैमियाह।

ग्यारह सितंबर दो हजार एक को विश्व के महाबली अमेरिका के वर्ल्ड ट्रेड सेंटर पर हुए आतंकी हमले के बाद अमेरिका और पश्चिमी देशों ने इसलामी आतंकवाद का प्रतीक बन चुके ओसामा बिन लादेन के बारे में उपलब्ध हर छोटी-से-छोटी जानकारी को खँगालकर यह सुराग पाने की कोशिश की कि वह कौन सा प्रेरणास्रोत है, जिसने एक सामान्य, शांत और सुशील लड़के को दुनिया के सबसे खतरनाक आतंकवादी में तब्दील कर दिया। उन्हें पता चला कि वह है इसलामी जिहाद का दार्शनिक सईद कुत्ब। इसलामी दुनिया के बाहर कम ही लोग उसे जानते हैं, लेकिन अपनी प्रखर बौद्धिकता और शहादत के बूते वह इसलामी दुनिया के देशों के जिहादी नौजवानों का रहबर बन चुका है।

दुनिया भर के वामपंथी उदारवादी बुद्धिजीवी सभ्यताओं के टकराव का विवादास्पद सिद्धांत देने के लिए अमेरिकी प्रोफेसर हटिंगटन को चाहे जितना कोसें, हकीकत यह है कि उससे कई दशक पहले उग्रवादी इसलाम के दार्शनिक सईद कुत्ब ने प्रतिपादित किया था कि इसलाम का पश्चिम ही नहीं, सारी गैर-मुसलिम संस्कृतियों से संघर्ष अवश्यंभावी है, जिसमें जिहाद मुसलमानों का सबसे कारगर हथियार बन सकता है।

अल कायदा तो सईद कुत्ब के जिहाद के दर्शन से ओत-प्रोत रहा है और अल कायदा इराक ही बाद में आई.एस.आई.एस. में तब्दील हुआ। इसलिए उन दोनों आतंकी संगठनों की रणनीति भले ही अलग-अलग हों, मगर प्रेरणास्रोत वही विचारधारा है। ओसामा बिन लादेन के अफगान रब मुजाहिदीन, अलकायदा के सिद्धांतकार तथा नंबर दो अयमान जवाहिरी की अगुवाईवाले इजिप्तियन इसलामिक जिहाद और इसलामिक ग्रुप, इन तीन संगठनों का विलय कर के अल कायदा का गठन हुआ था। ये सभी मिस्र के इसलामी पुनरुत्थानवादी संगठन मुसलिम ब्रदरहुड की अलग-अलग शाखाएँ थीं। इस संगठन के बौद्धिक प्रेरणास्रोत थे सईद कुत्ब। इसलामी आतंकवाद के ज्यादातर विशेषज्ञ स्वीकार करते हैं कि मौजूदा इसलामी आतंकवाद की जड़ें कुत्ब के दर्शन में पैठी हुई हैं।

मिस्र के सेकुलर नेता राष्ट्रपति नासिर की सरकार ने जब 1966 में आतंकवादी संगठन मुसलिम ब्रदरहुड के सिद्धांतकार कुत्ब को फाँसी दी तो नासिर के एक मुखर विरोधी की जुबान भले ही बंद हो गई हो, लेकिन कुत्ब की शहादत ने उनके आंदोलन में एक नई जान फूँक दी। उसी वर्ष आयमान जवाहिरी ने अपने आतंकवादी संगठन की नींव रखी थी, जिसका मकसद मिस्र की सरकार का तख्ता पलटकर इसलामी राज्य की स्थापना करना था। इस बीच सईद कुत्ब और उसके विचारों का कट्टर अनुयायी मोहम्मद कुत्ब भागकर सऊदी अरब चला गया। वहाँ किंग अब्दुल अजीज यूनिवर्सिटी में

इसलामी दर्शन पढ़ाने लगा। उसके छात्रों में था ओसामा बिन लादेन। वह मोहम्मद कुत्ब द्वारा सईद कुत्ब के दर्शन में दीक्षित किए जाने के बाद मुसलिम ब्रदरहुड से जुड़ गया। बाद में तो उसने कुत्ब की राह पर चलते हुए जिहाद को जिंदगी का मकसद बना लिया। लंबे जेल जीवन ने कुत्ब को और भी ज्यादा कट्टरतावादी बनाया तो किन्हीं मामलों में ज्यादा रचनात्मक भी। दुनिया की जिन हस्तियों ने अपने जेल-जीवन में महत्त्वपूर्ण साहित्य की रचना की, उनमें कुत्ब का नाम प्रमुख है। जेल में लिखी उसकी किताब 'माइल स्टोन' एक तरह से उग्रवादी इसलाम का घोषणा-पत्र है।

अगर हम इसलामी आतंकवाद का मुकाबला करना चाहते हैं तो उसके पीछे काम कर रहे सोच के बारे में गहरी जानकारी रखनी होगी। दरअसल इसलामी आतंकवाद के बारे में एक गलतफहमी यह है कि अफगानिस्तान, चेचेन्या, इराक, फिलिस्तीन में मुसलमानों पर हो रहे जुल्म से नाराज चंद धर्मांध और सिरफिरे नौजवानों का जवाबी हमला है, मगर इसलामी उग्रवाद का अध्ययन करनेवालों का कहना है कि यह आंशिक सच ही है। पूरा सच यह है कि मुसलमानों का एक हिस्सा इसलाम को केवल धर्म नहीं, राजनीतिक दर्शन भी मानता है, जिसके पास वैकल्पिक समाज की रूपरेखा है। अरब देशों में इसलामवाद, इसलामी उग्रवाद या राजनीतिक इसलाम कहे जानेवाले आंदोलन के जनक और मुसलिम ब्रदरहुड के नेता हसन अल बन्ना ने नारा दिया था—'कुरान हमारा संविधान है, जिहाद रास्ता और और शहादत जज्बा।' कुत्ब इन्हीं बन्ना के अनुयायी थे और सबसे मुखर प्रवक्ता भी। हर धार्मिक कट्टरपंथी की तरह कुत्ब को भी आधुनिक सभ्यता रास नहीं आती। उन्हें उसके बुनियादी सिद्धांतों पर ही कड़ा एतराज था। आधुनिक सभ्यता के संकट को रेखांकित करते हुए कुत्ब कहते हैं कि दुनिया भर में मनुष्य एक असहनीय स्थिति में पहुँच गया है। हालाँकि कुत्ब आधुनिक सभ्यता की आर्थिक समृद्धि और वैज्ञानिक ज्ञान की तारीफ करते हैं, लेकिन समृद्धि और विज्ञान मानवता को नहीं बचा सकते। वे कहते हैं कि समृद्ध देश ज्यादा दुःखी हैं। इस दुःख की वजह यह है कि आधुनिक जीवन और मनुष्य की मूल प्रकृति के बीच विभाजन हो गया है। धर्म और भौतिकता का यह घातक विभाजन ही आधुनिक समाज के संकट, तनाव, भटकाव की भावना, निरुद्देश्यता और झूठे सुखों के पीछे भागने की होड़ का मूल कारण है। कुत्ब का कहना है कि मानवता का नेतृत्व पश्चिम के हाथों में होने के कारण यह बीमारी मुसलिम विश्व पर भी थोपी जा रही है।

कुत्ब ने दुनिया भर के समाजों को दो हिस्सों में बाँटा—जाहिलिया और इसलामी। जाहिलिया वे हैं, जो ईश्वर द्वारा भेजे गए निर्देशों और संहिता की उपेक्षा करते हैं और मनुष्य-निर्मित कानूनों तथा जीवन पद्धतियों का पालन करते हैं। दूसरी तरफ इसलामी समाज है, जो हर मामले में पूरी तरह ईश्वरीय निर्देशों और संहिताओं का पालन करता है और ईश्वर के प्रति पूरी तरह से समर्पित है। इस कसौटी पर उन्होंने पश्चिमी और पूँजीवादी

मुल्कों—सोवियत संघ और मिस्र आदि को परखा तथा पाया कि ये व्यवस्थाएँ बुनियादी तौर पर एक जैसी, यानी जाहिलिया हैं, क्योंकि वे मनुष्य और उसके कार्यों पर ईश्वरीय सत्ता की उपेक्षा करती हैं। यहाँ उल्लेखनीय है कि वे उन मुसलिम देशों को भी जाहिलिया मानते हैं, जहाँ समाज व्यवस्था और जीवन पद्धति ईश्वरीय निर्देशों यानी कुरान और हदीस से संचालित नहीं होती। एक उदारवादी और लोकतंत्रवादी व्यक्ति को इस बात में कोई विरोधाभास नजर नहीं आएगा कि कोई व्यक्ति अपने धर्म का पालन करते हुए भी उनकी समाज व्यवस्था में रहे, मगर कुत्ब जैसे लोग इसे गलत मानते हैं। उनकी दलील है कि किसी भी मनुष्य द्वारा निर्मित सरकार को मानना उन लोगों की इबादत करना है, जिन्होंने उसे बनाया है। इस तरह मुसलमान जाहिलिया सरकार के सामने समर्पण करके अल्लाह को ठुकरा रहा है। कुत्ब की दलील है कि अमेरिका में राष्ट्रपति, कांग्रेस, सुप्रीम कोर्ट और उनको शक्ति प्रदान करेवाला संविधान एक मुसलिम के झूठे देवता होंगे। हालाँकि एक मुसलिम सचेतन रूप से उनको देवता नहीं मानता, लेकिन एक मुसलिम इन संस्थाओं की सत्ता को स्वीकार कर केवल अल्लाह की इबादत नहीं कर सकता। वह मनुष्य निर्मित सिद्धांतों के आधार पर बनी सरकारों के कानूनों का पालन करके सभी व्यावहारिक मामलों में ईश्वरीय नियमों का पालन नहीं कर सकता। अगर मुसलिम सार्वजनिक तौर पर अपने धर्म के निर्देशों के मुताबिक नहीं जी सकता तो वह झूठ को जी रहा है। ऐसी स्थिति में उसकी इबादत केवल मसजिद तक सीमित होकर रह जाएगी। वह अपने समाज में शरीयत के कानून को लागू नहीं कर सकता। इसलिए उसे मनुष्य निर्मित संविधान की सत्ता को स्वीकार करने के लिए अल्लाह की सार्वभौमता को नकारना होगा। इसलिए गैर-इसलामी सरकारों के मातहत जीना एक तरह की गुलामी है। इन तर्कों के आधार पर कुत्ब कहते हैं कि पश्चिम के जाहिलिया मुल्क ईश्वर की सार्वभौमता के खिलाफ विद्रोह हैं। मनुष्य की आध्यात्मिक आवश्यकताओं को नकारकर उसकी पीड़ा को बढ़ाते हैं। इसलिए पश्चिम के वर्चस्व के खिलाफ संघर्ष करने की जरूरत है।

इस संदर्भ में पश्चिम और इसलाम के बीच टकराव का संकेत दिया था कुत्ब ने और कहा था कि अल्लाह का मकसद, यानी दुनिया में उसकी व्यवस्था और जीवन पद्धति लागू करना। यह सामाजिक व्यवस्था शरीयत कानून और कुरान के आध्यात्मिक नियमों से संचालित होगी। जीवन व्यवहार की संहिता होने के कारण इसलाम को केवल सैद्धांतिक दायरे में नहीं डाला, जो ऐसा होने पर वह निरर्थक हो जाएगा। कुत्ब लिखते हैं—अल्लाह के लिए शहीद होनेवाले उसके मकसद को आगे बढ़ाते हैं, जो उनके खून से फलता-फूलता है। इसलिए वे अपने समाज की शक्ति को आकार और दिशा देनेवाली शक्ति बन जाते हैं।

इस दर्शन ने न जाने कितने मुसलिम नौजवानों के जीवन की दिशा बदल दी और

उन्हें आतंकवाद की तरफ मोड़ दिया। कुत्ब के दर्शन से प्रेरित इन आतंकवादियों को लगता है कि सारी दुनिया में केवल वही हैं, जो इसलाम को लुप्त होने से बचा सकते हैं। वे मरने से नहीं डरते, क्योंकि कुत्ब ने उनके जज्बे को मकसद दिया। उन्होंने मुसलिम युवाओं के मन में एक बात भर दी है कि धार्मिक जीवन संघर्ष का जीवन है। वह इसलाम के लिए जिहाद, संघर्ष यानी शहादत का जीवन है। हमें ये विचार पागलपन भरे लग सकते हैं, मगर यह गौरवगान ही आज के आतंकवादियों को आत्मघाती बम विस्फोटों के लिए प्रेरित करता है। कुत्ब जैसे लोगों ने उसे गौरवपूर्ण और आनंददायी विजय के स्रोत तक पहुँचा दिया है। इस तरह की शहादतों से इसलाम की अंतिम विजय होगी। इसलिए आतंकवादी सामूहिक हत्याकांडों, फिदायीनी हमलों और आतंकवादी घटनाओं को इस मकसद के लिए किया जानेवाला बलिदान ही मानते हैं।

कुत्ब जैसे लोगों का उग्रवादी इसलाम के लिए योगदान यही है कि उन्होंने इसलाम को उग्रवादी इसलाम या राजनीतिक इसलाम में तब्दील कर दिया। शरियत जैसी संहिता को ईश्वर द्वारा दी गई जीवन पद्धति बताकर उसे मुसलिमों के सामने एक यूटोपिया के तौर पर पेश किया। इसलामी आतंकवादी और उग्रवादी उन्हें अपने दार्शनिक आधार के तौर पर इस्तेमाल करते हैं। कुत्ब और इसलामी उग्रवादियों के लिए शरीयत पर आधारित समाज-व्यवस्था केवल पश्चिम का विकल्प नहीं, वरन् एक ऐसा आदर्श है, जिसके लिए हर मुसलिम अपनी जान न्योछावर कर सकता है। इसलिए इसलामी उग्रवाद को केवल पश्चिम के खिलाफ प्रतिरोध की विचारधारा के तौर पर ही नहीं, नफरत और धार्मिक कट्टरता से युक्त राजनैतिक आंदोलन के तौर पर भी देखा जाना चाहिए। उसका यह रूप किसी भी समाज के लिए खतरनाक है, क्योंकि यह लोगों या जनता की इच्छा के मुताबिक सामाजिक व्यवस्था बनाने की बात पूरी तरह से नकार देता है और किसी काल्पनिक अल्लाह द्वारा कथित रसूल के जरिए भेजी गई आचार संहिता के आधार पर समाज व्यवस्था का निर्माण करना चाहता है। ऐसी कपोल कल्पनाओं और अंधविश्वासों पर टिकी विचारधारा मनुष्य की वास्तविक समस्याओं और संकटों का समाधान करना तो दूर रहा, उलटा आई.एस.आई.एस. जैसी सर्वसत्तावादी और अधिनायकवादी व्यवस्था को जन्म देगी और मनुष्य पर उनका शिकंजा और कड़ा कर देगी। आधुनिक सभ्यता के संकट का उग्रवादी इसलामी समाधान तो समस्या से भी ज्यादा भयावह होगा।

अल कायदा और उसके सहयोगी संगठनों; जिहादी संगठनों की तरह आई.एस. आई.एस. इसलामी इतिहास के कुछ उन विद्वानों से प्रभावित है, जिन्होंने अन्य मुसलमानों को धर्मद्रोही कहने का समर्थन किया और उनकी हत्या करने के विचार को वैध ठहराया। तफकीर की अवधारणा आज के जिहादी संगठनों की मूल विचारधारा है, जिन्होंने गैर-मुसलिमों से मुसलिमों की ज्यादा हत्या की है। इसलामी इतिहास से उन्होंने कुछ पसंदीदा

विद्वानों को चुना है। इनमें प्रमुख है इब्ने तैमियाह।

तेरहवीं शताब्दी में जब पाँच सौ साल तक फैलने के बाद इसलामी साम्राज्य ढहने लगा, जब मंगोल सारे एशिया को जीतने के बाद बगदाद पहुँचे। जब चंगेज खान का पोता हलाकू सीरिया और लेबनान को जीतने को चल पड़ा था, तब कई मुसलिम विद्वान् मंगोलों के समर्थन के लिए लाइन लगा रहे थे। तब एक इमाम ने बहुत ताकतवर तरीके से हमलावरों को नकारा। दमिश्क के इसलामी विद्वान् इब्ने तैमियाह ने मंगोलों के खिलाफ कई फतवे जारी किए। अल कायदा और इसलामिक स्टेट आज भी उनके फतवों को उद्धृत करते हैं। हलाकू के बाद कई मंगोल नेताओं ने नाममात्र के लिए इसलाम कबूल कर लिया, मगर तैमियाह ने उन्हें धर्मद्रोही ही माना। उन्होंने दलील दी कि किसी मुसलिम के लिए युद्ध में दूसरे मुसलिम को मारना जायज है, यदि वह मंगोलों के साथ लड़ रहा है। इब्ने तैमियाह आज के जिहादियों का बौद्धिक पूर्वज है, जिनके मंगोल विरोधी और शिया और अल्पसंख्यक मुसलिमों के बारे में फतवे वे आज भी उद्धृत करते हैं। वे नागरिकों और मुसलिमों के खिलाफ हिंसा और तफकीर की अवधारणा का इस्तेमाल उन्हें धर्मद्रोही घोषित करने के लिए करते हैं। तैमियाह आई.एस.आई.एस. की तरह शिया विरोधी थे। इसलिए आई.एस.आई.एस.के मुखपत्र दबिक ने अंक 13 में शियाओं पर बहुत सारी सामग्री छापी है, जिसमें तैमियाह को कई बार उद्धृत किया है। एक तरह से वे तफकीरी जिहाद के मूल प्रणेता होने के कारण कुछ जानकार कहते हैं—तैमियाह आई.एस.आई.एस. के वैचारिक संस्थापक थे।

संदर्भ–

- http://www.theatlantic.com/magazine/archive/2015/03/what-isis-really-wants/384980/
- http://www.nytimes.com/2003/03/23/magazine/the-philosopher-of-islamic-terror.html?pagewanted=all
- http://www.islamdaily.org/en/islam/6965.sayyid-qutb-terrorism-and-the-origins-of-militant-.htm
- http://blogs.reuters.com/great-debate/2016/03/29/the-three-powerful-scholars-fueling-islamic-states-hate/
- Is this the man who inspired Bin Laden?
- www.theguardian.com/world/2001/nov/01/afghanistan.terrorism3

□

आई.एस.आई.एस. और इसलाम में सिविल वार

''पश्चिमी देशों में हुए विश्लेषणों के विपरीत आई.एस.आई.एस. ने सभी शियाओं के सफाए की अपील करके शिया-सुन्नी विभाजन को बढ़ाया है और वहाबियों से अलग सोचवाले सुन्नियों के खिलाफ तकफीर का ऐलान करके उन्हें अस्वीकार्य और मौत की सजा का दोषी मानकर इसलाम में एक सिविल वार को जन्म दिया है।''

—अहमद रशीद,

लेखक तालिबान, डिस्केंट इन केआस

''सलफी जिहादियों की दूसरी धारा है, आई.एस.आई.एस. और उसका कहना है कि केवल अमेरिका पर हमला करने से काम नहीं चलेगा। वास्तव में जरूरत है खासतौर पर शिया और सुन्नियों के बीच सिविल वार पैदा करने की। यदि शिया और सुन्नियों के बीच सिविल वार पैदा कर सकें तो सुन्नी मुसलमानों को इतना रेडिकलाइज कर सकेंगे कि वे आखिर में इसलामिक स्टेट के लिए एकजुट हो जाएँ। यही आई.एस.आई.एस. चाहती है।''

—बर्नार्ड हाईकेल

''द मैनेजमेंट ऑफ सेवेजरी—पुस्तक का लेखक अबु बक्र नाजी ऐसा मानता था, इसलाम के अंदर बड़ी सिविल वार ही सुन्नी खिलाफत की राह प्रशस्त करेगी।''

—लॉरेंस राइट,

लेखक द लूमिंग टावर—अल कायदा ऐंड रोड टू 9/11

पिछले तीन–चार दशकों से इसलाम में एक आंतरिक संघर्ष चल रहा था, मगर आई.एस.आई.एस. के उदय ने उसे एक सिविल वार बना दिया है। पहले जिहाद होता था काफिरों के खिलाफ, अब मुसलिमों को काफिर घोषित कर उनके खिलाफ जिहाद किया जा रहा है। जिहादी तो सभी इसलामी संगठन हैं, मगर यह फर्क है ओसामा बिन लादेन के अल कायदा और अबू बगदादी की आई.एस.आई.एस. में। इस समय आई.एस.आई.एस. पश्चिम के खिलाफ युद्ध नहीं छेड़े हुए है। यह उसे अल कायदा से अलग बनाता है, जिसका बुनियादी उद्देश्य पश्चिमी पूँजीवाद को ध्वस्त करना था ताकि अरब विश्व की कमान खुद–ब–खुद उसके हाथों में आ जाए। अल कायदा दूर के अपने दुश्मन को पहले नष्ट करना चाहता था, ताकि अपने पास के दुश्मन अरब शासकों को आखिरकार गिराया जा सके, मगर आई.एस. का नजरिया अलग है। उसे लगता है कि मध्य–पूर्व को जीतने के लिए राजनीतिक सत्ता और क्षेत्रीय सत्ता आवश्यक है। वह तभी संभव है, जब शिया और सुन्नियों के बीच सिविल वार पैदा किया जाए। तभी सुन्नी आई.एस.आई.एस. के नेतृत्व में एकजुट होंगे। इसके लिए वह तफकीर की तरीका ही अपनाते हैं। यहाँ हम आप को बता दें कि आई.एस.आई.एस.वालों को तफकीरी जिहादी भी कहा जाता है। कुछ लोग तो यह भी कहते हैं कि इसलाम के पुराने संप्रदाय तफकीरी खवारिजों की आई.एस.आई.एस. के रूप में वापसी हुई है।

इसलाम में चल रहे विश्वव्यापी सिविल वार के पीछे बहुत हद तक तकफीर, यानी बहिष्कार की अवधारणा काम कर रही है, जिसके तहत एक मुसलमान दूसरे मुसलमान को धर्मद्रोही कहकर गैर–मुसलिम करार दे सकता है। आई.एस.आई.एस. के विचारधारा के मुताबिक हर वह मुसलिम धर्मद्रोही है, जो इसलाम में संशोधन करता है। कुरान या मोहम्मद के कथनों को नकारना पूरी तरह से धर्मद्रोह माना जाता है, लेकिन इसलामिक राज्य ने कई और मुद्दों पर भी मुसलमानों को इसलाम से बाहर निकलना शुरू कर दिया है। इसमें शराब, ड्रग बेचना, पश्चिमी कपड़े पहनना, दाढ़ी बनाना, चुनाव में वोट देना, और मुसलिमों को धर्मद्रोही कहने में आलस बरतना आदि बातें शामिल हैं। इसलाम में ऐसे समूहों की लंबी परंपरा रही है, जो लोगों को बरताव के आधार पर यानी धूम्रपान करना, शराब पीना, सुअर का मांस खाना, गैर–मुसलिम को मित्र बनाना और उसे संरक्षण देना आदि के आधार पर मुसलिमों को काफिर या गैर–मुसलिम घोषित करते हैं। खराजी इस पर अमल करते थे।

वहाबी संप्रदाय के संस्थापक मोहम्मद इब्न वहाब, इब्ने तैमियाह की शिक्षाओं को माननेवाले कुछ सलफी, मुसलिम ब्रदरहुड के दार्शनिक सईद कुत्ब और आई.एस.आई.एस. के संस्थापक अबु मुसाब अल जरकावी इसका पालन करते थे। शिया ईरान भी तफकीर

पर अमल करता रहा है। अयातुल्लाह खुमैनी ने सलमान रशदी को काफिर घोषित किया था। तफकीर का खेल सबसे ज्यादा पाकिस्तान में खेला गया। पहले शिया और सुन्नियों ने मिलकर अहमदियाओं को कानून गैर–मुसलिम घोषित किया। पाकिस्तान जैसे इसलामी देश तो अहमदियाओं के साथ भेदभाव की सारी हदें पार कर चुका है। वहाँ 40 लाख अहमदिया रहते हैं, लेकिन 1978 में पाकिस्तान की संसद् ने प्रस्ताव पारित कर घोषणा की कि अहमदिया गैर–मुसलिम हैं और देश के संविधान में संशोधन कर कहा गया कि मुसलिम केवल वही है, जो मोहम्मद को अंतिम पैगंबर मानता है। 1984 में जनरल जिया ने गैर–मुसलिम गतिविधियों को रोकने के नाम पर अध्यादेश जारी किया, जिससे अहमदियाओं के स्वयं को मुसलिम कहलाने पर रोक लगाई गई। इसके अलावा, न ही वे अपने पूजा स्थलों को मसजिद कह सकते हैं, न ही सार्वजनिक तौर पर अपने धर्म का प्रसार कर सकते हैं, न ही गैर–अहमदी मसजिदों में नमाज पढ़ सकते हैं, न ही अपनी धार्मिक सामग्री प्रकाशित कर सकते हैं। पाकिस्तान में इस अहमदिया विरोधी माहौल के कारण देश भर में अहमदियाओं पर हमले होने और उन्हें परेशान किए जाने की खबरें आती रही हैं। इसके बाद सुन्नी संगठनों ने शियाओं को गैर–मुसलिम करार देने के लिए आंदोलन शुरू कर दिया। कई हजार शियाओं की पाकिस्तान में हत्या हुई। यह इस बात को दरशाता है कि शियाओं का एक बड़ा तबका तकफीरियों की तर्ज पर शियाओं को गैर–मुसलमान मानता है। वह शियाओं के अंतरराष्ट्रीरय स्तर पर बढ़ते वर्चस्व को बरदाश्त नहीं कर पा रहा। अल्जीरिया में जी.आई.ए. अल कायदा नेटवर्क का हिस्सा था, वह भी तकफीर पर अमल करता था। वह भी आई.एस.आई.एस. की तरह जुल्म करता था, लेकिन इराक की आई.एस.आई.एस. का संस्थापक जरकावी इस सदी में तफकरियों का सबसे बड़ा मसीहा था। (जरकावी का बिन लादेन और जवाहिरी के साथ शिया मामले पर पत्राचार अध्याय अल कायदा से आई.एस.आई.एस.)

खलीफा अबू बगदादी ने जरकावी की लीक को ही आगे बढ़ाया। खलीफा बनने के बाद उसने घोषणा की कि नई खिलाफत में शिया मुसलमानों और गैर–मुसलमानों के लिए कोई स्थान नहीं होगा और इराक स्थित शियाओं के सभी पवित्र तीर्थस्थानों का नामोनिशान मिटा दिया जाएगा।

आई.एस. के अनुसार इसलाम में संशोधन करना और कुरान में कुछ नया जोड़ने का मतलब है, उसकी पूर्णता को नकारना। शिया मानते हैं कि कुरान के कुछ हिस्से गायब हैं, इस तरह वे कुरान की पूर्णता को नकारते हैं। इसके अलावा इमामों की कब्र की पूजा करने और अपने को कोड़े मारने की परंपरा है, उसकी कुरान या मोहम्मद के व्यवहार में कोई मिसाल नहीं मिलती। इसलिए धर्मद्रोही होने के कारण करोड़ों शियाओं

की हत्या की जा सकती है। यही बात सूफियों पर भी लागू होती है।

वैसे अल कायदा और आई.एस.आई.एस. ने तफकीर की परिभाषा को बीसवीं सदी में और भी ज्यादा विस्तृत कर दिया है। इसी तरह राज्यों के प्रमुख भी धर्मद्रोही हैं, जिन्होंने दिव्य माने जानेवाले इसलामी कानून शरिया के बाद मनुष्य निर्मित कानून बनाया और उसे लागू किया। इस तरह इसलामिक राज्य या आई.एस. इस विश्व को शुद्ध करने के लिए बड़े पैमाने पर लोगों की हत्या करने के लिए प्रतिबद्ध है। यह ईश्वरीय या इसलामी बनाम मानव निर्मित व्यवस्था का भेद सईद कुत्ब के दर्शन से समझा जा सकता है, जिन्हें इसलामी आतंक का दार्शनिक भी कहा जाता है। कुत्ब ने दुनिया भर के समाजों को दो हिस्सों में बाँटा—जाहिलिया और इसलामी। जाहिलिया वे हैं, जो ईश्वर द्वारा भेजे गए निर्देशों और संहिता की उपेक्षा करते हैं और मनुष्य निर्मित कानूनों और जीवन पद्धतियों का पालन करते हैं। दूसरी तरफ इसलामी समाज है, जो हर मामले में पूरी तरह ईश्वरीय निर्देशों और संहिताओं का पालन करते हैं और ईश्वर के प्रति पूरी तरह से समर्पित हैं। इस कसौटी पर उन्होंने पश्चिमी और पूँजीवादी मुल्कों—सोवियत संघ और मिस्र आदि को परखा और पाया कि ये व्यवस्थाएँ बुनियादी तौर पर एक जैसी यानी जाहिलिया हैं, क्योंकि वे मनुष्य और उसके कार्यों पर ईश्वरीय सत्ता की उपेक्षा करती हैं। यहाँ उल्लेखनीय है कि वे उन मुसलिम देशों को भी जाहिलिया मानते हैं, जहाँ समाज व्यवस्था और जीवन पद्धति ईश्वरीय निर्देशों, यानी कुरान और हदीस से संचालित नहीं होती। कुत्ब केवल शरिया पर आधारित व्यवस्था को ईश्वरीय मानते हैं। इस आधार पर लोकतंत्र, अधिनायकवाद, साम्यवाद समाजवाद नाजीवाद, राष्ट्रवाद आदि सभी मानव निर्मित व्यवस्थाएँ हैं, जिन्हें माननेवाला मुसलिम नहीं कहला सकता। इस तरह से ज्यादातर मुसलिम देश जाहिलिया हैं, क्योंकि वे सभी मनुष्य निर्मित जाहिलिया व्यवस्थाओं के मुताबिक चलते हैं। कोई लोकतंत्रवादी है तो कोई राजतंत्र, कोई अधिनायकवादी, कोई राष्ट्रवादी। इसलिए आई.एस.आई.एस. उन सब के खिलाफ है। इस आधार पर आई.एस.आई.एस. ने इसलामी दुनिया का दो भागों में विभाजन कर दिया है—शरिया से चलनेवाले देश और मनुष्य निर्मित जाहिलिया व्यवस्थाओं से चलनेवाले देश। इसी आधार आई.एस.आई.एस. सऊदी अरब पर भी हमले करता है और और तुर्की पर भी, क्योंकि सऊदी में राजतंत्र है और तुर्की में लोकतंत्र। इसलामी व्यवस्था तो मात्र आई.एस.आई.एस. की खिलाफत है, जब तक इसलामी देश खिलाफत के मातहत नहीं होंगे, तब तक वे जाहिलिया ही होंगे। उन पर हमले किए जा सकते हैं। इसलिए आई.एस.आई.एस. इंडोनेशिया, बँगलादेश, पाकिस्तान अफगानिस्तान आदि देशों पर भी हमले कर रहा है।

दरअसल जिहादी संगठनों ने ही तफकीर के मुद्दों को और भी विस्तार दे दिया है। इसलामी दुनिया में पिछले दो-ढाई दशक से तकफीर पर बहुत तीखी बहस चल रही है। एक मुद्दा यह है—मुसलिम शासकों द्वारा गैर-मुसलिम शासकों को मुसलिम शासकों के खिलाफ समर्थन देने को मुसलिम धर्मशास्त्र के अनुसार क्या जायज माना जा सकता है, जो मुसलिम या मुसलिम समाज खिलाफत की इसलामी राजनीतिक व्यवस्था को नकारकर पश्चिमी लोकतांत्रिक व्यवस्था, राजतंत्र, समाजवादी आदि मानव निर्मित व्यवस्थाओं को स्वीकार करते हैं, क्या वे मुसलिम बने रह सकते हैं। ऐसा करने पर क्या उन्हें इसलाम से बाहर निकाला जा सकता है। जो मुसलिम और मुसलिम समाज मुसलिम इसलामी कर्मकांड का परित्याग कर चुके हैं और पश्चिमी जीवनशैली अपना चुके हैं, क्या उन्हें मुसलिम कहलाने का अधिकार है ? मुसलिम समाज के कुछ हिस्से को छोड़ दिया जाए तो बाकी समाज के बचे हुए लोगों ने कब से इसलाम को त्याग दिया है। ये जो बातें कही जा रही हैं, वे किसी धार्मिक चर्चा में से नहीं निकली हैं, वरन् अल कायदा के दर्शन के अनुसार यह मुसलिम समाज का ध्रुवीकरण है और उसके विरोध में उन्हें अपने भविष्य के संघर्ष की दिशा तय करनी है। खिलाफत काल के बाद के कालखंड में मुसलिम जगत् की स्थिति का जायजा लेने के बाद कुछ नतीजे निकाले गए, लेकिन एक महत्त्वपूर्ण घटना से यह चर्चा तेज हुई। सऊदी अरब के राजघराने के खिलाफ विद्रोह को बढ़ावा देने के लिए 1979 में एक छोटे से गुट ने मक्का की सबसे बड़ी मसजिद पर कब्जा कर लिया था। सऊदी अरब के राजघराने ने इस विद्रोह को पूरी ताकत से कुचल दिया, लेकिन कुछ समय के लिए किया गया कब्जा इस चर्चा की जड़ में है। उससे यह बहस शुरू हुई कि क्या गैर-इसलामिक तरीकों से चल रहे शासन के खिलाफ बगावत जायज है। जिहादियों को अफगानिस्तान में सोवियत संघ की सेना के खिलाफ लड़ते हुए समकालीन विश्व का ज्ञान ज्यादा तीव्रता से हुआ और इसलामी खिलाफत के पुनर्स्थापना का उनका संघर्ष और प्रखर हुआ था। 1979 में मक्का की मसजिद की घेराबंदी से उनको स्फूर्ति मिली। अल कायदा की विचारधारा के मुताबिक मक्का की मसजिद पर कब्जा सही मायने में बीसवीं सदी की बगावत थी। (गैर-इसलामी तरीके से चल रहे इसलामी शासन के खिलाफ बगावत)। पश्चिमी देशों से दो-दो हाथ करने से पहले समकालीन मुसलिम शासकों के बारे में विवाद खड़ा किया गया कि क्या ये शासक सामूहिक आचरण और सामूहिक विचारों में इसलामी कहलाने लायक हैं ? तब मुसलिम विश्व की गतिविधियों पर पूर्ण नियंत्रण करके उन्हें अपने नियंत्रण में लाने का लक्ष्य अल कायदा ने तय किया था।

अमेरिका के बहुचर्चित बुद्धिजीवी सेम्युअल हटिंगटन ने कभी सभ्यताओं के संघर्ष

का सिद्धांत प्रतिपादित किया था। तब उनकी प्रगतिशील और उदारवादी लोगों ने इसलिए खूब खिंचाई की थी कि ईसाइयत और इसलाम के बीच संघर्ष कराना चाहते हैं, लेकिन अब सेम्युअल हटिंगटन हँस रहे होंगे, क्योंकि मुसलमानों में अपनी ही सभ्यता के अंदर आत्मघाती संघर्ष चल रहा है। तभी तो इसलाम के विद्वान् मौलाना वहीदुद्दीन खान को हाल ही में कहना पड़ा—मुसलिम विश्व बारूद के ढेर पर खड़ा है। जो छोटे सी वजह से भड़क सकता है। सभी मुसलमान टाइम बम की तरह जी रहे हैं। मेरे व्यापक अध्ययन और अनुभव के बाद मैं इस नतीजे पर पहुँचा हूँ कि मुसलिम समुदाय अभी नफरत में जी रहा है। फर्क केवल इतना है, कुछ मुसलमान सक्रिय हिंसा में जुटे हैं और बाकी मुसलमान पैसिव हिंसा में। मौलाना की बात में दम है। जब हर मुसलमान टाइम बम बन जाए तो मुसलिम विश्व में सिविल वार होना स्वाभाविक ही है। आज इसलाम के नाम पर जितनी नफरत, हिंसा, युद्ध और आतंकवाद फैल रहा है, उससे इसलाम को शांति का मजहब कहने पर सवाल उठने लगे हैं। काफिरों से इसलाम का झगड़ा हमेशा से रहा है। पहले मुसलिमों का जिहाद काफिरों के खिलाफ होता था, लेकिन आज हालात इतने बदल गए हैं कि मुसलिम मुसलिमों के खिलाफ भी जिहाद कर रहे हैं और उसमें अब तक लाखों लोग मारे जा चुके हैं। इसलाम को सबसे ज्यादा खतरा मुसलमानों से ही है। तभी तो मुसलमान ही मुसलमान के खून का प्यासा हो उठा है। इन दिनों इसलाम में कई सिविल वार एक साथ चल रहे हैं। एक सिविल वार चल रहा है आतंकवादियों और बाकी समाज के बीच, दूसरा सिविल वार वहाबी बनाम सूफी का है, तीसरा शिया बनाम सुन्नी, चौथा इसलामी राष्ट्रों और उनकी उपराष्ट्रीयताओं के बीच जैसे बलोच या कुर्द।

आज इसलाम के नाम पर वहाबी आतंकवादी जिस तरह अंधी हिंसा कर रहे हैं, वह किसी गृहयुद्ध से कम नहीं है। उनके लिए हर वह व्यक्ति उनका दुश्मन है, जो उनकी तरह के शुद्ध इसलाम को नहीं मानता। कुछ अर्से पहले बोको हराम के लड़ाकों ने नाइजीरिया के एक सैन्य अड्डे पर लूटपाट के बाद तकरीबन पूरा शहर आग लगाकर तबाह कर दिया। हमले के बाद शहर छोड़कर भागनेवाले लोगों ने बताया है कि लगभग 10 हजार की आबादीवाला यह शहर 'पूरी तरह से तबाह' हो गया है। बागा शहर की गलियों में लाशें-ही-लाशें पड़ी हैं और माना जा रहा है कि हमले में करीब 2000 लोग मारे गए। शहर में इतनी लाशें हैं कि उनकी गिनती करना मुश्किल है। इससे एक महीने पहले पाकिस्तान के **पेशावर** में स्थित आर्मी पब्लिक स्कूल पर हुए **तालिबानी आतंकवादी हमले में** 141 लोगों की मौत हो गई। इनमें 132 बच्चे थे। कुछ दिनों बाद ऐसा ही हत्याकांड अल शबाब ने केन्या में किया।

इस तरह की आतंकी घटनाएँ इन दिनों आम बात होती जा रही हैं। पिछले

कुछ समय में इसलामी आतंकवाद ने विकराल रूप ले लिया है। प्रतिष्ठित थिंक टैंक इंस्टीट्यूट ऑफ इकोनॉमिक्स ऐंड पीस ने अपनी ने 2014 की रपट में कहा है कि एक तल्ख हकीकत यह है कि 2013 में 80 फीसदी आतंकवादी मौतें केवल पाँच देशों इराक, सीरिया, पाकिस्तान, अफगानिस्तान और नाइजीरिया में हुई हैं। इनमें से पहले चार इसलामी देश हैं तो नाइजीरिया मिली-जुली आबादीवाला। इसलिए नुकसान मुसलमानों का ही हो रहा है। 2013 में हुई आतंकवाद के कारण हुई मौतों में से 66 प्रतिशत चार आतंकवादी संगठनों आई.एस.आई.एस., बोको हराम, तालिबान और अल कायदा के कारण हुईं, लेकिन इसलामी आतंकवादी संगठन केवल यही चार नहीं हैं। इन दिनों इसलामी आतंकवादी संगठनों की बाढ़ आई हुई है। सौ से ज्यादा इसलामी आतंकवादी संगठन हो सकते हैं दुनिया भर में। यदि उनकी वारदातों को भी जोड़ लिया जाए तो यह कहना अतिशयोक्ति नहीं होगी कि लगभग 80 से 85 प्रतिशत वारदातें इसलामी संगठनों की तरफ से हो रही हैं। लोग भले ही कहते हों कि धर्म और आतंकवाद का कोई रिश्ता नहीं होता, लेकिन इन दिनों आतंक पर इसलाम का एकाधिकार स्थापित होता जा रहा है। इसलामी आतंकवाद में शिया, सुन्नी आदि हर तरह का आतंकवाद है। अब तो सूफी भी हथियार उठा रहे हैं, लेकिन आतंकवाद की मुख्यधारा वहाबी है। सभी प्रमुख आतंकी संगठन आई.एस.आई.एस., अल कायदा, बोको हराम, तालिबान, अल शबाब आदि वहाबी या सलफी संगठन हैं।

इसलाम में एक और संघर्ष उग्र रूप ले चुका है। सारा मुसलिम विश्व शिया और सुन्नी के खेमों में बँट चुका है और उनके संघर्ष ने लाखों जानें ली हैं। जिस देश में शिया बहुसंख्यक हैं, वे सुन्नियों का दमन कर रहे हैं। उनके साथ ऐसा भेदभाव करते हैं कि जीना मुहाल हो जाए। सुन्नी देशों में ऐसा ही सलूक शियाओं के साथ किया जाता है। इस कारण इराक, सीरिया, पाकिस्तान, अफगानिस्तन, ईरान, सऊदी अरब, बहरीन, यमन, लेबनान, फिलीस्तीन में यह संघर्ष खूनी रंजिश में बदलता जा रहा है। आज मध्य-पूर्व में जहाँ भी संघर्ष विस्फोटक रूप ले चुका है, वह सब शिया-सुन्नी संघर्ष की ही उपज है। आज सबसे तीव्र संघर्ष यमन में, जहाँ शिया हौथी विद्रोहियों ने सुन्नी शासन को बेदखल करके सत्ता पर कब्जा कर लिया है, लेकिन सुन्नियों ने भी हार नहीं मानी है। नतीजतन शिया-सुन्नी संघर्ष गहराता जा रहा है। दूसरा संघर्ष स्थान है इराक और सीरिया, जहाँ दोनों देशों के खिलाफ बगावत करके आई.एस.आई.एस. स्वतंत्र सुन्नी राष्ट्र और खिलाफत के तौर पर उभरा है। स्थानीय शिया खास तौर पर उसके निशाने पर हैं।

हाल के समय में इराक और सीरिया के गृहयुद्ध शिया-सुन्नी की खूनी रंजिश की मिसाले हैं, जिसमें लाखों लोगों की जान जा चुकी है। शिया और सुन्नियों की दुश्मनी

उतनी ही पुरानी है, जितना पुराना इसलाम, लेकिन सदी की शुरुआत में इराक में इसका जिस चरम रूप में विस्फोट हुआ, उसने दुनिया को दहला दिया। 2003 में इराक पर अमेरिकी कब्जे के बाद स्थिति बिगड़ने पर शिया और सुन्नियों के बीच राजनीतिक वर्चस्व कायम करने के लिए हुए गृहयुद्ध में दो लाख से ज्यादा लोग मारे गए। इराक की 98 प्रतिशत मुसलिम आबादी में 65 प्रतिशत शिया और 32 प्रतिशत सुन्नी हैं। शिया बहुल होने के बावजूद इराक के शियाओं की त्रासदी यह रही कि सदियों से सुन्नियों का शासन रहा। नतीजतन 1935 और 1936 की शिया बगावतें हुईं। 'टाइम' पत्रिका में छपी रपट के मुताबिक 1991 के खाड़ी युद्ध में सद्दाम की पराजय के बाद शियाओं को लगा कि यह तानाशाह के खिलाफ बगावत का सुनहरा अवसर है। लेकिन सद्दाम विद्रोह को कुचलने में कामयाब रहे। इसमें दो से तीन लाख के बीच शिया मारे गए।

सीरिया का मामला इराक से उलटा है, वहाँ गृहयुद्ध इसलिए हुआ; क्योंकि तीन-चौथाई लोग सुन्नी है, मगर बशर असद का शासन है, जो शिया है, जबकि शियाओं की आबादी मात्र 12 प्रतिशत है। असद शिया होने के कारण सारे शिया उनके पक्ष में खड़े हो गए। वहाँ अन्य अरब देशों की तरह लोकतंत्र की स्थापना के लिए जन आंदोलन शुरू हुआ, लेकिन बाद में शिया और सुन्नी हथियारबंद लड़ाकों के टकराव में बदल गया। फिर उसने सारे विश्व को अपनी चपेट में ले लिया। असद के पक्ष में थे ईरान, लेबनान का हिजबुल्लाह मिलिशिया, रूस और इराक। विरोध में थे सऊदी अरब, अमेरिका, आई.एस.आई.एस. और अलकायदा आदि। तीन साल तक चले सीरिया के गृहयुद्ध में एक लाख से ज्यादा लोग मारे गए। एक तिहाई सीरियाई नागरिक बेघर हो गए।

कई गैर-अरब मुसलिम देश भी इस विवाद की चपेट में आ गए हैं। इन सुन्नी देशों में शियाओं की खैर नहीं है। पाकिस्तान तो तफकीर का क्लासिक केस है। पहले शिया-सुन्नियों ने अहमदियाओं को काफिर या गैर-मुसलिम घोषित करने का अभियान छेड़ा और उन्हें कानूनी तौर पर गैर-मुसलिम घोषित कर दिया गया, लेकिन उसके बाद सुन्नियों ने शियाओं को गैर-मुसलिम घोषित करने की माँग छेड़ दी, लेकिन अब सुन्नी-सियाओं के खिलाफ न केवल हिंसा कर रहे हैं, वरन् उनकी माँग है शियाओं को गैर-मुसलिम करार दिया जाए। ईरान की शिया क्रांति ने शिया सांप्रदायिकता को हवा दी। उसके बाद तहरीक ए-निफज ए-फिकह ए-फाफेरिया (टी.एन.एफ.) स्थापित हुआ। इसकी प्रतिक्रिया में आठवें दशक में कई सुन्नी सांप्रदायिक और आतंकी संगठनों की स्थापना हुई। इनका मकसद शियाओं को काफिर बताकर इनकी हत्याएँ करना था। इसके जवाब में शियाओं ने एक संगठन बनाया। इस तरह पाकिस्तान में क्वेटा, कराची और गिलगिट, बाल्टिस्तान शियाओं के कत्लगाह बन गए हैं। अब तक 8000 से ज्यादा

शियाओं का कत्लेआम हो चुका है। अफगानिस्तान में शिया हाजरा और सुन्नी पख्तूनों की पुरानी लड़ाई को तालिबान ने नई धार दे दी। तालिबान जब सारे अफगानिस्तान को फतह करने निकले थे तो उन्होंने तय किया कि अफगानिस्तान को शियाओं से मुक्त कर देंगे। मजार शहर में 5000-6000 शिया तालिबानों के हाथों मारे गए, बाद में यह भी पाया गया कि इस रास्ते पर आगे बढ़ते हुए तालिबान ने उजबेक और ताजीकों के भी हत्याकांड किए। यों भी तालिबान अफगानिस्तान के विभिन्न हिस्सों में शिया कबीलों का नरसंहार कर चुके हैं।

शिया और सुन्नियों के बीच सदियों से चल रहे खूनी संघर्ष का इसलामी देशों में नए रूप में विस्फोट हो रहा है। इसके कारण मध्य-पूर्व के देशों में सुन्नी देश सऊदी अरब और शिया मुल्क ईरान के बीच टकराव का खतरा पैदा हो गया है। कुछ समय पहले तो बहरीन में सुन्नी शासकों के खिलाफ चल रहे शियाओं के जन-आंदोलन को लेकर ऐसी स्थिति पैदा हो गई थी कि लगने लगा था कि दोनों देशों के बीच लंबे समय से चल रहा शीतयुद्ध कभी भी पूर्ण युद्ध में बदल सकता है।

इन देशों के बीच चल रहे शीतयुद्ध के पूर्ण युद्ध में बदलने के लिए कोई भी बहाना काफी हो सकता है। मुसलिम विश्व में ईरान शिया महाशक्ति है तो सऊदी अरब सुन्नी महाशक्ति। पाकिस्तान हो या अफगानिस्तान, यमन हो या बहरीन, इराक हो या लेबनान, हर जगह इन देशों में जोर-आजमाइश चलती ही रहती है।

दुनिया के सबसे बड़े तेल खजाने का मालिक होने के कारण सऊदी अरब के पास अकूत संपत्ति है। अपने पैट्रोडॉलरों को झोंककर वह दुनिया के इसलामी देशों का नेता बनने की कोशिश करता रहता है। उसमें वह कुछ हद तक सफल भी हो गया था, लेकिन 1979 में ईरान में हुई शिया इसलामी क्रांति और फिर शिया इसलामी राज्य की स्थापना ने उसके सपने को चकनाचूर कर दिया। ईरान की क्रांति ने दुनिया भर में सुन्नियों के अत्याचार और भेदभाव का शिकार बन रहे शियाओं में नई जान फूँक दी। उन्हें अपनी पहचान और शक्ति का अहसास कराया। 'द शिया रिवायवल' पुस्तक के लेखक वली नस्र इसे शिया पुनर्जागरण कहते हैं। ईरान के नेतृत्व में हुए इस शिया पुनर्जागरण ने इसलामी दुनिया और खासकर मध्य-पूर्व के देशों के राजनीतिक समीकरणों को उलट-पुलट करके रख दिया। अभी तक बहुसंख्यक सुन्नियों की छत्रच्छाया में रहनेवाले शिया न केवल अलग वरन् सुन्नियों की प्रतिद्वंद्वी राजनीतिक शक्ति के रूप में उभरे। सुन्नी शियाओं की इस सफलता को बरदाश्त नहीं कर पा रहे हैं। इससे इसलाम के इन दोनों संप्रदायों में जगह-जगह टकराव हो रहा है।

तालिबान, अलकायदा और आई.एस. उनके ढेर सारे सहयोगी संगठन वहाबी

आतंकी संगठन हैं। इनके हमलों का निशाना ज्यादातर मुसलमान ही हो रहे हैं। आतंकी वहाबी लोगों को खत्म कर रहे हैं तो वहाबी आंदोलन इसलाम के बहुलतावाद के ताने-बाने को नष्ट करने में लगा है, जिसने वहाबी और सूफियों के बीच सिविल वार की स्थिति पैदा कर दी है।

हम अकसर इसलाम को एकरूप मान लेते हैं, लेकिन ऐसा है नहीं। इसलाम में घोषित तौर पर 72 फिरके हैं, जिनकी अपनी-अपनी पहचान, अपने-अपने रीति-रिवाज हैं। इसलाम के इन फिरकों के वहाबी आंदोलन के साथ रिश्ते तनावपूर्ण होते जा रहे हैं, क्योंकि वहाबी आंदोलन, जो विविधतापूर्ण इसलाम को एकरूप बनाना चाहता है। इसलाम के जानकार डॉ. खुर्शीद अनवर के मुताबिक मोहम्मद इब्न-अब्दुल-वहाब ने एक-एक कर इसलाम में विकसित होती खूबसूरत और प्रगतिशील परंपराओं को ध्वस्त करना शुरू किया और उसे इतना संकीर्ण रूप दे दिया कि उसमें किसी तरह की आजादी, खुलेपन, सहिष्णुता और आपसी मेलजोल की गुंजाइश ही न रहे। कुरान और हदीस से बाहर जो भी है, उसको नेस्तनाबूद करने का बीड़ा उसने उठाया। अब तक का इसलाम कई शाखाओं में बँट चुका था। अहमदिया समुदाय अब्दुल-वहाब के काफी बाद उन्नीसवीं सदी में आया, लेकिन शिया, हनफी, मुलायिकी, सफई, जाफरिया, बाकरिया, बशरिया, खुलफिया हंबली, जाहिरी, अशरी, मुंतजिली, मुर्जिया, मतरुदी, इस्माइली, बोहरा जैसी अनेक आस्थाओं ने इसलाम के अंदर रहते हुए अपनी अलग पहचान बना ली थी और उनकी पहचान की इसलामी दायरे में स्वीकृति बनी हुई थी। वहाबियत ने अपनी इस शुद्धता का तांडव बहुत पहले से दिखाना शुरू कर दिया था, लेकिन पिछले कुछ दशकों में इसने अपना घिनौना और क्रूर रूप और भी साफ कर दिया। वह वहाबियत पर आस्था न रखनेवाले मुसलमानों को इसलाम के दायरे से खारिज करके उन्हें सरेआम कत्ल करना जायज और हलाल बताने लगा। सऊदी अरब में जन्मा वहाबी इसलाम मौजूदा इसलाम की मिली-जुली संस्कृति पर विश्वास नहीं करता। वह इसलाम को उसके पूर्ण शुद्ध रूप में स्थापित करना चाहता है। वहाब ने लिखा, 'जो किसी कब्र, मजार के सामने इबादत करे या अल्लाह के अलावा किसी और से रिश्ता रखे, वह मुशरिक (एकेश्वरवाद विरोधी) है। उसका खून बहाना और संपत्ति हड़पना जायज है।'

वहाबी इसलाम के साथ इसलाम का जिहाद का सोच भी बदल गया। पहले इसलाम में जिहाद काफिरों के खिलाफ होता था। अठारहवीं शताब्दी में वहाब ने जिहाद की नई परिभाषा ईजाद की। मुसलमानों का मुसलमानों के खिलाफ जिहाद भी होने लगा। वहाबियों का उन मुलमानों के खिलाफ जिहाद शुरू हो गया, जो इसलाम के शुद्ध रूप में विश्वास नहीं करते। वहाब ने अपने जमाने में अपने ढंग का असली जिहाद शुरू

किया था। उसने एक सेना तैयार की, जिसने गैर-वहाबी इसलामी आस्थाओं के लोगों को मौत के घाट उतारना शुरू किया, वह सिर्फ अपनी विचारधारा का प्रचार करता रहा और जिसने उसे मानने से इनकार किया, उसे मौत मिली और उसकी संपत्ति लूटी गई। इसके साथ ही उसने एक और घिनौना हुक्म जारी किया, वह यह था कि जितनी सूफी मजारें, मकबरे या कब्रें हैं, उन्हें तोड़कर वहाँ मूत्रालय बनाए जाएँ।

वहाबी इसलाम से बहुत पहले इसलाम में सूफियों का उदय हो चुका था। यही कारण है कि जिन-जिन देशों में इसलाम पहुँचा, वहाँ सूफी मत भी पहुँच गया और काफी लोकप्रिय हुआ। शिया हो या सुन्नी, दोनों सूफीवाद को मानते हैं। सूफी भी मध्य-पूर्व से लेकर दक्षिण एशिया; खासकर भारत, पाकिस्तान और अफगानिस्तान तो अफ्रीका में सूडान, सोमालिया, नाइजीरिया, लीबिया, माली और ट्यूनीशिया, बालकान देशों में चेचेन्या आदि देशों में फैले हुए हैं। सूफियों ने इसलाम को बिल्कुल नया आयाम दे दिया और वह गैर-मुसलिमों के बीच भी बहुत लोकप्रिय हुआ। वहाबी और सूफी इसलाम के दो ध्रुवों की तरह है। वहाबी इसलाम के शुद्धतावादी चरित्र को मानते हैं। दूसरी तरफ सूफी रहस्यवादी और उदारवादी है। इसलाम के विपरीत सूफी संगीत और नृत्य को अपनाते हैं। वहाबी इसलाम सारी दुनिया में अपना वर्चस्व स्थापित करना चाहता है, तो उसका संघर्ष सूफियों के साथ होना ही था।

कई देशों में इसलाम से जुड़ी ऐसी तमाम ऐतिहासिक धरोहरें हैं, जिनका संबंध प्रमुख इमामों, संतों, फकीरों, खलीफाओं आदि से है। मुसलमान वहाँ जाकर मन्नतें व मुरादें माँगता है, जबकि इसके विपरीत वहाबी विचारधारा अल्लाह को सजदे यानी नमाज पढ़ने के सिवा किसी भी अन्य स्थल, दरगाह, रोजा, मकबरा या इमाम बारगाहों आदि में चलने वाली गतिविधियों जैसे मजलिस, ताजिया, नोहा, मातम, कव्वाली, नात आदि चीजों को गैर-इसलामी मानती है तथा इसे शिर्क (अल्लाह के साथ किसी अन्य को शरीक करना) की संज्ञा देती है। इसी सोच के तहत तालिबान पाकिस्तान में कम-से-कम 25 मकबरों को निशाना बना चुके हैं। कभी अफगानिस्तान भी सूफी पीर औलिया और दरवेशों का केंद्र था, वहाबी इसलाम के अनुयायी तालिबान की क्रूरता ने उन्हें जिंदा नहीं रहने दिया।

वहाबी आतंकवाद अब अफ्रीका के देशों में फैलता जा रहा है। नतीजतन वे सूफी और वहाबी गृहयुद्ध का अखाड़ा बनते जा रहे हैं। सोमालिया, जो मुख्यत: सूफी परंपरा का अनुयायी रहा है, वहाँ सऊदी हस्तक्षेप ने वहाबियत का जहर भर दिया, लेकिन सूफीवाद और वहाबी इसलाम के बीच संघर्ष जारी है। अल-शबाब सोमालिया में वहाबी आतंकी संगठन अल-कायदा का सहयोगी संगठन है। वह केवल सोमालिया ही नहीं,

इथियोपिया, केन्या में आतंकवादी गतिविधियों को अंजाम देता है, लेकिन सोमालिया में अब सूफी संगठन के लोगों ने अल शबाब का मुकाबला करने के लिए बंदूक उठा ली है। कहीं-कहीं वे सरकार का साथ भी दे रहे हैं, जो अल शबाब पर नकेल कसने की कोशिश कर रही है। नाइजीरिया में अल कायदा समर्थित आतंकवादी संगठन बोको हराम सक्रिय है। उसने हाल ही में नाइजीरिया में कई सूफी मसजिदों और मजारों के खिलाफ अभियान चलाया हुआ है। वह मौजूदा सरकार का तख्ता पलटकर उसे इसलामिक देश में तब्दील करना चाहता है। उसके समर्थक वहाबियों की तरह मानते हैं कि 'जो भी अल्लाह की कही गई बातों पर अमल नहीं करता है, वह पापी है। कुछ समय पहले उसने दो सौ लड़कियों का अपहरण कर लिया था, जिन्हें आज तक रिहा नहीं किया। हाल ही में दो हजार से ज्यादा लोगों की हत्या की। बोको हराम के नेता अबू बकर शेकू ने एक वीडियो में ऐलान किया था कि मैं अल्लाह की कसम खाकर कहता हूँ कि नाइजीरिया में लोकतंत्र को जीवित नहीं रहने दूँगा। हम इसके खिलाफ जंग छेड़ रहे हैं और इसे हराकर छोड़ेंगे। जनता की जनता के द्वारा सरकार और जनता के लिए सरकार जैसा सोच जल्द खत्म हो जाएगा और अल्लाह की, अल्लाह के द्वारा और अल्लाह के लिए सोचवाली सरकार कायम होगी।

कुछ समय पहले कुछ इसलामी देशों में मिस्र, ट्यूनीशिया, लीबिया, सीरिया आदि में जास्मीन रिवोल्यूशन की बयार बहना शुरू हुई थी, तब लगा था कि शायद अब इन देशों में वास्तविक लोकतंत्र कायम होगा, लेकिन कुछ देशों में इस क्रांति को इसलामवादियों ने अगवा कर लिया, कुछ देशों में गृहयुद्ध शुरू हो गया और हालत बद से बदतर हो गई।

इसलाम में जारी इस सिविल वार को आई.एस. ने और ज्यादा तेज किया है। इसलामिक स्टेट बनने के बाद जो वहाँ के अल्पसंख्यकों का नरसंहार शुरू हुआ, उसमें सबसे ज्यादा मुसलमान, यानी की शिया ही मारे गए।

दुनिया भर के मुसलमान रमजान बहुत हर्ष और उल्लास के साथ मनाते हैं, लेकिन इस बार इसलामिक राज्य या आई.एस. के कारण रमजान का महीना रक्तरंजित रहा। रमजान के दौरान सऊदी अरब में तीन हमले हुए, जिनमें से एक इसलाम के पवित्र शहर मदीना में फिदायीनी हमला हुआ, इराक की राजधानी बगदाद में दो हमले हुए। इनमें से एक हमले में तो 300 लोग मारे गए, ढाका में 20 लोगों की गला रेतकर हत्या कर दी गई, बँगलादेश में ईद के दिन खिशोरगंज में हमला हुआ। इस्तांबूल में विमानतल पर फिदायीनी हमले में 32 लोग मारे गए। अमेरिका के ओरलैंडो में गे क्लब पर हमला हुआ। आई.एस. ने रमजान के पवित्र महीने को खून बहाकर नापाक कर दिया। आखिर यदि ढाका और ओरलैंडो के हमलों को छोड़ दें, तो बाकी सभी हमलों में मारे गए

मुसलमान ही थे। फिर इसलामी कहलानेवाले आई.एस. ने मुसलमानों की हत्याएँ करके क्या हासिल किया? अब आ रही खबरें बताती हैं कि आई.एस. ने जान-बूझकर ऐसा किया। रमजान की शुरुआत में आई.एस. के प्रवक्ता ने कह दिया था कि यह महीना काफिरों के लिए संकट लेकर आएगा, लेकिन आई.एस. की नजर में काफिर केवल गैर-मुसलिम ही नहीं हैं वरन् वे सभी मुसलमान भी काफिर या शिर्क हैं, जो इसलाम में संशोधन कर रहे हैं। इस तरह आई.एस. ने मुसलमान की परिभाषा ही बदल दी है, खासकर शिया उसके निशाने पर हैं।

लेकिन वह विदेशों में भी शियाओं को निशाना बना रहा है। यमन में पिछले साल 20 मार्च को आई.एस.आई.एस. ने दो शिया मसजिदों पर हमले कराए, जिनमें 153 शिया मारे गए और 260 घायल हुए। सऊदी अरब में शिया मसजिद पर हमला कर 20 सियाओं की हत्या कर दी। अफगानिस्तान की राजधानी काबुल में पिछले दिनों हुए आत्मघाती हमले में कम से कम 80 लोगों की मौत हो गई। धमाके जिस जगह पर हुए, वहाँ हजारा शिया समुदाय के हजारों लोग प्रदर्शन कर रहे थे। यह हमला अफगानिस्तान के आई.एस.आई.एस. ने करवाया था। इससे पहले भी आई.एस.आई.एस. 7 हाजराओं की हत्या कर चुका है। इराक में तो वह असर हमले करके शियाओं को मौत के घाट उतारता रहता है। बँगलादेश में भी आई.एस.आई.एस. सक्रिय होने के कारण हिंदू, ईसाई, सूफी, शिया और समलैंगिक उसका निशाना बन रहे हैं। कुछ अरसे पहले उसने शिया मसजिद पर हमला किया था।

दरअसल सलफी जिहादी आंदोलन ने उन मुद्दों पर अलग स्टैंड लिया है, जिन पर सारी दुनिया के मुसलमान एकजुट थे। वह मुद्दा है फिलीस्तीन का। आई.एस.आई.एस. और सलफी जिहादी आंदोलन की इजराइली और फिलीस्तीनी संघर्ष में कोई दिलचस्पी नहीं है। वे मुसलिमों पर अपने हमले जारी रखे हुए हैं। लंबे समय तक अल कायदा यही नीति अपनाता रहा। अब आई.एस.आई.एस. इस मामले में उसी के रास्ते पर चल रहा है। उसने गाजा में इजराइल की सैनिक काररवाई का विरोध नहीं किया। कुछ समय पहले कुछ सलफी संगठनों ने एक वीडियो क्लिप जारी करके अपना नजरिया स्पष्ट किया था, जिसका शीर्षक था हमस सरकार काफिर है और वह जिहाद नहीं कर रही है, वरन् लोकतंत्र की रक्षा के लिए कार्य कर रही है। सलफी जिहादी लोकतंत्र के खिलाफ हैं। दरअसल सलफियों का मानना है कि जिहाद वैध नेतृत्व के मातहत ही होना चाहिए। हमस के मामले में उसका अभाव है। इसके अलावा सलफी मानते हैं कि किसी इसलामिक देश पर गैर-मुसलिमों का नियंत्रण है तो और धर्मद्रोही यानी शिया या सूफी भी मौजूद हैं तो हम सबसे पहले धर्मद्रोहियों का सफाया करें। संक्षेप में

गैर-मुसलिम समाजों के खिलाफ लड़ाई से पहले इसलामी समाज के शुद्धीकरण को प्राथमिकता दी जानी चाहिए। इसी आधार पर सलफी जिहादी मानते हैं, इजराइल से संघर्ष से पहले कदम के रूप हमस से संघर्ष किया जाए। उनका मानना है इसलाम में इसकी कई मिसालें मौजूद हैं। सलादीन ने ईसाइयों के खिलाफ जिहाद करने से पहले शियाओं से लड़ाई लड़ी और उनको हराया।

आई.एस.आई.एस. के मुखपत्र दबिक के 13वें अंक में किसी भी और दुश्मन की तुलना में शियाओं की हत्या का औचित्य सिद्ध करने पर ज्यादा बल दिया है। उसमें इस मुद्दे पर बल दिया गया है कि शियाओं को मुसलिम मानने के बजाय धर्मद्रोही मानना चाहिए। उनमें से सभी की हत्या की जा सकती है। आई.एस.आई.एस. कुछ सुन्नियों की इस बात से सहमत नहीं है कि आम शिया मुसलिम हैं, इसलिए उनकी हत्या नहीं की जानी चाहिए।

दबिक के 13वें अंक में आई.एस.आई.एस. ने साफ-साफ कहा है कि वह मध्य पूर्व से शिया आबादी के सफाए की कोशिश करेगा। पत्रिका में आगे कहा गया है कि शिया इसलाम से उसी तरह से नफरत करते हैं, जैसे यहूदी ईसाइयत से नफरत करते थे। वे इसलाम में अल्लाह के लिए नहीं आए हैं, वरन् उसको नुकसान पहुँचाने के लिए आए हैं। यहूदी और शिया एक ही सिक्के के दो पहलू हैं।

पत्रिका का दावा है, हालाँकि अमेरिका भी प्रमुख दुश्मनों में से है, मगर शिया अमरीकियों से ज्यादा खतरनाक और हत्यारे हैं।

यह सब कहते हुए दबिक आई.एस.आई.एस. के पितामह जरकावी को बार-बार उद्धृत करना नहीं भूला है। बिन लादेन को लिखे पत्र में जरकावी ने कहा था—शिया दुर्गम बाधा है। वे घास में छुपे साँप, धोखे और द्वेष के बिच्छू, शिकार की तलाश में घूमनेवाले दुश्मन और जानलेवा जहर हैं। यहाँ हमें दो स्तरों पर लड़ाई लड़नी होगी। एक आक्रामक दुश्मन और स्पष्ट कुफ्र के खिलाफ खुला युद्ध। दूसरा युद्ध ज्यादा मुश्किल और तीव्र होगा। साजिश करनेवाले दुश्मन के साथ, जो दोस्त का स्वाँग करता है, हाँ में हाँ मिलाता है, एकता की बात करता है, जबकि द्वेष भावना को छुपाता है, दिन-रात साजिश करता रहता है।

दूसरी जगह जरकावी कहता है कि हर युग में और सारे इतिहास में शिया गद्दार रहे हैं। यह वह संप्रदाय है, जिसका सुन्नियों से युद्ध चलता रहता है। उनके इस बयान पर काफी बवाल हुआ था। इसे सऊदी अरब के धार्मिक नेताओं ने मुसलिमों में विभाजन की अपील बताया था।

दरअसल आई.एस.आई.एस. और सुन्नी संगठनों के अंध शिया विरोध का असर

शियाओं पर नजर आने लगा है। शिया सरकारें सुन्नियों के खिलाफ तलवारें भाँजने का कोई मौका नहीं चूकतीं। ईरान ने पिछले दिनों 20 सुन्नी आतंकियों को सजा-ए-मौत दी है। इराक के पूर्व प्रधानमंत्री नूरी अल मलिकी ने जो बयान दिया था, वह इसलाम के अंदर औपचारिक विभाजन का संकेत है। उन्होंने कहा था, 'मुसलिम विश्व को कर्बला की तरफ मुँह करके नमाज पढ़नी चाहिए, जहाँ इमाम हुसैन को दफनाया गया था।'

संदर्भ–

1. अल कायदा ते तालिबान—सलीम शाहजाद
   अनुवाद—अरविंद व्यं. गोखले
2. आई.एस.आई.एस.—मनमोहन शर्मा, भारत नीति प्रतिष्ठान
3. Rise of ISIS–Jay Sekulow
4. The Islamic State–Charles R. Llster
5. ISIS का आतंक—पैट्रिक काकबर्न